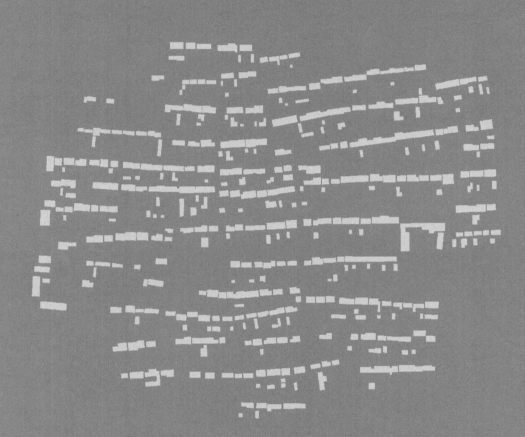

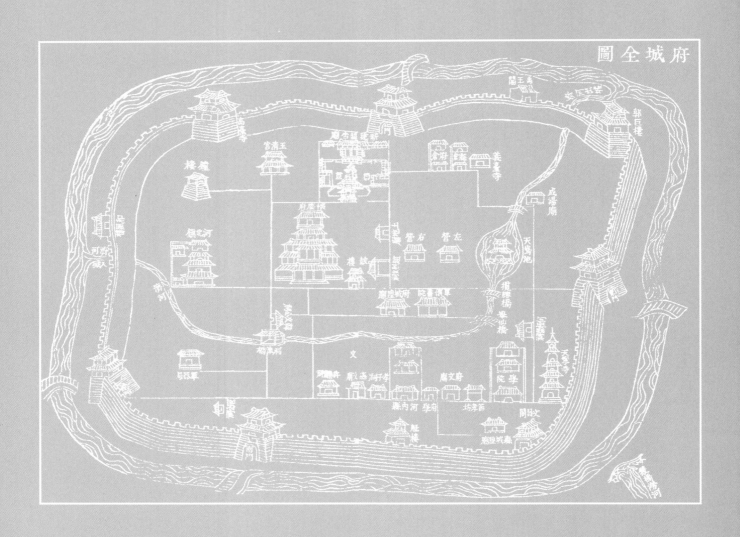

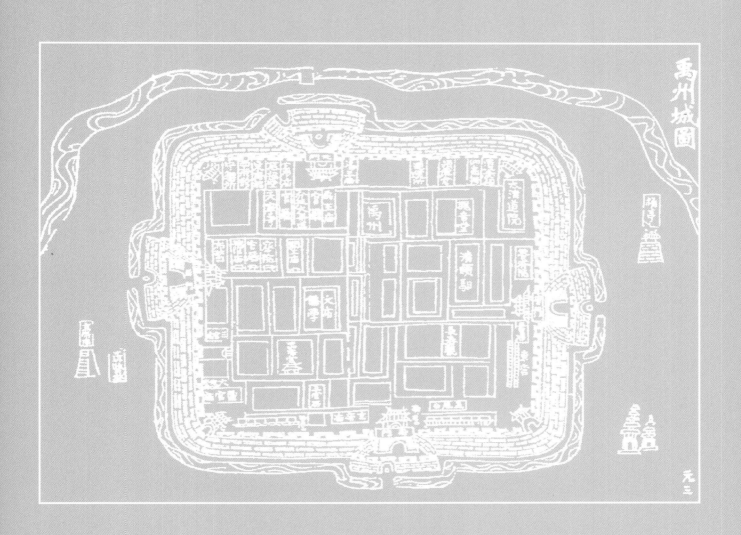

河南

聚
落

国家出版基金项目

国家重大出版工程项目
"十三五"国家重点图书

中国传统聚落
保护研究丛书

河南聚落

郑东军　主编

中国建筑工业出版社

总编委会

顾　问：

张锦秋　　陆元鼎　　王建国　　孟建民　　王贵祥　　陈同滨

编委会主任：

常　青

编委会副主任：

沈元勤

总主编：

陆　琦　　胡永旭

委　员：（按姓氏笔画排序）

王　军	王金平	韦玉姣	冯新刚	朴玉顺	刘奔腾	关瑞明
李群(女)	李群(男)	李东禧	李树宜	杨大禹	吴小平	余翰武
张兴国	张鹏举	陆　峰	范霄鹏	金日学	周立军	郑东军
单晓刚	赵之枫	姚　赯	贾　艳	高宜生	郭　建	唐　旭
唐孝祥	黄　耘	黄文淑	黄凌江	韩　瑛	靳亦冰	雍振华
燕宁娜	戴志坚	魏　秦				

《中国传统聚落保护研究丛书　河南聚落》

主　　编：郑东军

副 主 编：黄　华　　宁　宁　　王晓丰

编写组成员：曹坤梓　　赵　凯　　毛原春　　张文豪　　王艳娟　　李天平
　　　　　　王　露　　王伟玲　　文　雅　　李广伟　　王沛雨　　侯　宇

审　　稿：黄向球

序一

一、引子

中国传统文化将一个地方的环境气候和风俗民情的特质和韵味称为"风土"。《国语·周语上》韦昭注:"风土,以音律省土风,风气和则土气养也",即从当地方言的乡音民谣中便可感知一方土地、民风的文化气息,因而"风土"一词与英文的Vernacular近义。"风"指风习、风俗、风气,"土"指水土、土地、地方,所谓一方水土养育一方人,供奉一方神,从这个意义上,"风土"与西方的"场所精神(Genius Loci)"也有一定的关联性。日本近代哲学家和辻哲郎著有《风土》一书,他对"风土"的定义是自然环境气候诸因素加上"景观",这里的"景观"应指审美角度的自然和人文两个方面,二者相融合的文化景观就是一种典型的传统聚落。

然而,在当今乡村振兴的时代大潮中,传统聚落最常见的关键词是"乡土"而非"风土",差不多已约定俗成了。"乡土"一词是中国农耕社会中故乡、家乡、老家和乡下的意思,至今中国社会还延续着这个传统的语义。但中文"乡土"与英文Vernacular的语境存在差异,因为西方并不存在以宗法制为基础的传统乡民社会,其乡村也就不会有类似于中国"乡土"的概念内涵。而乡村的发展前景是要走出农耕语境的乡土,留住文化记忆的乡愁,延续场所精神的风土,再造生态文明的田园。再说自近代以来,乡土并不包括城里的传统聚落,比如北京的胡同,西安、成都、苏州的巷子,上海的弄堂等属于"风土"而非"乡土"的范畴。

自1930年朱启钤先生发起成立中国营造学社以来,在梁思成和刘敦桢两位学科巨擘的引领下,我国建筑界对传统民居和乡土建筑的研究持续推进,成就斐然,形成了传统建筑研究的一大专业领域。但如何使这些研究更多地关联和影响城乡建设的进程,对整个建筑类学科都是一个很大的挑战。

二、中国传统聚落的源流与特征

1. "营居"与城乡同构

中国传统聚落营造的信史可追溯到商周时期的聚落遗址。其中有关"营造"的最早文字记载见于《诗·大雅·灵台》:"经始灵台,经之营之"。这里的"经",是策划、管控的意思;而"营",原意即"营居",是围而建之的意思,例如"营窟""营市(阛、阓)""营垒""营国"等一系列聚落营造范畴的词汇。因此,古代聚落即以"营居"的方式,形成血缘的乡村聚落,地缘的城邑聚落,以至作为国家统治中心的都邑聚落——都城。这些华夏聚落以宗庙或祠堂为空间秩序的中心,以城垣壕堑为空间领域的边界，虽层级和功用不同，但从深层构成看却大多同构，保持和发展着"匝居"的聚落营造方式，从而部分地诠释了城乡一体的"亚细亚生产方式"学说。因为，一方面，许多乡村聚落拥有城垣、堡楼、街坊、庙宇等要素，俨如一座座城邑，如从汉代的"坞堡"到明清的庄寨、围堡均是如此；另一方面，城邑甚至都邑虽然看上去坚固伟岸，依然不过是政治权力和经济活动高度集中，等级制度极为森严，壕堑防卫更加严密，水平向扩展开来的巨型村寨而已，是乡村聚落的放大升级版。

2. 聚落原型与变换

从"匝居"的外在方式到聚落的内在构成，可以看到中国传统聚落源于商周"井田制"的"井"字形空间概念及其原型意象。所谓"井田制"，即以王室收取贡赋为目的的土地经营制度和划分方式。如周代王室拥公田，公卿以下据私田，遗有周代理想的营国制度，以百亩为夫，九夫为井，九井为国（都邑）。据此制度，田野的纵横阡陌就演变为聚落内经纬交错的街衢，并围合成闾、里等空间尺度及单位。后世的里坊、厢坊、街坊，以及后来的胡同、街巷和弄堂等都是这样演变而来的。但这一"井"状网格空间原型的聚落并非处处趋同，而是因地制宜，异彩纷呈，依循了"因天材，就地利，故城郭不必中规矩，道路不必中准绳"（《管子·立政篇》）的变通法则，适应地理环境和地貌条件的差异而产生拓扑变换。这就犹如某种语言，尽管"方言"各异，但"句法"和"语义"相通。或许以这样的解读，方可辩异认同、知恒通变，把握住中国传统聚落的结构本质及其演变方向。

3. 水系与聚落分布

中国传统聚落源于近水的邑居，据《史记·五帝本纪》："禹耕历山……一年而所居成聚，二年成邑，三年成都"。其中，对水畔、雷泽、河滨等的劳作场所描述，均寓意了聚落是伴水而生的文化地景。甲骨文中的"邑"字右边旁加三撇表示傍水，即"邕"字的金文来历，同样表示聚落即环水的邑居。除了统治与防卫上的考虑，古代聚落选址的首要地理条件，是必须依傍满足漕运需要，方便物资供给的水系。因此，自上古以来聚落选址一般都位于大河的二级台地或其支流的一级或二级台地上。在物流以漕运为主的古代，这些水系可以说是聚落生存的命脉，对于都城而言尤甚，如长安、洛阳、汴梁（开封）沿黄河及其支流东西走向一字排开，建康（南京）、江都（扬州）濒临江淮，北京（涿郡）和临安（杭州）则处于南北大运河的两端。实际上历代中心聚落——都城在空间上的移动，均因应了文化地理的条件和漕运线路的兴衰，并与社会动荡、族际战争和人口迁徙相伴随。

4. 乡村风土聚落

在中国古代，与城邑聚落不同的是，乡村聚落社会是按血缘关系和经济共同体为纽带所形成的聚居系统，聚族而居的社会秩序和居住形式仰赖宗法制度维系，特别是自宋代以来，程朱理学倡导"敬宗收族"，形成了以祠堂、族田和族谱为核心的宗族组织及其聚居制度，宗法的社会结构更加趋于自组织化。但由于特定地域下的自然环境（如气候、地貌、水土、材料等）和人文环境（如宗法、宗教、数术、仪式等）的差异，聚落中的宗法秩序和空间布局亦有着同中有异的呈现方式，营造活动很少有统一法式的约束，较之城邑营造更加因地制宜，灵活多变，因而在与自然地景融为一体的有机生长中，保留了纯朴的古风和浓郁的地方性，可以说是千姿百态，谱系纷呈，表现了与西方的"场所精神"相类似的地方特质。以下按地理纬度和等降水量线，将中国各地域的聚落建筑分为四个区段。

1）农耕—游牧混合地区，即400毫米等降水量线以北半干旱北方地区的聚落建筑。如昆仑山南北侧和蒙古草原上游牧民族的帐幕、蒙古包；塔里木盆地周缘突厥语族—东伊朗民族的木构平顶阿以旺住宅；青藏高原上的藏式碉房，甘青地区各族建筑元素相混合的"庄窠"式缓坡顶两合院与三合院，以及青藏高原东部边缘的羌式碉房及合院等。

2）西北、华北和东北地区，即400毫米等降水量线以南至800毫米等降水量线以北之间半湿润北方地区的聚落建筑。如豫、晋、陕、甘各式窑洞，木构坡顶及包砖土坯（胡墼）墙房屋组成的晋系狭长四合院；东北、京、冀、鲁、豫木构坡顶、平顶、囤顶建筑构成的宽敞四合院等。

3）西南、江淮、江南地区，即800毫米等降水量线以南湿润地区的聚落建筑，如川、黔、桂、滇地区，以穿斗体系、干阑—吊脚为显著特征的楼居及合院，藏缅语族各民族的"土掌房""一颗印"（"窨子屋"）"三坊一照壁"等合院；湘、赣、闽北地区"四水归堂"的天井合院或"土库"建筑；江淮地区介于南北方之间的合院和圩堡；徽州地区以堂楼为中心，高耸的马头墙、墙厦、精工木雕、楼面地砖为特色的天井合院；江浙地区穿斗—抬梁混合式的多进厅堂和宅园等。

4）华南地区，即大部处于1600毫米等降水量线范围的高湿多雨地区聚落建筑，如闽南、粤北地区客家、潮汕（闽系）聚落以夯土墙和木屋架构成的大厝、土楼、土堡、围龙屋；粤南广府地区大屋、天井、冷巷构成的合院群等。

总体而言，延续至今的乡村传统聚落基本上都是明清以来的遗存，说明经过两晋南北朝开始的由北而南为主流的历次民族、民系大迁徙，明清时期各地乡村建筑相对稳定的地域分布格局已基本形成，可以从民间流传的营造匠书和聚落族谱中得到印证。如元明之际的《鲁般营造正式》、明万历年间的《鲁班经匠家镜》和清末民初的《营造法原》等，对江南地方的民间建筑影响尤其广泛。

至于少数民族地区的乡村传统聚落，因源于不同的文化传统，其构成及相互关系比较复杂，与汉民族聚落也存在交融现象。比如，明清两代逐渐推进"改土归流"，在南方的少数民族地区以"流官"管理制取代"土司"世袭制，推进了汉族与少数民族的异质文化交融，但后者的"熟化"（或"汉化"）程度，大大超过了前者的"夷化"。

自1930年中国营造学社成立以来，在梁思成和刘敦桢两位学科巨擘的引领下，建筑史界对乡土民居的研究成就斐然，形成了传统建筑研究的分支领域。跨世纪以来，建筑史界对传统民居的人文地理背景和建筑形态分布区系已有一些学术探讨，并有过以传统建筑结构类型为主线的地域区划专题研究。但是这些研究成果怎样对城乡改造中的遗产保护难题产生积极影响，还有待实践中的借鉴和运用。

三、城乡改造与传统聚落

1. 消亡中的乡愁载体

自19世纪末以来，直到改革开放之前，传统中国逐渐从农耕文明走向了工业文明，演变进程是相对缓慢曲折的。尽管传统聚落的宗法社会结构已经崩解，但血缘和宗族关系依然得以延续，聚落的空间结构和传统风貌依然大致如故。随着近30年来城镇化和城乡改造浪潮的冲击，传统聚落的文化特征已发生巨变，大部分古城只保留着少量的历史文化街区。作为乡村传统聚落的大多数村镇，经过撤并集聚或自发式改造，使原有的自然和社会生态系统瓦解或巨变，残留下来比较完整，较多保留着原生态风貌的多在边远山区，占比很大的部分已破败不堪，或被低质化改造，总体上正以极快的速度趋于消亡。

据中外学者的研究，民国时期的城镇化水平不过10%左右，中华人民共和国成立直到改革开放前也只达到17%左右。20世纪70年代末改革开放以来，城镇化开始飞速地发展，城镇化率2018年已达59.58%，其中城镇户籍人口42.35%（包括拥有宅基地的部分镇人口和城中村人口），与欧美约75%~85%及日本93%的城镇化率相比仍差距明显。截至2016年，我国乡村自然村仍有244.9万个，基层自治管理单位"村民委员会"52.6万个，乡村户籍人口7.63亿，常住人口5.6亿，在本地和外地谋生的农民工约2.88亿。2017年全国城乡人均收入倍差2.72，一些贫困的山区和边远地区农村人均收入与全国城乡平均收入倍差则远高于这个数字，这些地方的衰败或空村化现象更加严重（数据来源自2017年、2018年国家统计局公布的数据）。

虽然这种文明进程在任何一个走向现代化的农耕社会迟早都会发生，但是中国作为人类文明诸形态中唯一保持了连续性进化的国家，文化传统的基因和源头即存在于城乡传统聚落之中。这一"乡愁"载体的消亡，不但会使国家和地方失去身份认同的文化根基，而且会使城乡一体化发展的战略目标发生偏差。

2. 风土建成遗产

在中国传统聚落的话语体系中，"民居"是对功能类型而言，"乡土"是对乡村聚落而言，而"风土"是对城乡聚落及其文化地理背景而言，三者均属同一范畴。因此，乡村聚落也是最具文化载体性的风土聚落，呈现了各个地域环境、气候和民族、民系背景下异彩纷呈的风土特质。西方的风土建筑研究可以追溯到法国18世纪新古典主义理论家德·昆西（Quatremère de Quincy），他最早指出了建筑语言的风土（Vernacular）和习语（Idiom）属性。到了当代，英国建筑理论家兼乡村爵士乐作曲家鲍尔·奥利弗（Paul Oliver, 1927—），集风土建筑研究大成，在1997年出版了覆盖全球的《世界风土建筑百科全书》（*Encyclopedia of Vernacular Architecture of the World*），他认为研究风土建筑不只是为了记录过往，对未来的文化和经济可持续发展也是不可或缺的。随后R. 布伦斯基尔（Brunskill R. W.）在2000年出版《风土建筑：一部图解的历史》一书，把20世纪以前定义为"风土建筑时代"，以大量的插图详解了数百年来英国风土建筑在农耕时期和工业化早期的形态特征。

"建成遗产"是经由营造活动所形成的建筑、聚落、景观等文化遗产本体的总称。1999年，国际古迹遗址理事会（ICOMOS）在《风土建成遗产宪章》（*Charter on the Built Vernacular Heritage*）中，首次提出了"风土建成遗产"的概念，即特定风俗和土地上所建造的文化遗产，其保护价值今已成为全球共识。首先，"聚落建筑"作为风土建成遗产的第一保护对象，是城乡历史环境的栖居场所，也是民族民系身份认同和乡愁记忆的空间载体，携带着可识别的中国传统文化基因。其次，"营造技艺"蕴含乡遗的工巧智慧精华，是对其进行保护、传承和再生的意匠源泉，而只有将传统聚落的营造技艺真正传承下去，保护才是可持续的，才能使聚落遗产长存下去。再次，"文化地景"（或文化景观Cultural Landscape）呈现聚落的环境因应特征，是人工与天工相交融的在地景观。韩国建筑师承孝相，为了表达地景建筑创意，生造了"Landscript"（地文）一词，本意是强调人的活动在土地上留下的印记，就如大地书写一般。显然，"地文"需要保护和续写，即像日本的"合掌造"民居、中国的西递—宏村那样，严格保护好聚落遗产标本，激活历史环境的"场所精神"（Spirit of Place），在新建筑中创造性地转化风土建成遗产的原型意象。

3. 国家级聚落遗产

根据住房和城乡建设部和国家文物局颁布的最新保护名录，中国传统聚落列入国家保护名录的有三大类，均可看作风土建成遗产。其一为100多处"国家重点文物保护单位"身份的传统聚落；其二为国家历史文化名城、名镇、名村，包括135座"名城"、312个"名镇"和487个"名村"；其三为6819个部分由国家财政资助保护的"传统村落"。此外，皖南古村落西递—宏村、福建土楼、开平碉楼与村落，以及红河哈尼梯田文化景观等4项乡村传统聚落及景观被收入世界文化遗产名录。

这其中的传统村落数量最为庞大，部分还同时具有国家级历史文化名村及重点文物保护单位的身份。其分布特点为：南方约占全国总量的78%，大大多于北方；山区多于平原、盆地，如晋、湘、滇、黔、闽的山区占比超过全国总量的二分之一；方言区多于官话区，如晋系方言区约占北方各官话区总和的40%左右；工业化、城镇化起步较晚的地区多于起步较早的地区，如西北地区多于东北地区；城乡人均收入倍差相对较高的地区多于发展水平相近的较低地区，如贵州、云南处于全国传统村落数量排名前列。

上述的三大类传统聚落遗产保护系列中的前两类，有着相应的国家保护法规及实施细则，生存问题相对无虞。而第三类——传统村落量大面广，没有直接的相应保护法规作保障，其生存问题看似有国家财政资助，实际状况则堪忧。

四、传统聚落的保护与活化

1. 模式与问题

对风土建成遗产的专项保护，比较典型的首推北欧斯堪的纳维亚半岛的挪威和瑞典，这里在第二次世界大战前最早以民俗博物馆的方式，保护和展示当地的风土建筑，这种方式随后风靡欧洲大陆和英国。1952年英国"古迹委员会"将18世纪以前的风土建筑均纳入了保护名录，特别值得注意的是，英国将乡村划为120个自然区和181个特色景观区，这是可以借鉴的乡村文化地景谱系保护策略。日本于20世纪70年代兴起的"造村运动"，是通过农业升级改造、乡村特色塑造和技术培训投入，提振乡村经济社会活力和磁力，最终使乡村聚落得到活化和再生。聚落遗产保护和传承是其中的一个部分，如长野县的妻笼宿和岐阜县的马笼宿，其风土建成遗产在存真、修缮、翻建、活化等方面皆有坚定的价值坚守和丰富的保护经验，可供中国乡村风土建成遗产保护和再生实践学习借鉴。

我国城乡风土建成遗产保护与活化前后已历20载左右，经验和教训并存，其中数量占大多数的乡村聚落遗产保护与活化主要有三种模式。第一种为国家文博体系和大型国企主导的乡村博物馆模式，如山西的丁村、陕西的党家村、湖南的张谷英村、福建的田螺坑土楼群及玉井坊郑氏大厝等，经费、法规、导则等条件较为完善，部分村民通过村委会组织参与经营活动受益。第二种为社会企业主导的风土观光综合体模式，乡村聚落遗产由企业与当地政府、村自治体——合作社以契约形式合作及分成，如安徽黟县宏村、浙江松阳县村落、山西沁水县湘峪村、福建连江县杜棠古村三落厝等。第三种为村自治体主导风土生态体验区模式，以由村自治体所属企业及乡村活化能人掌控风土观光资源，进行乡村聚落开发，村民参与其中的相对较多，受益也相对大一些，如安徽黟县西递村、山西平遥县横坡村、陕西礼泉县袁家村、山西晋城市皇城村、福建屏南县北村等。

不可忽视的是，乡村聚落遗产在保护和活化中存在一些带有普遍性的问题和挑战：一是大多没有以乡村经济、社会的改造升级为根本前提，而是过多地依赖于旅游资源的消耗；二是管理政出多门，既条块分割，又一事多管，造成一些村落一村多名，准入标准和处置方式交错低效；三是原住民生活资料——集体土地、宅基地和房屋处于不确定的流转状态，所有权和使用权分离，但土地与房屋租金普遍低廉，收益分配不成比例，原住民的公平共享诉求难以兑现，存在着大量的权益矛盾和法律纠纷，潜在的社会风险已然存在；四是维修和民宿化改造等多为村民自发行为，存在严重的安全隐患，如结构安全意识薄弱，涉及公众安全的强制性技术规范和安全施工监管缺位，消防间距、人身防护不合规范的状况随处可见，声、光、热等室内环境控制指标大都达不到基本使用要求；五是宅基地内滥建低质楼监管缺失，低质翻建率常在一半以上，严重的达70%~80%，使村落风貌严重失控，而招揽观光的利益驱动导致拆真造假现象也随处可见；六是薪火相传趋于中断，大部分营造技艺面临失传，由于种种原因，"非物质文化遗产传承人"名誉并未起到明显的弥补作用，传统意匠及技艺存续与再生尚待突破，新旧修复材料融合手段薄弱等问题普遍存在；七是同质化严重，社会资金普遍投入乡村聚落保护与再生项目的可能性有限，而传统村落依赖国家财政扶持也是很有限的，且不可持续。

2. 标本保存谱系化

当下我国城乡风土建成遗产的保护与活化，首先并不是个建筑学问题，而是涉及保护什么，如何保护，怎样活化的实质性问题，与经济、社会的可持续发展背景息息相关。从物种标本保存的战略眼光看，传统聚落保护与活化的前提是对聚落遗产标本的保存和研究。

少量被定格在某个历史时期或文化样态下的聚落遗产，比如平遥、丽江古城以及各地名镇、名村一类进入各种遗产名录，是受到严格保护的风土建成遗产标本。但这些遗产标本只是聚落遗产中极小的一部分，我们认为，实际上需将我国城乡风土建成遗产按民族、民系的语族区或方言区进行全覆盖，成体系地作分类分级梳理，为后世存续完整的风土建成遗产谱系标本，兹事体大，关及国家和地方历史身份和文化传承的根基。因此，应依风土建成遗产谱系统一甄别、筛选和认定聚落遗产，再以地景修复、聚落修补和技艺传承为基础，将之纳入再生过程。当务之急，是应对其谱系构成缘由与分布有比较系统的认知。

由于语言作为文化纽带的重要性仅次于血缘，而风土在语言学上的含义，即连接一个地方聚居群体的交流媒介"语缘"，既可代表不同的文化身份，也可作为判断各文化身份间亲疏关系的参照。因此，从文化地理学和人类学的角度，可尝试以民系方言和语族—语支为参照，对各地风土建筑做出以"语缘"为纽带的谱系分类区划。总体上看，历史上语族相近，说明有相关的文化渊源；语族的方言或语支相通，说明血缘和地缘存在关联性。传统的汉语族—方言和少数民族的语族—语支是在漫长的历史变迁中，由于地理阻隔及民族、民系迁徙所形成的。虽然建筑谱系和语言谱系是否完全对应确是个问题，但设若不同族群在语言上可以交流，则其聚落及建筑一般也会存在交互关系。

参照语言人类学家的语缘区划，汉藏语系的汉语族民族民系聚落及建筑谱系主要可分为：其一，东北、华北、西北、江淮和西南等五大官话区建筑谱系；其二，华北的晋语方言区建筑谱系；其三，江南的吴语、徽语、赣语和湘语四大方言区建筑谱系；其四，华南的闽语、粤语和客家语三大方言区建筑谱系。少数民族语族区聚落及建筑谱系主要可分为：其一，西南地区汉藏语系藏缅语族17个民族的建筑谱系，壮侗语族9个民族和苗瑶语族3个民族的建筑谱系；其二，北方地区阿尔泰语系突厥语族7个民族，蒙古语族6个民族和通古斯语族5个民族的建筑谱系等。此外，还有少量西北地区印欧语系斯拉夫语族和伊朗语族的民族的建筑谱系，以及华南地区南亚语系和南岛语系民族的建筑谱系。以这样的谱系认知方式，对风土建成遗产谱系遗产的标本系列进行谱系化的保护，是有重要意义的一种尝试。

突厥语族区建筑		其他区建筑	蒙古语族区建筑		其他区建筑	通古斯语族区建筑		其他区建筑
定居区	游牧区		定居区	游牧区		定居区	渔猎区	
北方官话区西部建筑			晋语方言区建筑			北方官话区东部建筑		
河西	关中		北部	中部	东南部	京畿	胶辽	东北
西南官话区建筑			北方官话区中部建筑			江淮官话区建筑		
滇	黔	川	鄂	豫	鲁	淮	扬	
藏缅语族区建筑			湘语方言区建筑			赣语方言区建筑	徽语方言区建筑	吴语方言区建筑
藏区	羌区	彝区	其他	湘西	湘中	湘东	豫章	临川	庐陵	歙县	婺源	建德	苏州	东阳	台州
壮侗语族区建筑			客家方言区建筑			闽语方言区建筑		
壮区	侗区	其他	西部	中部	东部	闽中	闽东	
苗瑶语族区建筑			粤语方言区建筑			闽语方言区建筑（闽南）		
其他区建筑			桂南	粤西	广府	潮汕	南海	台湾

我国民族民系风土建成遗产谱系分布示意图

3. 大量性传统聚落的出路

除了经典传统聚落风土建成遗产谱系的标本保存，大量性的传统聚落，特别是乡村聚落，总体上面临着景象劣化、原有建筑被大量低质改建、乡村经济和民生有待振兴的境况。因此，需要将聚落有机更新和文化地景再造，作为未来发展的主要方向。实际上，对大量性传统聚落的可持续发展而言，实践中应考虑保存有标本价值的聚落典型建筑，延承风土营造谱系所曾依存的地貌特征、空间格局和尺度肌理，再造出隐含着基质原型、适应生活变迁的新风土聚落及文化地景。

此外，传统聚落遗产管理系统和遗产归口的合理化，遗产运作的信托化，遗产基金、社会"领养"

和活化途径的模式化，营造技艺传承的制度化，以及保护技术的系列化等，都应作为传统聚落保护与再生的改进方面加以关注和实施。

五、关于丛书编纂

这部丛书是第一部关于中国传统聚落特征与保护的大型研究集锦，内容覆盖了各省市自治区传统聚落的历史溯源、地域特征与现存状态、保护与活化的方法与途径，以及未来走向的展望等。丛书中的"传统聚落"聚焦于狭义的"村"和"镇"，并可选择性地涉及"城"，即"县"或"市"的老城区，如北京的胡同和上海的弄堂。书中内容兼顾理论观点和叙述方式的历史性、逻辑性和独特性，引述材料要求真实可靠，体例同中有异，充分表达地域特征，并将之纳入史地维度和经济、社会发展的叙事语境。保护与活化内容要求选取兼顾普适性和典型性的工程实践案例，对乡村振兴中的建成遗产存续和再生问题进行全方位的讨论。由于本丛书仍是以行政区划单位作为各分册的研究范畴，难免存在少量跨省市区之间的互涵和重复内容，但作为一部大型丛书，总体上还是完整统一的，其中不少篇章都可圈可点，对乡村振兴和传统聚落的未来探索有多方面的参考价值。

（本文主要内容及参考文献见《建筑学报》2019年12期）

中国科学院院士、同济大学教授
己亥夏至于上海寓所

序二

聚落，是人类聚居和生活的场所，《汉书·沟洫志》曰："或久无害，稍筑室宅，遂成聚落"。聚落这一概念最早出现时是为了描述区别于都邑的居民点，现在已泛指人类生活地域中的村落和城镇。聚落是在各个地域内发生的社会活动、社会关系和特定的生活方式，并且是由共同的人群所组成相对独立的生活空间和领域。传统聚落主要是指具有一定历史性的城乡聚落，拥有物质形态和非物质形态的文化遗产，是先人运用自己的智慧，依据自然、气候、地理、习俗等环境因素建立的适宜的居住空间，同时具有较高的历史、文化、科学、艺术、社会、经济价值，能够反映一定历史时空的社会物质文化与精神文化的重要载体。

传统聚落是人们与自然协调过程中不断地尝试和调整所形成的，是在一定的时空条件下的总结。传统聚落是一定地域空间范围内的人文现象，它既是一种空间系统，也是一种复杂的经济、文化现象和社会发展过程。其起源、形成、发展均在特定地理环境和社会经济背景中，通过人类活动与自然相互作用下的结果，是对自然地理条件、社会治理结构、文化机制作用等多方面的缓慢调整适应，既是人类不断地适应、改造自然环境的实践积淀和智慧结晶，也是特定地域环境人地关系的空间反映。正如本套丛书之一《云南聚落》编写作者杨大禹教授所说："几乎所有的传统聚落，作为联系自然环境和人文环境的中介，从它们的地理分布、外部整体形态、内部空间结构，到聚落与周围自然环境、山水地形的紧密关系，都体现出因地制宜、和谐有机的共同规律。"这些共识是协调当地的地理条件、社会风俗与生活方式等积累而成的。在以聚居为主的生活模式下，都会充分考虑到聚落的环境特点，尽量找到资源配置最为合理、微气候最为和谐的场所。聚落形态与民居建筑形式的存在，与人们应对自然环境的生理、心理需求有着千丝万缕的联系。所以，传统聚落都能反映出在一定的地域空间环境、一定的民族和一定的历史时期所承载的建筑文化底蕴。

传统聚落作为中华文明的一种载体，凝聚着具有地域性、民族性与艺术性的布局特色和建筑风采，以及文化习俗下构成的聚落分布、空间格局、生产模式、景观形态等风情各异、千姿百态的元素。传统聚落是先人们长期适应自然，与自然和谐相处的历史见证，凝聚着中国悠久的农耕文明，展示着人们自古至今的生存智慧，可以说，传统聚落承载着中华文化精华和中华民族精神。所以，保护传统聚落就是维系中国传统文化的延续，就是在保护中华文明的根。

对于聚落空间的研究，既要把控聚落自身各种要素以及各要素之间的相互关系，也要关注聚落内部空间与聚落外部空间之间的关系，从而进一步了解单个聚落与同一个地域内其他聚落之间的关系，以便获得对聚落空间完整概念的把握。通过对传统聚落特色的系统研究，包括将传统聚落的不同历史发展阶段，各种历史文化要素和不同形态载体归纳合一，作为相互交融、贯通的体系来研究，从理论层面上梳理传统聚落各种有关形成、发展、演化的普遍规律和地区特征，挖掘其精神文化及生命智慧，发现其内在的文化价值，尊重其自身的运营机制，肯定其在现代聚落发展中的积极作用，以丰富我们对于人类聚居的认识。

长期以来，我们的先人经过不断的实践，运用了他们的丰富智慧，无论在聚落总体布局或在民居建筑技术、艺术方面都取得了很高的成就，积累了丰富的经验。传统聚落生存智慧拥有中国优秀传统文化的内核，是体现传统建筑智慧最具特色的代表。如何重新再认识传统聚落所具有的地域性、民族性与文化多样性特征，进一步发掘潜藏其中的营建技艺、理论精华和创造智慧，寻求传统聚落的持续发展相应的理论支撑，是我们当前重要的课题。当然，蕴含着中华文化基因的传统聚落更是当代建筑文化特色形成的基础，值得我们去进行研究、总结、学习和借鉴。

"中国传统聚落保护研究丛书"各卷作者综合运用文献研究法、调查研究法、比较研究法、定性分析法等科学研究方法，建构传统聚落研究的基本思路。采用文献分析、田野调查、理论研究与实证分析结合、系统化分析等方法，通过对学术文献、地方志、文书族谱等史料资料进行梳理筛选，对现有传统聚落进行建筑测绘、口述访谈，在吸取前人研究成果的基础上，归纳总结我国传统聚落发展特点及其背后蕴含的丰富文化和物质内涵，从整体上考虑多元文化影响下的传统聚落特征。丛书作者在编写过程中，借鉴历史学、社会学、建筑学、城乡规划学、文化地理学、景观生态学等跨学科交叉的思路，采用融合融贯的研究模式，既对传统聚落的基本共性特点归纳总结，也对受各区域条件影响的传统聚落比较分析，从整体上来把握研究对象。

在新时代的聚落发展和建设中，对传统聚落的保护与研究就显得尤为重要。传统聚落所呈现出来的优秀空间格局与营造技艺，不仅能给聚落的保护更新提供更为合理的方法途径，同时也能为新时代的聚落建设提供更多的方式方法及可能性。探究历史文化基因的内在联系，研究传统聚落的起源、演变、特点和价值，为传统聚落的传承提出依据，以便于更好地加以保护与利用。与此同时，在弘扬与传承优秀传统文化的基础上，探寻传统聚落发展模式及其保护的策略与原则，对保护与更新提出更为具体的要求与措施，构建整体保护的格局理念，以及与其相适应的、分级分类的传统聚落保护体系，更好地把握传统聚落在当代的发展道路与方向。

"中国传统聚落保护研究丛书"的编写希望以准确翔实的史料、精确细腻的测绘、真实生动的图片来全面展示中国传统聚落悠久的历史、灿烂的文化、淳朴的民风。由于各地区的状况不同和民族差异，以及研究基础也会参差不齐，故在编写中并未要求体例、风格完全一致，而以突出各地区传统聚落自身特色，满足各地区建设的需求为主。同时，丛书的编写，也希望对全国各省、直辖市、自治区传统聚落保护与传承、历史街区与传统村落建设，以及城乡人居环境提升起到重要的参考与指导作用，这是本套丛书研究编写的目的和意义所在。

2020年11月16日

前 言

河南省古称"豫州",因居"九州"之中,大部分为广袤的平原,故又称"中州""中原",因辖域大部位于黄河南部,故称河南。

河南因地处中原,历史悠久,文化厚重,河南传统聚落从华夏文明形成伊始延续至今,从未间断,在中国文明史和聚落史研究中有着不可或缺的独特地位。

河南传统聚落遗存丰富,人们熟知的有仰韶时期的郑州西山城址、大河村遗址等。龙山时期的登封王城岗、新密新砦、新密古城寨、郾城郝家台、淮阳平粮台等,这些都是中华文明形成和发展的历史见证。2020年5月公布发掘的巩义双槐树遗址,属仰韶文化中晚期,距今约5300年,占地面积约117公顷。目前正在发掘的有3处大型环壕:类似瓮城结构的防御设施、封闭式排状布局的大型中心房址、"面阔15开间的殿宇式"大型夯土建筑基址;3处1700余座规划严密的大型公共墓地;3处夯土祭祀台遗址和与天象崇拜有关的"北斗九星"陶罐模拟图案、最早家蚕和牙雕艺术品。该城址位于巩义市河洛镇双槐树村黄河南岸以南2公里、伊洛河东4公里的河边台地上,因位于河洛中心区域,被称为"河洛古国"。因其时代和黄帝时代相吻合,其地望和文献记载黄帝都城有熊在郑地相吻合,其城邑规模及文化内涵与文明初祖皇帝的相关记载相吻合,所以推测双槐古城最有可能是皇帝之都。这也再次印证了《史记·封禅书》所记载:"昔三代之居,皆在河洛之间,故嵩高为岳,而四岳各如其方。"依此,中原文化从旧石器时代距今2万年前的小南海文化为起点,由中原裴李岗文化、仰韶文化、河南龙山文化,至夏、商先后进入文明社会。中华文明也从"满天星斗"到"八方风雨汇中州",河洛地区成为中华文明的摇篮,这里是"最早的中国"。

从河南传统聚落的演进过程分析,传统聚落亦是一个文化的复合体,是人类栖居于大地、与自然共处、共生而形成的天、地、人、神的系统。这里的天,即自然,日月星辰、寒来暑往。在自然中,建筑成为人类抵御自然力的第一道屏障,聚落成为人的社会组织呈现的一种秩序和结构。地,即地理生存环境,山川河流、森林草木,是人类生活和生产的空间和场所。人,即人类的生活、生产活动,人是文化创造的主体。神,即人类的主体意识和信仰,这也是聚落为何会生生不息、顽强存在的根本原因。

所谓聚落,可分为城市聚落和乡村聚落,按《汉书·沟洫志》解释:"(黄河水)时至而去,则填淤肥美,民耕田之。或久无害,稍筑室宅,遂成聚落。"即指村落里邑,人群聚居的地方,因为防御性的需要,一般多设寨墙或沟壕等,以防战火、盗贼和水患。由于河南地区地处中原,交通便利,气候和地理条件适合早期农业的发展,传统聚落分布广、类型丰富、文化积淀深厚,但历史上兵燹加之水患等自然灾害损坏,河南又被称为地下文物大省,现有保存较完整的传统聚落已为数不多,亟须调查、研究和保护。

从聚落史的意义上看，传统聚落所蕴含的文化信息在聚落考古学中有许多成果，虽然当代城乡建设的快速发展很大程度上破坏和改变了传统聚落的风貌和景观，但聚落选址、街巷空间、建筑格局、古树名木等依然保留有大量历史信息，如散布在郏县、禹州、新密、渑池、偃师等传统村落中的各类民间庙宇，其位置、戏楼、碑刻等遗存展示着村落的历史和民间信仰，是文化延续和民俗生活的活化石，也是古人生存、生活智慧的体现。这也是当代保护和研究传统村落的现实意义所在。

从聚落形态上看，我国古代城市大多规划为方形，采用经纬道路布局，虽然起源于周王城，而北魏洛阳又是一个质的飞跃。隋唐长安和洛阳规划直接继承了北魏洛阳的里制，只不过唐长安是矩形，面积仍为1里，故称坊。而隋唐洛阳的绝大部分里坊，则正方1里。里四周有墙，开四门，里内形成十字街并有小巷，这是一个符合统治需要的管理严谨的社会群体单位。由于里是正方的，因此就形成了经纬道路的城市格局。从中国城市发展看，中原地区在11世纪北宋以前长期处于中心地位，中国最早的城址在河南，郑州西山城址距今5300余年，淮阳平粮台城址距今4300余年，登封王城岗遗址距今4000余年，郑州商城、洛阳的西亳距今3000余年。北魏洛阳规划开创了里坊制，其面积265.5平方华里，是当时世界上最大的都市。11世纪的北宋东京开封面积达170平方华里，也是当时世界上最大的城市，从瓦肆的出现逐步形成了商业街市，里坊制在此随经济发展被打破。这体现出了河南在中国城市史发展中的重要意义。

就河南而言，其传统聚落的地域特点和类型构成反映了中原地区社会内部组织结构、社会生活、经济状况和风俗习惯等诸多信息，可进一步揭示整体或局部地区的社会发展和管理制度等状况。通过实地调研和文献查阅，由于种种原因，不少传统聚落并未得到有效保护和学术界应有的重视，这对河南经济建设和文化保护而言，无疑是一种损失，这正是本书研究的现实意义所在。

2020年10月30日

目 录

序 一

序 二

前 言

第一章　聚落生成与发展

第一节　河南历史文化环境分析 —————— 002
　　一、中原文化 —————————————— 002
　　二、宗教信仰 —————————————— 004
　　三、民俗活动 —————————————— 004
　　四、人口迁徙 —————————————— 006
第二节　河南传统聚落的形成 ———————— 007
　　一、聚落生成观的建立 ————————— 007
　　二、聚落的形成条件 —————————— 009
　　三、聚落的制约因素 —————————— 018
第三节　河南传统聚落的沿革 ———————— 022
　　一、史前聚落遗存 ——————————— 022
　　二、夏商周三代至秦汉聚落 ——————— 028
　　三、唐宋至明清聚落 —————————— 041

第二章　自然地理环境与聚落构成

第一节　自然地理环境与聚落选址 —————— 048
　　一、自然地理环境特征 ————————— 048
　　二、传统聚落选址因素 ————————— 054
第二节　山区传统聚落 ——————————— 064
　　一、豫北南太行聚落 —————————— 064
　　二、豫南大别山聚落 —————————— 069
　　三、豫西伏牛山聚落 —————————— 087
第三节　平原传统聚落 ——————————— 096
　　一、豫东平原聚落 ——————————— 096
　　二、豫北平原聚落 ——————————— 100
　　三、南阳盆地聚落 ——————————— 106
第四节　传统生土聚落 ——————————— 108
　　一、豫西生土聚落的形成 ———————— 108
　　二、生土聚落的分布与选址 ——————— 109
　　三、生土聚落的类型与特征 ——————— 110
第五节　河南线形文化遗产聚落 ——————— 116
　　一、万里茶道河南段传统聚落 —————— 116
　　二、隋唐大运河河南段聚落 ——————— 132

第三章　城镇聚落空间形态

第一节　功能构成 ————————————— 146
　　一、自然景观环境 ——————————— 146
　　二、衙署行政中心 ——————————— 146
　　三、学宫书院分布 ——————————— 147
　　四、商贸工坊设置 ——————————— 147
　　五、祭祀宗教场所 ——————————— 147
第二节　明清河南政区变迁概述 ——————— 147

一、明代河南政区变迁概述 —— 147
　　二、清代河南政区变迁概述 —— 149
第三节　传统府城格局 —— 150
　　一、归德府——北方水城，三商之源 —— 151
　　二、南阳府——南都帝乡，梅花古城 —— 154
　　三、河南府——华夏源头，河洛圣地 —— 157
　　四、怀庆府——覃怀古郡，河朔名邦 —— 161
　　五、彰德府——甲骨青铜，殷商古都 —— 166
第四节　传统县城格局 —— 170
　　一、淮阳县——豫东水城，羲皇故都 —— 170
　　二、密县——千年县衙，密境之城 —— 173
　　三、郏县——茶路节点，千年古县 —— 177
　　四、浚县——左右伾浮，襟带淇卫 —— 179
　　五、禹县——大禹故里，钧瓷之都 —— 183
第五节　传统乡镇格局 —— 185
　　一、文化古镇 —— 185
　　二、商贸古镇 —— 190
　　三、军事古镇 —— 198

第四章　乡村聚落空间形态

第一节　乡村聚落类型 —— 208
　　一、农耕村落 —— 208
　　二、农贸村落 —— 214
　　三、堡寨村落 —— 218
第二节　聚落空间构成 —— 228
　　一、外部空间构成要素 —— 228
　　二、内部空间构成要素 —— 229

第三节　聚落空间形态 —— 230
　　一、外部形态 —— 230
　　二、内部结构 —— 232

第五章　聚落建筑与空间构成

第一节　聚落街巷与院落空间 —— 236
　　一、街巷组织 —— 236
　　二、院落组合 —— 239
第二节　公共建筑与空间肌理 —— 243
　　一、建筑造型 —— 243
　　二、空间尺度 —— 251
　　三、装饰风格 —— 253
第三节　传统民居建筑与空间界面 —— 261
　　一、门楼与倒座 —— 261
　　二、前店后宅 —— 262
　　三、前店后厂 —— 263
　　四、背山朝冲 —— 264
　　五、面水聚居 —— 265

第六章　聚落风貌与传统民居

第一节　山地民居 —— 268
　　一、豫北南太行民居 —— 268
　　二、豫南大别山民居 —— 273
　　三、豫西伏牛山民居 —— 278
第二节　平原楼院民居 —— 283
　　一、分布情况 —— 283

二、院落空间形态 —————— 284
三、建筑单体造型 —————— 287
四、建筑装饰 ———————— 292
第三节 窑洞民居 ——————— 298
　一、类型特征 ———————— 298
　二、院落空间组织 —————— 300
　三、窑洞单体造型 —————— 301
　四、建筑装饰 ———————— 304
第四节 城市民居 ——————— 307
　一、大型院落 ———————— 307
　二、普通合院 ———————— 309
　三、前店后宅院落 —————— 310
　四、近代公馆 ———————— 311

第七章　河南传统聚落的保护与再利用研究

第一节 河南传统聚落的保护与再利用现状 - 316
　一、城镇聚落 ———————— 316
　二、乡村聚落 ———————— 323

　三、面临问题 ———————— 325
第二节 河南传统村落保护与再利用 —— 326
　一、保护与再利用原则 ———— 326
　二、保护策略与方法 ————— 327
第三节 河南传统聚落再利用案例 —— 328
　一、名城保护与传统风貌——浚县古城 - 328
　二、古镇文化与产业融合——禹州神垕镇老街 ————————————— 333
　三、村落保护与文艺部落——郏县李渡口村 ————————————— 338

附　录 ———————————— 349

索　引 ———————————— 354

参考文献 ——————————— 364

后　记 ———————————— 369

第一节 河南历史文化环境分析

一、中原文化

河南历史悠久，文化厚重，其传统聚落遗存数量多、类型全，在中国聚落史和城市史研究中占有重要位置，不可或缺，这与河南独特的地域文化密切相关。

从地域范围而言，河南古称"豫州"，因居"九州"之中（图1-1-1），大部分为广袤的平原，故又称"中州""中原"。这里的"中原"与河南相关，但"中原"的概念有广义和狭义之分，广义的中原指黄河中游及下游地区、淮河上游地区。依据《中原地区历史上的民族融合》一书中所划定的地理范围，即黄河中下游地区的山西、陕西、河南、山东、河北南部及北京市；狭义的指河南省（图1-1-2）。而"河南"的名称作为地理概念早在周秦时期已经出现，而作为省级行政单位始于元代，所以，从地域文化上讲，河南地域文化亦统称为中原文化，指以中原地域为依托，是生活在中原地区的人们与自然及人们之间的对象性关系，并由此而形成的特定的物质文化、制度文化、思想观念和生活方式的总称。今天我们所探讨的中原文化，主要指宋代以前作为汉文化主流而存在的地域文化，我们也称之为"前中原文化"，而明清以降的中原文化随着政治、经济中心的南移已逐渐边缘化了，我们可称之为"后中原文化"，合称"古典中原文化"。所以，今天的中原文化，即后古典中原文化或现代中

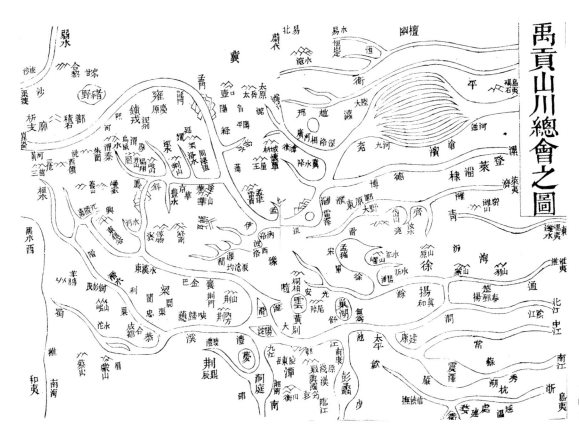

图1-1-1 禹贡九州图
（来源：曹婉如等编《中国古代地图集（战国至元）》）

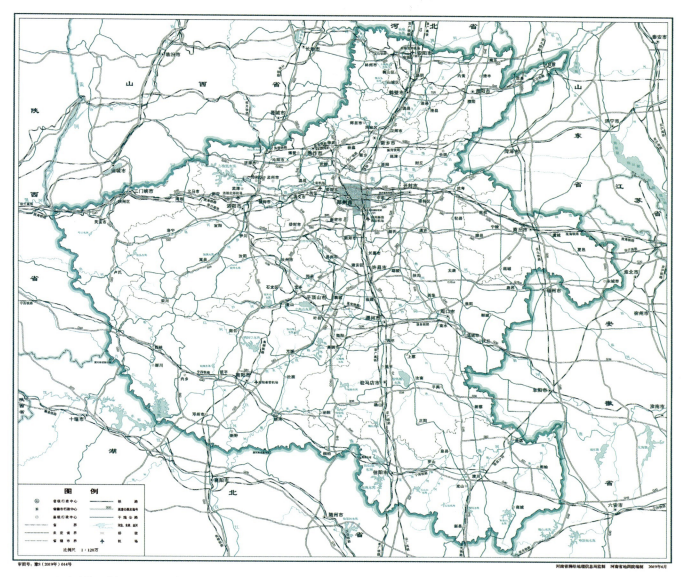

图1-1-2 河南省地图 [来源：河南省测绘地理信息局，审图号：豫S（2019年）013号]

原文化，作为现代性的存在样式，是一种古典衰败后与现代因子杂交的产物，也是一种文化杂合形态，影响到了现代河南人的集体意识和无意识、生存经验和文化建构。

对河南地域文化特征的研究成果颇丰，其中中原文化的特征主要有：根源性、主体性、多元性、人文性和辐射性等方面。[1]

就河南历史、文化而言，在中国文化史上关于文明起源的问题，有过"一元说""满天星斗说"和"文明多元论"等观点，但以青铜和城市为标志的夏代文明之所以产生在中原地区，与大规模的治水和筑城等活动有关，这是河南传统聚落研究的切入点。

---

[1] 贾文丰. 中原文化概论[M]. 郑州：中州古籍出版社，2017：5-8.

二、宗教信仰

中原地区古代宗教信仰起源于人与自然的相互关系，以及巫术活动和祖先崇拜。在汉族地区，由于长期的农耕生产方式，靠天吃饭，形成了天命崇拜与祖先崇拜的宗教观念。道教作为中国古代土生土长的宗教，在广大的北方乡村有着深厚的影响力，成为中原文化的底色。汉代以后，随着佛教的传入和中国化进程，儒、释、道成为中原文化和中国传统文化的主流和信仰方式。但民间信仰与人为宗教有着本质上的不同，当代西方人类学对中国民间信仰体系的认识是："这一文化体系包括信仰、仪式和象征三个不可分开的体系：信仰体系主要包括神、祖先和鬼三类；仪式形态包括家祭、庙祭、墓祭、公共节庆、人生礼仪以及占验术；象征体系包括神系的象征，地理情景的象征，文字的象征（如对联、族谱、道符等），自然象征物，等等。"[1] 所以，一般认为，"民间宗教具有原始性、蒙昧性、现实性、混杂性、区域性等特点"。在河南地区的广大乡村聚落，与北方农村有着相同的一个现象，那就是宗教建筑几乎村村都有，而且不止一座，村中有大量信奉传统与地方诸神仙的庙堂。常见的有关帝庙、龙王庙、土地庙、火神庙、观音庙、玉皇庙等。此外，乡民们习惯在院落与正房的大门、照壁、屋脊等位置设置神龛或牌位。这些现象都说明了民间宗教信仰的实用性以及它们和村民生活和生产方式的贴近。

如新密市米村镇范村（图1-1-3），是河南省传统村落，位于伏牛山余脉，村落历史悠久，格局完整，寨墙遗址尚在，村内至今保留七座大小不同的庙宇，各殿风格不一，集儒、释、道三教于一村，无论信仰什么，在这里都可以找到自己的精神寄托。所以，在中国虽然具有宗教信仰的百姓人数很多，但是真正的宗教信徒却不占多数。这种现象在农村尤为明显，在农村的传统建筑中也多有反映。

三、民俗活动

民俗的概念较为宽泛，通常是一个地区长期形成的相对固定的生活方式、社会风尚等。其中，乡里社会、血缘关系、宗族、家谱、家庙和婚丧嫁娶，乃至风水、禁忌等，都会对传统聚落和建筑产生影响。

乡里社会，亦称村落社会、村镇社会，是以地缘关系将若干家族或亲族集团组合起来的社会单位。地缘关系是共同居住的乡土联系起来的各种社会关系。主要类型有三种：

一是单姓氏村落。由一姓大家族发展而成的村落，全村只有一个姓，全部成员都是血亲关系。它最初只是一家一户定居，以后发展成大家族，再分离成若干户，形成村落。村名亦为姓氏，如赵庄、李庄、张庄、王庄、刘庄、白庄、傅庄、唐庄等，或在姓氏后加寨、庙、楼、村、园、店、屯、湾、井、口等。

二是多姓氏村落。主要是亲族联合体村落和杂姓移民村落。这类村落在河南多为集体移民户定居而成，分布较广，任何一姓在村庄里都不具有权威性优势。

三是少数民族村落。河南有53个民族，主要聚居在各地县城城关，或乡村中单独一个村落，或聚居，或和其他民族杂居在一起，具有"大分散、小聚居"的特点。

黄河流域为人类提供了良好的生态环境，并创造了灿烂的人类早期农业文明。村落文化是一个历史范畴，是人类对自然环境适应、利用和改造的过程，长期的生产和生活逐渐积累、沉淀成一种村落文化和精神，进而形成一定的约束机制、行为方式、生活方式和审美观念的文化模

---

[1] 王铭铭. 社会人类学与中国研究[M]. 北京：生活·读书·新知三联书店1997：150–151.

(a) 航拍平面图（来源：张文豪 摄）

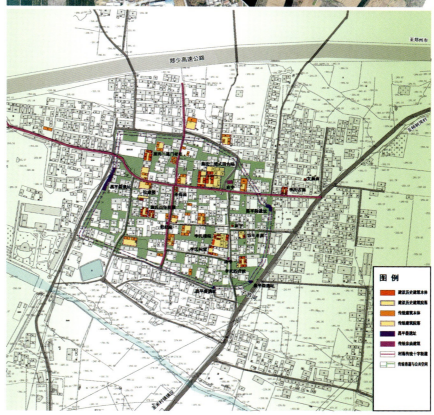

(b) 传统建筑与街巷分布图（来源：新密市住建局提供）

图1-1-3 新密市米村镇范村

式，一村一俗，一村一艺，具有各自独特的文化基因。传统聚落在形成演化过程中受到这一区域风俗习惯的影响和制约，从而强化了这种地域性特征。在乡村社会中，相对狭小的生活圈使得村民的生活方式主要以前辈和周边邻里的影响为样板。各类生活习俗也在长期稳定的社会生活中得到延续。同样，传统聚落因对生活方式的适应以及对风俗习惯的容纳而呈现一脉相承的特点。

林州石板岩漏子头村（图1-1-4）位于山脊之上，满山石头成为生产生活用材的首选。漏子头15个自然村中，村村有石碾石磨，人人靠石碾石磨生活，石碾石磨已经成为村落空间环境的一个组成部分，成为村落风貌的一种标识。当地人还赋予石碾石磨以官号雅称，石碾称作"青龙碾"，石磨称作"白虎磨"。

四、人口迁徙

聚落的形成就是人口的聚集和迁移的过程。我国历史上的民族迁徙和民族融合对中华民族的发展和多民族国家的形成有着重要作用。如公元494年，北魏孝文帝率鲜卑贵族南迁并定都洛阳，推动了黄河流域民族大融合的趋势。三国两晋南北朝时期北方黄河流域大量居民南迁，给江南的开发带去了先进的生产技术和工具。

明代初期中国有一次大规模的移民活动，涉及范围甚广，在中国人口迁徙历史上有着重要的影响意义。据记载，元末统治者横征暴敛，中原一带群雄割据，战乱频繁，加之黄河决口，连年灾荒，百姓民不聊生。明朝朱元璋曾数次从山西一带向中原地区迁民，以恢复农业

图1-1-4 林州石板岩漏子头村卫星图（来源：雅虎地图）

生产。由于洪洞县位于山西南部，靠近中原，便成为组织迁徙最频繁之地。今日的河南地区有相当大一部分人口的家族是由山西迁徙而来的。据史料记载，河南经过明洪武、永乐时期政府组织移民，以及实行的奖励垦荒、休养生息的政策，河南人口有了显著增加，大量土地被开垦复耕，经济得到了恢复。郑发展先生根据对明洪武初年山西人移民河南的人数分析，估计移民河南的人口在100万~150万之间[①]。

据《温县志》记载："从明洪武三年（1370年）开始，从晋南大量迁民于温，此后陆续有民迁来温。现温居民十之八九皆其后裔。"豫北的彰德、怀庆、卫辉都属于华北七府移民之一，在籍人口一直在增长，形成了许多移民村落。据民国二十二年（1923年）《续安阳县志》载："按民籍，洪武初，自山西洪洞县迁来者颇多。"豫北不少古村落原住居民世代相传：祖先于洪武年间从洪洞县大槐树下迁来。洪洞迁民的说法已有600多年历史，当地的地方志书、家谱等文献资料也多有记述。如林州五龙镇中石阵村的《刘氏家谱》记载：始祖世佳，是明朝永乐年间奉诏从山西壶关县福头村迁来……始祖迁来后先是居住在后石阵村，后发展到中石阵、前石阵。此外，安阳西水冶镇一带留传下来的一些姓氏、族谱，也多把大槐树下迁来的先祖作为其始祖，村口以槐树为记。在水冶镇西北，尚存一处山西会馆的旧址，是当时来这里做生意的山西人修建的。从明代浚县、滑县、内黄县等移民村落的村名，大都以迁民姓氏为主，沿用至今，说明乡村聚落与山西有着深厚的历史渊源。

第二节　河南传统聚落的形成

一、聚落生成观的建立

所谓生成，就是连续不断的建构过程，聚落就是在这一动态过程中形成自身的秩序。从概念上而言，聚落是人类的活动中心，是人们居住、生活、休息和进行各种社会活动的场所，也是人们进行生产劳动的场所。对于聚落这种人文地理景观，古今中外均有论述。《辞海》中将"聚落"一词解释为"村落""人聚居的地方"。《史记·五帝本纪》中云："一年而所居成聚，二年成邑，三年成都"。《汉书·沟洫志》也解释为："（黄河）时至而去，则填淤肥美，民耕田之。或久无害，稍筑室宅，遂成聚落"。可见在中国文化中，聚落的本义是指人类居住的场所。

广义的聚落包含城市、集镇、乡村三个层次，而在很多情况下，"聚落"一词往往被理解为狭义上的聚落，即乡村聚落。乡村聚落是自发状态下形成的一种最基本的聚落形式，同时又是典型的传统意义上的聚落。所谓"传统"，是由"传"和"统"两个字构成的。纵向曰"传"，是指时间上的延续性、历时性，是指那些过去有的，一代一代传到现在，仍然在发挥作用的东西。横向曰"统"，它有两层含义：一是指空间的拓展，二是指权威性。传统，是历史延传下来的规范制度、思想文化、风俗习惯、宗教信仰乃至行为方式、思维方式的总和。所以"传统聚落"可以定义为"历代传承下来的，其聚落选址、建筑环境、建筑风貌未有大的变动，具有独特民俗民风，至今仍为人们服务的村落。"这里

---

① 郑发展. 明朝洪武初年山西人口移民河南规模初探[J]. 中州学刊，2009，2.

的"传统",是与"现代"相对的概念,并不拘泥于明、清等已经凝结成型的某一阶段,而是流动于历史的动态过程。例如,河南信阳豫南山区的一些村落虽形成于中华人民共和国成立以后,但其布局结构、建筑风格仍延续着传统的地方特色,这样的村落也应该算作传统聚落。

影响聚落生成的因素有三个方面,或者称其为聚落生成的中介:

(一)人对物的认识

聚落的生成,源于人与自然的对立与共处。如柏拉图所说:"给不确定之物以确定。"乃是生命永不安息的根据,生成的根据。唯有生命的直觉能把它拼命追求的不确定之物确定下来。为征服自然,原始人类在自然中逐步加进一些自然界的对象,这样,人就使自然界反对自然界本身,工具和建筑的出现正是这一活动合目的的结果。舒尔茨说过:"任何人为产物都是'工具',用以在我们的生活环境中引进某种秩序。"当石料的硬度和重量感引起原始人的注意时,说明了他们已初步认识到石头普遍存在于周围世界材料的价值。这种对物的价值意义的发现,表现出人的对象化感觉的心理意识功能的加深,即创造性想象能力的加强。这是绝对的中介。于是,人们对石头和一切物质都具有一种结构,按这种结构它可以用新的方式分解和重新组合起来,有目的地去创造人类所需要的新形态,去营建聚落。

(二)人的审美追求

为了生存,人类创造了物质文化。聚落的生成过程是一种生活模式转为建筑的物化过程。建筑作为人的一种存在方式,而存在的即有序的,所以人们要建立秩序,并且不是单一的或自为的秩序,这正是前人在原始混沌中创造经营,又时破时立不断发展的人间文化。人只有超脱动物生存的功利性,不仅仅把建筑看作维持肉体生存所需的手段,才能掌握客观规律,自由地进行创造性活动,追求美,追求秩序。英国建筑学家奥尔索普(Allsopp)指出:"建筑不始于第一个用木棍和泥巴或鞣草搭起的小屋,或堆砌石头用泥草做顶,这些东西较之燕子窝和海狸穴高明不了多少,只有当人类开始关心他的构筑物的外观时,建筑才真正开始。"这说明人类早就开始赋予建筑形象以审美和象征意义,这种超功利性需要表达了人类审美意识的觉醒,有意识的自觉活动一直伴随着人类的创造行为,聚落的生成亦如此。

(三)人的社会化结果

人类的组织性和合群性乃是形成社会、创造文化的必然前提,也是建筑产生、聚落形成的内在动力。《荀子·王制》中曰:"力不若牛,走不若马,而牛、马为之用,何也?曰:人能群,彼不能群也。"人类要能群居,就必须以一定的形式组织起来。要形成社会就需要强有力的内聚力与强制力,这就促进了权力的形成,权力存在于人与人的相互关系中,是人与人之间的一种特殊的影响力。向心布局成为史前聚落的典型形式,如郑州大河村遗址(图1-2-1)、半坡姜寨遗址等。随着社会的发展,到龙山时期,中原地区进入父权制时代,中原地区从原始社会走向文明社会的过程中,家族一直是重要的组织因素,人的一切活动家族化了,家族内部组织得到加强,产生了凌驾于社会一般成员之上的贵族阶层。服从的冲动来源于恐惧,人们对权威的崇拜心理使早期部落首领及僧侣成为神的化身、权力和财富的拥有者,他们的后代得以世袭。宗法社会的统治者用至高无上的权力维护其统治和地位,社会的分化和等级差别也由家族内部开始,如许多聚落遗址附近的大片家族墓地的出现。这也影响到了建筑,权力在建筑聚落的生成过程中作为中介因素起到了催化剂的作用。社会的高度秩序化，要求充分体现在作为社会活动基础的建筑中，神的住所——庙宇和权力的住所——宫殿，逐步成为聚落的中心。这一时期，随着冶铜业、凿井技术、夯土和土坯的出现，具备了修砌大型建筑的主要条件。河南龙山时期的城址有点类似于城邦之城，如郑州新密古城寨遗址（图1-2-2），呈长方形，采用版筑方法夯筑城墙，是中原地区面积最大的龙山文化晚期遗址。经发掘，城内有大型夯土台基宫殿建筑和结构复杂的廊庑组成的建筑群，当时手工业和农业生产都在城外，而且居民亦有"卫君"的性质。该地区靠近嵩山，是夏王朝主要活动地区之一，其中的大量城址各自为中心，而共同维护的可能是一个更大的中心，或许连同周围的一般聚落，组成一个类似"城邦联盟"的统一实体，这些城邦国家是华夏文明诞生的前夜。

二、聚落的形成条件

（一）聚族而居

在中国传统社会，以血缘关系为纽带而形成的社会群体称为宗族。宗指的是亲族之中奉一人为主，族则包括有血缘关系的所有成员。河南地区有不少一个血缘宗族聚居形成的聚落，但以"邻里关系"结构下的杂姓村落也不少。一方面是因为长期战乱破坏了稳定的宗族关系，另一方面是因为河南平原地区，交通便利、工商业相对发达，四方人口均汇聚于此。宗族虽然对于聚落的组织结构已不再能起到决定性的作用，但是以"家族"模式出现的民居建筑群落，依然对聚落的空间形态有一定程度的影响。

传统社会人们按血缘关系聚族而居的状态，自远古时代便已开始，并随着私有制的产生，财产的继承关系而形成一种相当稳固的家族观念。聚族而居，一

图1-2-1　郑州大河村遗址（来源：《河南文物精华·古迹卷》152页）

(a)平面图

(b)鸟瞰图

图1-2-2 新密古城寨(来源:张文豪 摄)

图1-2-3　登封大金店老街（来源：郑东军 摄）

图1-2-4　光山泼河镇老街（来源：郑东军 摄）

方面可以抵抗可能的外族侵袭，维护家族安全；另一方面也是家族扩大劳动力、壮大势力，发展和维系家族产业的重要方式。此外，封建的伦理道德也极力维护聚族而居的传统，所谓"不孝有三，无后为大"。正是在这种思想观念的作用下，传统社会的家庭往往以能够扩展和维持数代同堂的大家族为荣耀，致使某些兴旺发达的大户强族拥有十分庞大的家族群落。即便随人口增多，大家庭分化为若干小家庭，住宅布局也呈相互依傍、聚族而居的格局。河南至今保存下来的具有一定规模的民居建筑群落，均是同一姓氏下多个家庭聚居的形态。如巩义的康百万庄园、张诂庄园村落和豫北西蒋村的马氏庄园、中石阵村的刘家大院以及商水县邓城镇叶氏庄园等。这些家宅规模之大，甚至可能独占一条街道，街口设立牌坊或券门以屏蔽家族以外的人进出，形成"大聚落"内嵌套"小聚落"的空间格局。

（二）因商成镇

一般而言，村和镇的区别在于商业活动的规模和程度，大多数镇是因为商业的聚集而成，就是所谓的因商成镇。聚落的主要经济活动决定着聚落的性质，而经济活动会随着自然资源、社会状况的变迁而发生变化。中国传统的农业社会，商业经济在其中的作用显著。经济制度、经济重心以及经济结构的改变，最终带来的是整体经济水平的变化，这将直接影响聚落的形态、规模和繁荣程度。

河南古村落商业的兴起都有一定原因。有些是因为官方政策的倾向；有些是因为丰富的天然资源带动了加工制造业的发展；但更多的是由于靠近水路、码头或主要道路，商业交通往来方便，使聚落在与周边部族之间的经济、文化交往中处于十分有利的地位，通过货物的转运、商品的集散而逐渐兴旺发达。

"街市"的出现是商业经济发展的一个标志。在聚落濒临河道的一面、古道穿越的段落，都会形成商业街市。街市上店铺五花八门，日常生活生产所需的物件大都有相当的店铺制作并出售，还会有茶馆、饭店、酒楼、药店和寺庙之类。聚落所受商业影响因素不同，街市的规模、商业建筑的类型也有所差别。如登封大金店镇（图1-2-3）和光山县泼河镇（图1-2-4）都保留着传统的商业老街。

河南道口古镇由于受到明清时期晋商文化在全国范围内的广泛影响，出现了钱庄、票号等建筑类型。而鸦片战争以后，随着西方文化的侵入，以各种线脚、壁柱等西方建筑元素装饰的商业门脸，也在当时经济较为发达的一些村镇应运而生。商业发达的聚落，人口集聚、商铺密集，街巷的结构与院落格局都会比较紧凑。

商业的发展也带动了其他产业的兴盛，如安阳县水冶镇，中华人民共和国成立以前全镇仅从事卷烟行业的就有300余户，其中规模最大的"百盛兴"卷烟行，共有厂房40余间。从原料堆放、加工，到成品贮存售卖，所用的场地和设施都会对民居的形制和聚落格局产生一定的影响。

（三）交通水运

逐水而居是聚落选址的依据。一是用水和有利于灌溉，二是河流是古代主要的交通运输方式，形成商业交流和贸易。正如《管子·乘马》曰："凡立国都，非于大山之下，必于广川之上。高毋近旱，而水足用；下毋近水，而沟防省。"说明聚落选址均靠近河流、水源，或打井取水，如《史记正义》中曰："古未有市及井，若朝聚井汲水，便将货物于井边买卖，故言市井。"河南地处中国第二级台地向第三级台地过渡地区，西高东低，河流水系丰富，历史上形成了许多沿水路交通形成的城镇和乡村聚落。

安阳北部背靠太行，有滏口之径可通山西。山前的缓冲平原土壤肥沃，漳河漕运四通，所以，西北一带在隋唐以前便集聚了大量人口，成为相对富庶的地区。隋代以来，大运河贯通南北，给水运带来了很大便利。漕船可以捎带货物、沿河贸易，促进了河南与南北各省的物资交流，对于商品经济的发展具有突出影响。

卫河是北方最早的一条南北大运河，发源于太行山南麓的百泉，自南向北流经河南、河北、山东三省，于徐万仓处与漳河汇流进入海河，上至天津、下达内陆，是明清时期沟通河南省北部以及河北平原西南部与京津地区的主要航道。"道口镇下经汤阴至五陵镇，内黄之楚旺镇……昔芦盐漕运及粮米输出，多由此道"。漳河属卫河支流，发源于山西省，全长1000多公里，穿过京广铁路后，进入平原地区，向东流入卫河（图1-2-5）。漳河很早已有船只往来，据《盘阳草根录》记载："因滨临漳河，水运便利，早在东汉末这里就设有专门的水运机构。""漳河自沁州发源，七十余沟会而为一，至肥乡堤岸逼隘，水势激湍，故为民患。元时分支流入卫河，以杀其势。"明正统十三年（1448年），"引漳入卫"工程进一步疏通了漳卫两河通航的障碍，沿岸村落借漕运便利多发展成为周边区域农副产品及各种山货的集散地与交换市场。

在这些酒粮运输的必经之路上，因为漕船集散、兑运粮食、商品转运等因素发展起来的村镇不胜枚举，楚旺镇便是其中一例。楚旺镇位于彰德府内黄县北三十里，北靠漳水，东临卫河。因卫河漕运兴起，商业兴盛。清雍正二年（1724年），"清政府为使南粮北调，以江、淮、卫诸流大办漕运，确定楚旺镇为一个集中点。楚旺北门外云阳渡口，著有豫北、冀南、晋东、鲁西54州县的漕运办事处"，后清政府又在楚旺设厘金局，专征船税。内黄县也设有分治，负责受理楚旺事务，地位可见一斑。楚旺镇是河南漕粮的一个重要地点，也正是基于此，楚旺镇随漕运一度盛行（图1-2-6）。

（四）宗教影响

1. 民间信仰体系的构成

中国的民间宗教生活源远流长。在河南几乎每个传统村落都存在保存完好的地方庙宇，其供奉的各种民间神灵更是多种多样。基于民间宗教强烈的地方性特点，河南地区民间宗教主要由道教以及各类当地民间信仰组成。

在中国的"神"文化当中，人、自然、神的关系是并列的。从古到今，人们都将"神"视为祖先的化身，它们不仅有属于自己的人格特征，而且其行为方式也类似于人类。生活中对"神"的崇拜是广泛存在的，并且几乎都是多神崇拜的方式。由于信仰的存在，于是供奉

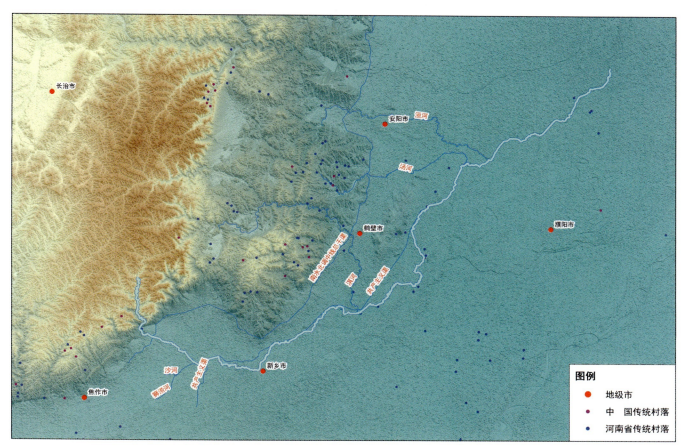

图1-2-5 卫河流域聚落分布示意图（来源：张文豪 绘）

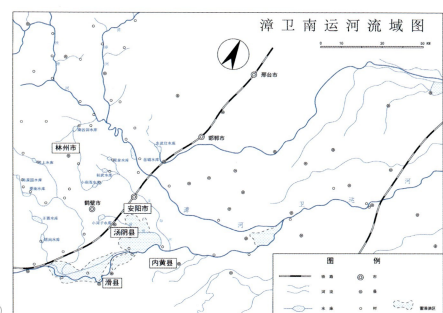

图1-2-6 漳卫南运河流域示意图（来源：任玉冰 绘制）

前湾观音堂1（纸坊村）

前湾观音堂2（纸坊村）　　河西观音堂（纸坊村）

前湾观音堂碑刻1（纸坊村）

前湾观音堂碑刻2（纸坊村）

河西观音堂碑刻（纸坊村）

图1-2-7　郏县传统村落庙宇（来源：王露　摄）

庙会（下宫村）

图1-2-8　郏县下宫村庙会（来源：王露　摄）

神灵的庙宇就很自然地出现了，并快速地发展了起来。一直以来，庙宇的兴旺与否与全村的昌盛有着直接的联系，因此，庙宇成了村落中重要的传统公共建筑类型。

在村民的心中，信仰的确立往往都跟观念联系在一起，于是，大量关于这类信仰类的建筑，如关帝庙、观音庙、娘娘庙、龙王庙以及药王庙等就陆续地出现在村落之中，并不断地壮大，这类建筑被称为民间庙宇。在河南传统村落中能看见这样的庙宇，只是供奉的内容不同（图1-2-7）。

庙宇中神像年复一年地存在于村落之中，人们每年都会在特定的时间进行集中祭祀，祭祀的步骤中需要有足够大的场地用来摆放鸡鸭鱼肉、水果糕点、香烛鞭炮等，这就促成了仪式空间的发展，仪式空间促成了庙会的形成与发展，庙会因庙而生，是一种庙宇催生的产物（图1-2-8）。

2. 传统村落公共空间与民间信仰体系

民间信仰体系对传统村落的公共空间有着较大的

影响。在原始社会,人们就把具有公共作用和宗教祭祀象征的场所作为聚落中心,来建构聚落的意识和想法,此时他们的宗教祭祀场所就相当于现在的庙宇建筑,庙宇建筑周围的公共空间就属于庙会空间的范畴。发展到近代,就传统村落的公共空间来说,民间信仰体系的作用表现为"强中心式""多中心式"以及"弱中心均匀式"三种,即庙宇等民间信仰体系所产生的公共空间在传统村落中的位置有几种不同的表现形式。依此,郏县作为河南省传统村落数量最多的县,具有一定的代表性。

(1)民间信仰体系的"强中心式"作用

"强中心式"的公共空间形成一般是因为规模庞大的庙宇和庙会。大型的庙宇作为村落的地标,占据着村落的中心位置,它对于村落边缘的控制力几乎是一致的,是整个村落的向心凝聚所在。并且周围民居的建造都迎合庙宇的位置,使其成了村内各家各户村民最方便到达的地方。随着村民活动的丰富及庙宇的发展,在交往中也创造了一个个信仰的场域——以庙宇本身的空间,围绕庙前的一大片广场式的空地成为自发性的公共活动场所。这个场所除了可以作为村民祭祀神灵的共用建筑,往往还成为村落的"强中心式"公共空间,村民们在这里赶集和看戏。民众通过亲身参与获得信仰体验并形成神圣情感来丰富内心世界,人神、人际、村际等各种关系得以展示或重塑,传统村落的空间秩序也借此实现维持或重建。

例如,郏县薛店镇下宫村始建年代不详,重修于明万历十四年(1586年)间(有碑为证)的道教圣地卧龙宫(包含大大小小二十余处庙宇),就位于村落的中心位置,且与相对而立的戏台形成开放式的场所空间,成为村内最重要的公共空间(图1-2-9)。

(2)民间信仰体系的"多中心式"作用

村落中存在两个或多个大庙时,祭拜的人们就会分散在不同的庙宇中,与此同时人群的聚集就产生了不同的空间,当两个或多个大庙不在同一条街道时,那么庙会空间会因为大庙的不同而产生分异。也就是说,当庙会在同一村落的不同庙宇举办时,庙会空间选址为了迎合庙宇,则会选择在不同的场地上,在不同的庙会上就会形成不同的人流聚集节点,而这些节点共同构成了村落的"多中心式"公共空间。

例如郏县茨芭镇姑嫂寺村,村内有始建于明代的姑嫂庙,还有始建于清代的姑嫂寺禅院,这两个庙宇都在村落中占据着举足轻重的地位,两处庙宇及其庙会形成了两个规模、功能相似的公共空间,使得村落内的公共空间呈现"多中心式"分布(图1-2-10)。

(3)民间信仰体系的"弱中心均匀式"作用

除了较大规模的庙宇,村落内更多的是各种小型村庙,多个单体的小庙共同构成了村落的民间信仰体系,众多小庙的形成缘自人们不同的需求,发财、求子以及求雨是农村人心中最多的渴望。在河南农村地区,这些小庙多为关帝庙、观音庙、娘娘庙、龙王庙以及火神庙等。不同时间、不同需求的农民会到不同的村庙去求得庇佑,这就围绕各个庙宇产生了多个规模较小的聚集场地,这种小型的聚集场地不足以形成庙会所需的交流空间,因而庙会空间只能选择在街道上或其他开敞空间开展,在形制上缺乏与庙宇共同形成集聚交汇的条件。这种级别的集聚不足以形成强势的中心,更多的似乎以"弱中心"的形式均匀统领着村落中的公共空间。

例如郏县黄道镇纸坊村,村内沿河两岸有始建于明代的五龙圣母殿、前湾观音堂、河西观音堂、前湾牛王庙以及始建于清代的关爷庙,前湾观音堂、河西观音堂以及前湾牛王庙位于道路交叉口,依靠道路尽头形成小型聚集场地,五龙圣母殿和关爷庙建在高处,庙前有其院落空间。从整体上来看,五处聚焦场地都较小,不足以形成村落的中心,使得村落内的公共空间呈现"弱中心均匀式"分布(图1-2-11)。

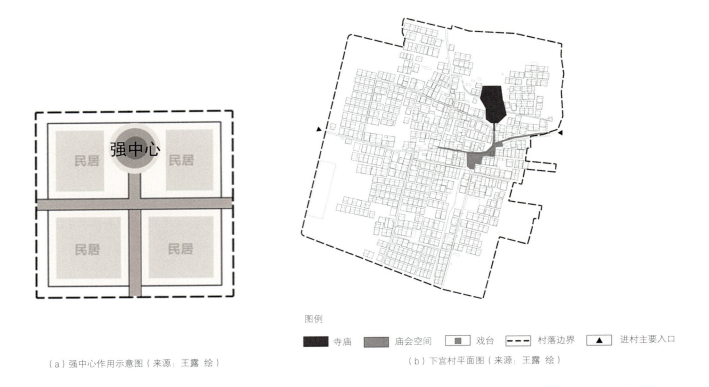

(a) 强中心作用示意图（来源：王露 绘）

(b) 下宫村平面图（来源：王露 绘）

图例
■ 寺庙　■ 庙会空间　▫ 戏台　--- 村落边界　▲ 进村主要入口

(c) 下宫村卧龙宫鸟瞰图（来源：宁宁 摄）

图1-2-9 "强中心式"作用结构图

姑嫂寺村

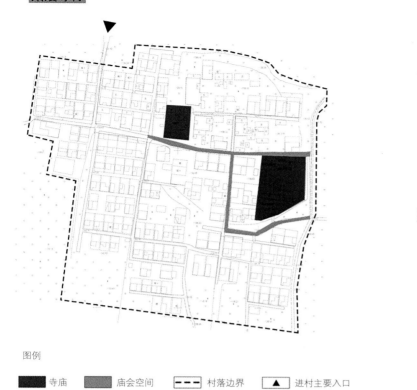

图例

■ 寺庙　■ 庙会空间　---- 村落边界　▲ 进村主要入口

图1-2-10 "多中心式"作用结构图（来源：王露 绘）

纸坊村

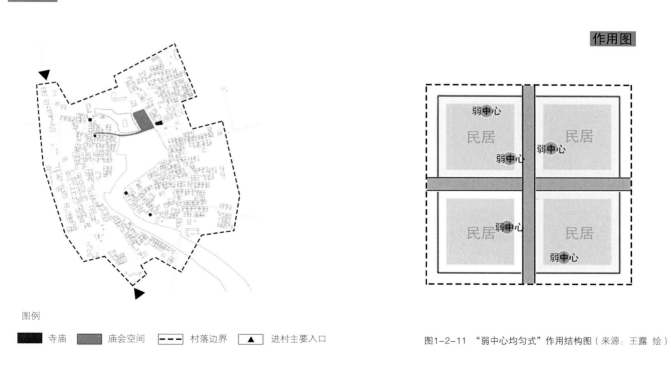

图例

■ 寺庙　■ 庙会空间　---- 村落边界　▲ 进村主要入口

图1-2-11 "弱中心均匀式"作用结构图（来源：王露 绘）

三、聚落的制约因素

传统聚落的研究涉及面广，不仅是空间、形态、建筑等问题，就制约聚落形成和发展的因素而言，有三个主要方面相关：土地制度、环境制约和防御需求。

（一）土地制度

中国传统社会以农为本，就是以土地为本，对土地的占有、使用和管理制度等构成了传统农耕文明的核心，形成了以土地为中心的乡村社会秩序和以土地神崇拜为中心的精神世界。这些与土地制度相关的结果对传统聚落的建设、形态和相关生活、生产活动产生了影响。我们今天所说的乡愁，就是人们背井离乡后，或浪迹天涯而落魄，或衣锦还乡而荣耀，都是和对家乡土地的眷恋相关，落叶归根，从土地出发而又回归土地。

土地制度在我国的发展，从氏族部落所有制到王朝土地所有制经历了不同的历史时期。中国最早的氏族部落产生于黄河流域，所谓炎黄子孙与早期炎帝、黄帝的农耕传说有关。《周易·系辞下第八》(注释)有曰："包牺氏没，神农氏作，斫木为耜，揉木为耒，耒耜之利，以教天下，盖取诸益。"从神农氏起，原始社会进入畜牧、农耕社会，但仍为母系社会。炎黄子孙在黄河流域定居后就开始农耕活动，当时的氏族部落大小不一、遍布各地，从仰韶文化的遗址中就可以看出氏族部落的聚落状况。到夏商周时期，在礼制的政治框架下，逐步形成了以分封、税赋为基础的国、野一体的城乡体系。依据《周礼》中"惟王建国，辨方正位，体国经野"的描述，按郑玄等人的解释，是指周代建国伊始时度疆域、分诸侯、设朝市、开井田等一系列重大国家事务。在《周礼》的政治视野中，"体国经野"中的"体国"包括营方国、划经纬、立祖社、置朝市诸事，就是按《考工记》营国制度对"国"进行规划；"经野"则包括开阡陌、量井田、设里聚、置丁夫诸事，就是按照三等采地和井田制对整个"国"之外的"野"进行规划。这里的"国"字，按《说文》的解释是："邦也。"遍指都会，为朝市之地；"野"指乡野，为耕牧之区。井田制作为氏族部落土地所有制的经营形式持续了很长时间，记载井田制的文献较多，如《周礼·地官·小司徒》载："乃经土地而井牧其田野，九夫为井，四井为邑，四邑为丘，四丘为甸，四甸为县，四县为都，以任地事而令贡赋，凡税敛之事。"《周礼·地官·大司徒》载："凡建邦国，以土圭土其地而制其域。诸公之地，封疆方五百里，其食者半……凡造都鄙，制其地域而封沟之；以其室数制之。不易之地，家百亩；一易之地，家二百亩；再易之地，家三百亩。"《周礼·考工记·匠人》载："匠人为沟洫……九夫为井，井间广四尺，深四尺，谓之沟。方十里为成，成间广八尺，深八尺，谓之洫。"发展到西周中期，贵族之间已有土地交易，土地的个人私有制至少在贵族之间已经出现。由此，自上而下，进一步发展为实际耕作者的土地个人私有制。战国时期，秦国商鞅变法，"为田，开阡陌"，推行土地个人私有制。至此，井田制彻底瓦解。秦、汉以后，实行井田制的社会基础已不复存在，但其均分共耕之法对后世的影响却极为深远。依此，井田制的记载形象地反映了土地与人（聚落）的关系，其是否在历史上真的存在虽有争论，但从聚落格局上看，这种聚落体系为我们提供了中原地区早期传统聚落的结构格局，这种在礼制框架下严密的城乡社会组织构成的完整人居环境体系，使中国古代城市具有"国野一体"的基本特征，城市周边区域亦呈现高度的体系性，明显有别于其他文化。

（二）环境制约

传统聚落本身就是人们对自然界的适应和创造性产物，其发展过程中存在不可抗拒的环境制约。如自然灾害、战争破坏、人为干预等，都会对聚落的生存状态产生影响。

豫东地区的开封市、商丘市和周口市的许多县城都有"城湖",许多村镇地势低于周围农田,这种现象就是因为历史上黄河多次改道和泛滥所致。据清同治《中牟县志·山川》载,自明正统十三年(1448年)至清道光二十三年(1843年)的三百九十多年中,黄河仅在中牟县境内较大的决口改道就有九次。每次黄河决口改道,都使濒临黄河、地处中牟县北部,唐代后期就是拱卫汴州(宋代东京)外围的五个军事重镇之一的万胜镇首遭其害。其中两次决口对万胜镇影响最大。一次发生在清雍正元年(1723年)八月,黄河决口于中牟县万胜镇西北的十里店,九月又决口于杨桥,至此"澎湃浩荡,横无际涯,牟邑四境,东至韩庄,西抵白沙,南经水泺,北自万胜,数百村庄,尽在波沉之内。"水退沙留,"牟邑西北地方,大半变为沙碱。"另外一次是清道光二十三年(1843年)决堤于万胜镇附近的九堡。汹涌的黄河水,不但摧毁了万胜镇,还淹没了六百多个村庄和田园,昔日巨镇,尽埋沙底。据《中牟县志》载:"万胜镇,在圃田泽北,清道光二十三年没于水,片瓦无存。"据统计,从金明昌五年(1194年)至1938年的700多年间,黄河在豫东南黄、淮平原上决口泛滥达120多次。明弘治以前,黄河无固定河槽,时而由涡入淮,时而由颍、由汴入淮,来回摆动,纵横扫荡。弘治以后,虽稳定归槽,但仍决口频繁,为害一方。这些环境制约对豫东平原聚落的发展影响巨大。

(三)防御需求

传统聚落的安全需求是聚落防御性的根本,从史前时期的环壕聚落到封建社会府县的城墙城河防御体系,聚落的营建不仅利用自然地理条件增强防御效果,还设置人为的各种设施,达到防御战乱和水患的需求。河南地处中原,历来多兵祸、匪患,促使境内分布的多数村落都带有一定的防御性特征,并且至今仍保留有较为丰富的明清、民国时期的防御性遗构。虽然这些防御设施和建构已随着社会的发展而丧失作用,但作为聚落发展过程中的重要组成,直接关系着聚落的布局结构和空间形态。

按照防御方式的不同,聚落的防御类型主要可分为三类:

一类是"堡寨式聚落",就是聚落外围设置线形防御设施,如寨墙、寨河、寨门楼等,这类聚落的防御结构主要形成在明清时期,以清咸丰和同治年间最为集中。当时,清政府为对抗太平军和捻军,命令各地修筑圩寨,以寨门、寨墙、壕沟组成的外围防御系统,在社会动荡之时,除了具有普通的防护作用外,更重要的是能够抵御较为激烈、较大规模的武力冲突。如安阳的渔洋村,早在明初就有东西南北四个寨门和寨墙以及寨墙沟。寨门长约三丈,高约一丈五,宽约一丈有余,砖砌券拱结构,里首有坚固的大门。夜晚大门关闭,整个渔洋村壁垒森严,再加上村外四周寨墙高峨,壕沟深陡,匪盗难以入村扰害。据村史载,明朝燕王朱棣南下时,渔洋村凭借圩寨曾进行了激烈抵抗(图1-2-12)。

第二类多以"局部点式设防"为主要防御方式的聚落。这种聚落是在内部设置多处防御性的"塔"。塔的形式有两种:一种是独立式的哨楼,呈点状散布于聚落之中,能够多角度地观察敌人,起到瞭望、放哨、避难以及武力还击的作用,如鹤壁山城区大胡村李家大院和肥泉村张家大院(图1-2-13),至今保留有三座哨卫楼,形成不同院落间的防御体系;另一种是与宅院的建设相结合,住宅的局部高起,修建成望楼或碉楼,和平时期一般用作贮藏室,遇有战事,亦可防御。

安阳南部的石岩村正是一个在动乱环境中形成的局部点式设防型聚落。石岩村原名秃鸟窝,民国时期有土匪武装在此活动猖獗,村子十分贫穷。当地流传:"种地不种岗坡地,嫁闺女不嫁秃鸟窝"。村中建有多座独

(a) 渔洋村寨门

(b) 渔洋村寨墙

图1-2-12 外围性防御（来源：郑东军 摄）

(a) 鹤壁李家大院哨卫楼

(b) 鹤壁张家大院屋顶更楼

图1-2-13 局部点式防御设施（来源：郑东军 摄）

立式哨楼，普通人家的住宅也表现出明显的防御性，或是修建碉楼，或是用石块砌筑建筑的山墙、后檐墙，在院落外围形成一道坚实厚重的防线。经济的贫穷落后也导致石岩村的建筑大多造型简单、风格古朴。砖雕石刻多见"安""居""勤""俭"等字样，反映出当时百姓对于安定的社会秩序的向往。

第三类是"庄园式坞堡聚落"，一些地主官绅等有钱人家会成为劫掠的主要对象，他们愈加重视自家庄园宅院的防卫建设，如信阳商城的顾荆乐堂（图1-2-14）。作为私人庄园的顾荆乐堂，位于商城县南

34公里的长竹园乡，处于群山环抱之中，为1937年商城县县长顾敬之兴建，取名来源于晋朝田氏"荆树开花兄弟乐，砚田无税子孙耕"。该庄园有很强的防御功能，住宅四角建有炮楼，四周山上有砖砌寨墙，高4米，厚1米，也建有炮楼。占地3220平方米，三进两重院，第一进正屋10间，两侧各有2层楼厢房12间。正房高13.2米，墙厚0.76米，跨度7米，正宅、厢房下面皆有明、暗地下室。正房楼板为条石板块，厢房为木楼板，屋脊皆为花砖压顶，两端为精雕大理石鳌鱼兽头。两重大院各为24米×7米布置，条石铺地。第二重院内有直径2米的石凿金鱼池，四周有大理石花台；第二进正房后面墙上镶有："礼、仪、廉、耻"四字；第三进上房楼梯为磨光条石三面环绕垒起盘旋而上，设砖柱前廊，面阔三间，两侧通过二层挑廊与厢房相连。该建筑工程量巨大，有大小房屋88间，建筑面积2530平方米，前后施工8年，征用匠人、杂工1.6万人次，投工56万个，用砖250多万块，瓦22万片，条石、料石16万块。

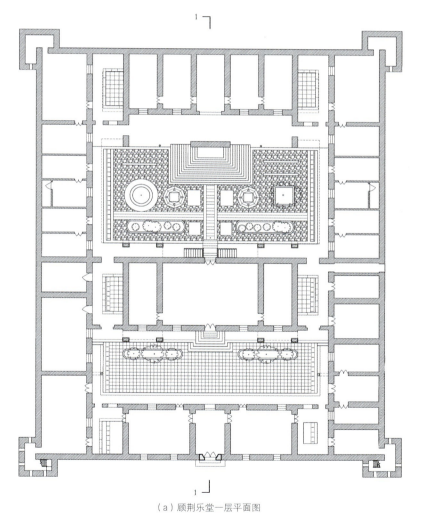

（a）顾荆乐堂一层平面图

（b）

图1-2-14 信阳商城的顾荆乐堂（郑东军 摄）

第三节 河南传统聚落的沿革

河南因古遗址、古墓葬和古城址丰富被誉为地下文物大省，随着聚落考古学的发展，这些古代文化遗存不仅是研究不同时期营建思想和技术发展的例证，更是见证中华文明起源、形成和发展的历史坐标。所以，对河南传统聚落历史沿革的梳理，有建筑和文化两条并行而交叉的轨迹。

一、史前聚落遗存

"史前时期"指的是没有明确的文献资料记载以前所经历的历史阶段，就是我国有正式历史记载之前的人类活动时期，大约是从一百多万年前至公元前21世纪左右。中国史学界将夏代以前的历史，称为史前史，包括原始社会及尧、舜、禹所处的传说时期。史前史的研究主要依据考古发现的人类遗存的实物资料、聚落以及神话传说。

（一）史前聚落与建筑

1. 聚落的分布

河南早在远古时代，气候温和，河湖密布，土地肥沃，成为中华民族繁衍生息之地。河南地区不仅地处我国史前文化发展与交融的中心地带，同时也是夏商文明的发祥地。河南境内所发现的史前文化跨越了仰韶和龙山两个时期，其中以龙山时期居多。

中原聚落的分布，各区域数量不一，面积大小各异（图1-3-1）。根据《中国文物地图集·河南分册》和近年的考古发掘资料，粗略统计出以裴李岗文化及磁山文化、老官台文化为代表的聚落遗址180处、仰韶文化聚落900处、龙山文化聚落1000处。

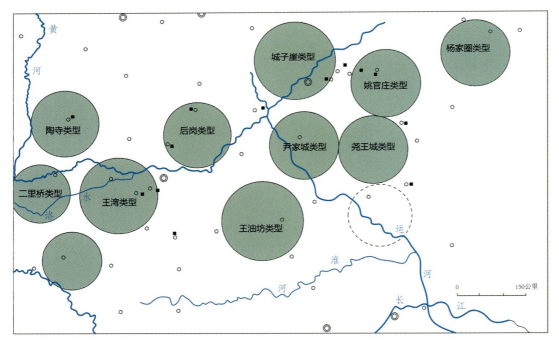

图1-3-1 龙山时期中原地区的城址（来源：参考钱耀鹏《中国史前城址与文明起源研究》）

2. 聚落的选址

中原地区的聚落选址有丘岗台地型、河谷阶梯型、平原台地型等几种。丘岗台地型通常主要分布在山地向平原的过渡地带，距河床相对较高，由于面积较小，聚落布局往往受地势的影响较大，聚落规模较小，这在豫中、豫北比较常见。河谷阶梯型主要指分布在河流两岸比较平缓的阶地上，距现代河床一般较低。地势较平坦且面积大小不一，容易形成规模不同的聚落群。这在豫西、豫南、豫北地区多见。平原台地型主要指分布在平原上的高丘台地上的聚落遗址，距现代河床一般较低，由于地势比较平坦，容易形成较大的聚落，多见于豫中、豫北、豫东地区。

3. 聚落的类型

根据现有资料研究发现，中原地区最有可能在豫北太行山东麓、豫西地区的黄河两岸、豫西南地区南阳盆地边缘山麓、豫南桐柏山麓等地区发现最早的史前聚落。根据聚落的演化特征，可将聚落分为以下几种类型：

1）防卫设施少见的聚落——中原聚落的初步发展期

中原史前聚落形态的初步发展阶段，距今9000~7000年，人类从旧石器时代发展到新石器时代，从游牧生活走向定居，大面积原始聚落开始形成，从半穴居逐步转为地面建筑，陶器的发明、原始农业和畜牧业的发展，使母系社会走向繁荣。主要分布在郑州、许昌和漯河等豫中地区的裴李岗文化遗址反映了这一时期的社会生活，和同期的陕西老官台文化遗址、河北磁山文化遗址等这一时期的聚落形态，主要有以下三个特点：

（1）聚落数量少，自身规模小，活动空间大；

（2）墓葬以单人葬为主，公共氏族墓地和家族墓地出现；

（3）聚落内部的居住形式以单体居室为主，连间房

图1-3-2 灵宝西坡遗址（来源：三门峡文物局 提供）

初步出现。

2）环壕聚落——中原聚落的快速发展期

以环壕聚落为代表的阶段是中原地区史前聚落形态演变的第二阶段，主要指仰韶文化时期，重要遗址有灵宝西坡（图1-3-2）、陕县庙底沟、洛阳王湾、偃师汤泉沟、淅川下王岗、濮阳西水坡、郑州大河村等遗址中，均发现聚落外围的环壕遗迹，是设防的城堡型聚落的雏形。这一时期聚落的特点是：

（1）聚落数量成倍增长，规模逐渐增大，活动空间明显萎缩；

（2）环壕聚落与中心聚落是本阶段最有代表性的聚

落形态；

（3）墓葬以单人仰身直肢葬为主，瓮棺葬流行；

（4）聚落内部的居住形式以连间排房的流行为标志。

3）城垣出现——中原聚落的嬗变期

以城垣出现为代表的阶段是中原地区史前聚落形态演变的第三个阶段，也是中原地区史前社会发展的最后一个阶段，时间主要是龙山文化时期。已经发掘的重要聚落遗址有登封王城岗、新密古城寨、辉县孟庄、淮阳平粮台、新密新砦、郾城郝家台等。这一阶段，史前聚落的变化又出现了许多与以往不同的新特点。

（1）聚落数量大幅攀升，聚落面积与活动空间急剧缩小；

（2）环壕聚落演化为城址；

（3）聚落族群大量出现；

（4）聚落墓葬出现等级分化；

（5）聚落内部居住形式分化，地面建筑大量出现。

（二）史前城址

1. 城址的诞生

距今约5500年前后，以豫晋陕邻境为中心，曾经覆盖整个北方地区，持续繁荣达1000余年的仰韶文化开始发生严重裂变。不断壮大并且日益显示出其独立性的各氏族集团，对生活资料和生存空间的争夺日趋激烈，导致了旷日持久、同室操戈的残酷战争。随着掠夺性战争的激化，直接导致保卫氏族集团内部公共财产和氏族成员安全的设防城堡的相继出现。正是在这种背景下，古城应运而生。

郑州西山仰韶时期城址（图1-3-3a），迄今仍是国内发现的年代最早、建筑技术最为先进的古城遗址，它把我国古城起源的历史提早了约1000年。西山古城的发现，对于研究公元前3500年前后中国史前时期至关重要的仰韶、龙山之际的社会变革，探索中国古代城市的起源，都具有十分重要的意义和价值。

西山城址位于郑州市北郊23公里处的邙山区（今为惠济区）古荥镇孙庄村西，北距黄河约4公里。遗址北依西山，南面枯河。遗址坐落在枯河北岸二级阶地南缘，处在绵延不绝的豫西丘陵与东南部一望无垠的黄淮平原的交界点。史前传说时代，西山是黄帝部族的活动区域。商代前期，西山地近隞都，属京郊，遗址南面现存有规模宏大的郑州商城遗址，距西山约23公里；郑州小双桥遗址，或为商王室祭祀重地，距西山约4公里。夏商之际，夏商两个民族对峙争战，西山当处争战区前沿。西周时属虢，史称东虢。春秋时期，郑武公自陕西华县一带东迁国于郐、虢之间。战国属韩荥阳邑。秦末楚汉相争时期，为著名"天下粮仓"敖仓所在地。西汉初年，改置河南郡，西山一带仍以荥阳县（今为荥阳市）属之。

西山城址平面形状近于圆形，直径约180米，推断城内面积原有25000平方米。现城址南部已经不存，造成今城圈已不能封闭，现存面积约占原城址的4/5，城外四周有壕沟环绕，城壕宽一般5~7米。在现存城墙周围发现两座城门遗迹，分别为北门和西门（图1-3-3b）。

现存半圆形城墙残长约265米，现存三面城墙全部埋藏于今地表以下。墙外有壕沟环绕，显然是取土筑城而形成的。壕宽一般5~7米，西北隅城墙外因加宽加厚，故宽度达到11米。壕深3~4.5米。

西门位于城址西北隅，现存门道宽度约17.50米；北门在城址东北隅，现存门道宽约10米，平面形状略呈"八"字形。城址内有南北向道路，现存长25米，路宽0.5~1.85米。路土厚约0.4米，距地表0.3~0.4米。

城墙的建造方式，是先在拟建城墙区段挖筑基础槽，在槽内经过修整的基底平面上依托基槽内壁分段逐

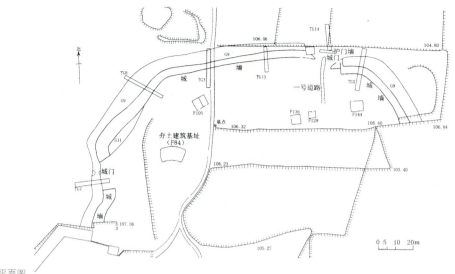

(a) 遗址平面图

(b) 考古发掘照片

图1-3-3 郑州西山遗址

块逐层夯筑建墙，高出基础槽口以后，沿内侧地面展宽筑起。外侧取土而成的深沟即成环绕城墙的城壕。

2. 龙山时期城址

龙山时期（约公元前3000～前2000年）是一个群雄并起、万邦林立的大动荡、大分化、大改组、大融合的时代，是中国古代最终走向夏王朝一统天下的前奏。目前，已发现的古城址有登封王城岗、新密古城寨、辉县孟庄、淮阳平粮台、新密新砦、郾城郝家台、安阳后岗、平顶山蒲城店和温县徐堡等9座。这一时期的城址平面均为方形或长方形，已经完成了从圆形环壕聚落经仰韶晚期的近圆形城池到方形城池的转变。城的面积在这一时期也显著增大。新密古城寨城址约18万平方米，在城中部偏东北处发现了推测为宫殿建筑的一座完整的四合院建筑群。温县徐堡城址约20万平方米，城内中部有一处6000余平方米的堆筑台地，推测为重要的建筑遗存。淮阳平粮台遗址（图1-3-4）是最早的方形城址，边长185米，城墙残高3米，宽10米，南门埋设有陶质的排水管道，对研究中国早期城市的起源、国家的产生和探索夏商文化都有重要意义。虽然筑城技术有的仍略显原始，但据发掘及研究显示，这一时期的城址大多是经过统一规

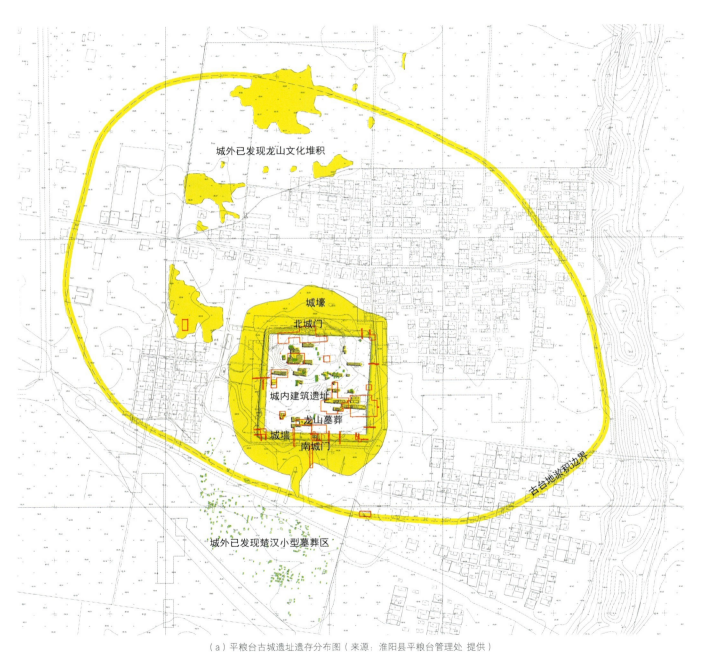

（a）平粮台古城遗址遗存分布图（来源：淮阳县平粮台管理处 提供）

图1-3-4 平粮台古城遗址航拍平面图

(b) 平粮台古城遗址鸟瞰图（来源：宁宁 摄）

图1-3-4 平粮台古城遗址航拍平面图（续）

划、设计和施工的，有些已经初步具备区域政治中心的都市功能。

新密古城寨城址约18万平方米，王城岗大城面积达30万平方米左右，新密新砦整个城址总面积更逾100万平方米。

（三）史前村落

安阳地处太行山东麓与华北大平原的交接地带，西部为山冈丘陵，东部为漳、洹河冲积扇。地势平坦，气候适宜，水分充足，土壤肥沃。早在远古时代，人们就在这里繁衍生息。据《安阳县志》记载，目前在安阳发现最早的原始人活动遗址，为安阳西南25公里处的小南海原始人洞穴遗址，距今约2.5万年。遗址位于群山环峙的峡谷中，洹河河道穿谷而过，峡谷以东约1公里外是广阔的平原。这样山环水绕的自然环境，为旧石器时代人类从事狩猎和采集活动提供了良好的场所。

当从旧石器时代进入新石器时代之后，农业的出现向人类提出定居的要求，安阳周围原始社会部落有显著增加。"邑"是聚落的最初形态。一般一个氏族的成员组成一个"聚"，各氏族的"聚"环绕中心的公共活动

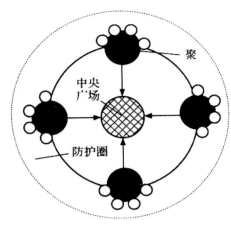

图1-3-5 "邑"的组织结构（来源：郭晓东《乡村聚落发展与演变——陇中黄土丘陵区乡村聚落发展研究》）

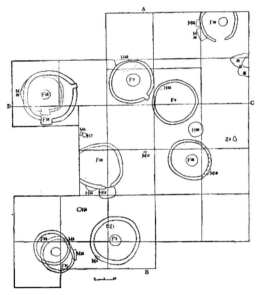

图1-3-6 后冈遗址龙山遗迹平面图（来源：杨宝成，徐广德《1979年安阳后冈遗址发掘报告》）

广场布列，凝为一个整体（图1-3-5）。安阳市洹河南岸的后岗遗址以包含新石器时代的仰韶文化、河南龙山文化和青铜时代商文化的"三叠层"而著称。遗址面积约10万平方米，其中龙山文化遗存主要是39座圆形或不规则圆形地上房基，直径在3.6～5米之间，小者可容纳3～4人，大者可容纳5～6人。房基中间有隆起的圆形灶面（图1-3-6）。仰韶文化时期开始，这里已经形成了一个原始人群的居民聚落，至商代晚期已经有2000多年的历史。目前，安阳境内已发现的古人类遗址有500多处，除出土石器和陶器外，不少遗址还发掘出房基、墓葬、窖穴、窑洞等建筑遗迹，反映了当时漳洹河流域已进入农业社会，人们过着长期定居的生活，并形成了原始村落。

二、夏商周三代至秦汉聚落

（一）夏代城址

约公元前21世纪中后期，是中国历史上夏王朝的开始。

夏本是一个部落联盟的名称，据《史记·夏本纪》记载，由夏后氏、有扈氏等十二个姒姓氏族部落组成。夏人活动的中心地区史载约当今河南省西部，以嵩山为中心的伊河、洛河、颍河、汝河谷平原一带。考古发现的夏代遗址有偃师二里头遗址、荥阳大师姑遗址、辉县孟庄二里头文化城址和平顶山蒲城店二里头文化城址。

1. 偃师二里头遗址

二里头遗址（图1-3-7）位于河南省洛阳盆地的东部，北临洛河，南临伊河，坐落在洛、伊两河的夹河滩上。遗址范围北至洛河河滩，东缘在圪垱头村东一线，南缘到四角楼村南，西达北许村，东西最长2400米，南北最宽约1900米，现存面积约300万平方米。

二里头遗址的发掘自1959年秋开始，至今已超过60年。为了便于工作，将遗址分为15个发掘区，发现了大面积的夯土建筑基址群和宫城城垣、道路网络；发掘了数座大型宫殿建筑基址，若干处与祭祀有关的建筑遗迹，1处大型青铜冶铸作坊遗址，若干处陶器、骨器、绿松石器的作坊遗迹以及中小型墓葬400余座；还发掘了大量的中小型房址、灰坑、窖穴、水井等遗迹。

二里头遗址出土了大量的陶器、铜器、玉器、石器、骨器、蚌器、漆器、铜铸陶范等遗物。

2. 荥阳大师姑二里头文化城址

大师姑遗址位于郑州市西北角，荥阳市广武镇大师姑村和杨寨村南地。整个城址呈东西长、南北窄的扁长方形，被金索河河道分为东西两部分，大部分在河东岸。城址由城垣和城壕两部分组成，城垣已发现南墙西段480米，西墙北段80米，北墙西段220米。城壕在城垣外侧，与其平行，东壕长620米，南壕已发现770米，复原长度950米，西壕已发现80米，复原长度应为30米，北壕长980米。城壕的复原长度达到2900米，所发现的二里头文化遗存全部集中在此范围内，总面积约51万平方米。

（二）商代城址

商本是活动于夏王朝东部边界的一个古老民族。先商自契至汤为止，大略活动于今豫北、冀南和豫东

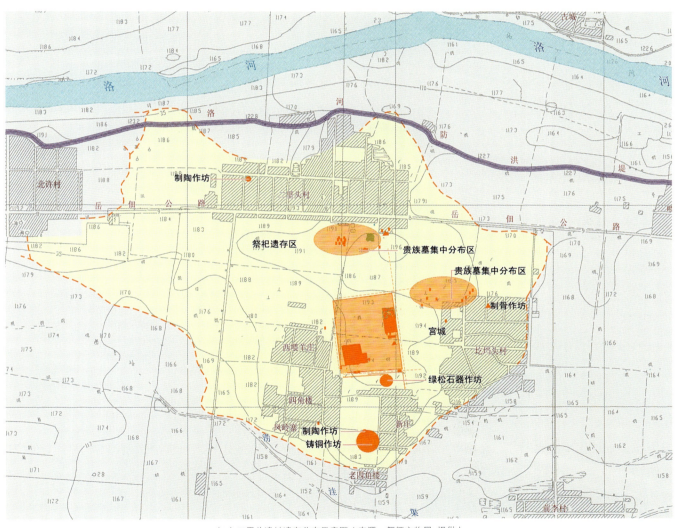

（a）二里头遗址遗存分布示意图（来源：偃师文物局 提供）

图1-3-7 偃师二里头遗址（来源：宁宁 摄）

(b)二里头遗址公园

图1-3-7　偃师二里头遗址（来源：宁宁 摄）（续）

(c) 洛河故道模拟复原展示区
(来源：宁宁 摄)

(d) 一号宫殿
(来源：宁宁 摄)

(e) 二号宫殿
(来源：宁宁 摄)

(f) 绿松石作坊
(来源：宁宁 摄)

(g) 铸铜作坊
(来源：宁宁 摄)

一带的广阔地区。至约公元前16世纪，商汤灭夏，定都于今河南偃师商城一带。商代城址有偃师商城、郑州商城、洹北商城、殷墟以及焦作府城、辉县孟庄商代遗址等。

1. 偃师商城遗址

偃师商城遗址（图1-3-8）紧靠偃师市，位于洛阳盆地的东部，北依邙山，南临洛河，西南距二里头遗址6公里。遗址绝大部分深埋于地下，保存较好。

偃师商城遗址目前已知大城平面略呈长方形，四周有夯土城垣，外围有护城河，面积约190万平方米。已发现5座城门，北墙上1座，东西墙上各2座，东西相对城门间有大道相通。城的东北隅有铸铜作坊遗址。大城的西南部是小城，平面略呈长方形，其西城墙、南城墙和东城墙的南段，在扩建大城时被重新利用。小城的正中略偏南是宫城，略呈正方形，四周有宽3米的夯土围墙，内有6座大型宫殿建筑基址。以居中的一号宫殿建筑最大，北部是祭祀场地和池苑。宫城中部有一条大道通向城南。宫城的西南方向、小城的西南隅和东城的东北方向、小城的东墙外，各有一处带围墙的府库建筑群。

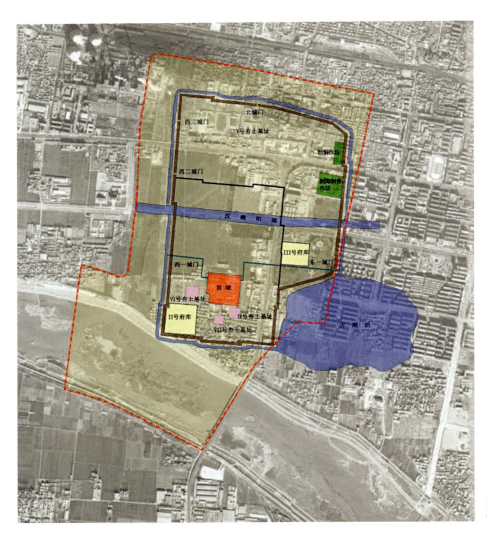

图1-3-8 偃师商城遗址示意图（来源：偃师文物局 提供）

2. 郑州商城遗址

郑州商城遗址（图1-3-9）位于今郑州市区南偏东部的郑州旧城区一带，平面略呈南北纵长方形，东墙和南墙均长约1700米，西墙长约1870米，北墙长约1690米，周长近7公里。其中，北墙东段较倾斜，略呈东南—西北走向，其余的城墙方向均近东西向或南北向。

城内北部的中东部是宫殿遗址区，发现了大面积的夯土台基和大型建筑基址，发掘了其中部分夯土建筑基址、埋有许多带锯痕头骨的壕沟遗址、蓄水设施等遗迹，出土了不少玉簪、青铜簪和玉器。北城墙外约200米和南城墙外约500米处发现有两处铸铜作坊遗址，北城墙外300米处发现有以人骨和兽骨为原料的制骨作坊遗址，西墙外1300米处有制陶作坊。城外附近发现有多处墓葬群，西部和东南部还发现有青铜器窖藏坑，东北部有排葬祭祀坑。距离南城墙和西城墙南段600～1100米，发现有外郭城城墙，对内城呈环抱之势，东面和北面未发现外郭城墙遗迹。

图1-3-9 郑州商城遗址示意图（来源：管城区文物局 提供）

3. 安阳洹北商城

洹北商城位于安阳市北郊，南临洹河，北面为低矮丘陵，西距太行山东麓约19公里，东面是开阔的冲积平原（图1-3-10）。洹北商城平面略呈方形，南偏西方向13°，南北城墙长约2200米，东西向城墙长约2150米，占地约470万平方米，与殷墟遗址略有重叠。城墙墙基大部分地段宽7～11米、深约4米。

宫殿区位于洹北商城南北中轴线的南段，尚未发现与普通民居区相隔开的围墙等明确分界遗迹，南北长约500米、东西宽约200余米，面积在10万平方米以上。目前已发现夯土建筑基址30余处，都是东西向，南北成排，方向与城墙基槽方向一致。

洹北商城北部，分布有密集的居民点。各居民点的房基往往相对地聚集在一起。多数居民点之间都有较固定的道路相通。各居民点之间通常由空地隔开，且空地大小不等，有些居民点之间的空地上发现有单独存在的面积较大且修筑考究的公共建筑。居民点附近常常发现有墓葬分布。

4. 安阳殷墟

殷墟位于安阳市西北的小屯村一带，地跨洹河两岸，处于安阳盆地与华北平原交接地带的洹河二级台地上（图1-3-11），是盘庚迁殷后的商朝都城的所在地。殷墟是在19世纪末20世纪初随着甲骨文的发现继而被发现的，殷墟的发现将我国的信史提前到三千多年前，震动了当时的学术界。殷墟的发掘始于1928年10月，1937年抗日战争爆发后被迫停止。中华人民共和国成立后不久，殷墟的发掘工作就得到恢复。殷墟的发现是20世纪中国考古学最重要的发现之一，对中国历史学研究产生了巨大的推动力，2006年7月13日，在立陶宛召开的世界遗产委员会第30届会议上，殷墟被列入《世界遗产名录》，成为世界文化遗产。

近一个世纪以来，在殷墟有许多重要的发现，其中

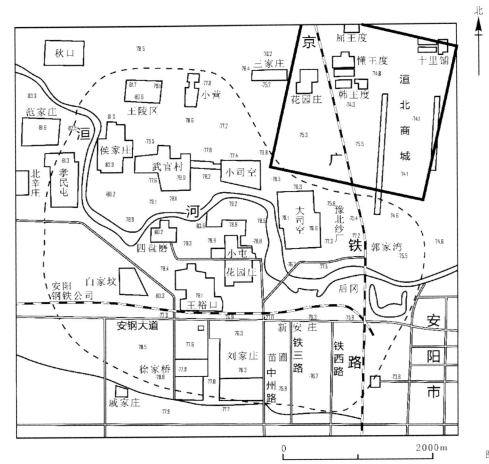

图1-3-10 洹北商城位置与范围

有与宫殿建筑相关的甲骨文、青铜器造型和大量各式宫殿基址及其遗物，这些宫殿建筑在布局与营建等方面比商代前期有了显著的进步。宫殿基址的地基，早期采用先平后建法，晚期采用先挖后建法；基础之上的夯土高台，高度1~4米不等；建筑广泛使用了柱础，有的还使用了铜锧。

其他商代方国城址还有：焦作府城城址和辉县孟庄城址等。

（三）周朝城址

河南目前保存下来有迹可循的两周古城址百余座。其中，西周洛邑城址经过考古工作者50多年的不间断探索，已经有一些重要发现，但目前仍然难以窥其原貌。新近发现的三门峡虢都上阳城，是全国目前确认的三座西周城址之一。东周城址则异彩纷呈，以洛阳东周王城以及新郑韩故城、上蔡蔡国故城等列国都城为代表，多座城址均经详细勘察和长年考古发掘，面貌逐渐揭示。列国其他城邑，如登封阳城、鄢陵鄢古城、濮阳戚城、商水扶苏城等均有许多重要的考古发现。

1. 西周洛邑城址

20世纪50年代汉朝河南县城的考古发现认为西周洛邑城址在今河南洛阳市区以王城公园为中心的涧、

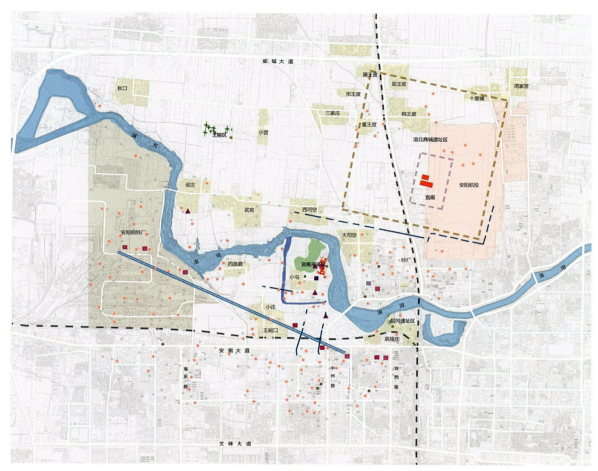

图1-3-11 安阳殷墟（来源：河南省文物局提供）

洛两河交汇处；成周则据《汉书·地理志》及《后汉书·郡国志》记载，被认为在今河南洛阳市区东的汉魏故城遗址东部范围内（图1-3-12）。

20世纪50年代初，郭宝钧先生根据《尚书·洛诰》文献提供的线索，在今洛阳市区涧河东岸与洛河北岸的涧、洛两河交汇处的三角地带，发现并确定了始建于春秋早期的东周王城遗址和汉朝河南县城遗址，为西周洛邑城址的考古探索拉开了序幕。但遗憾的是，一直未能寻找到西周的城址和同期其他有价值的信息。

2. 三门峡虢都上阳城

虢都上阳城位于今三门峡市区东南地势平坦开阔的李家窑遗址上（图1-3-13）。城址平面大体呈东西长方形。城垣东西长1000～1050米、南北残垣宽560～600米、墙基宽4.5～6米、存高0.5～1.8米，以版筑法分层夯筑而成。

宫城位于城内西南部，近长方形，东西长310～405米，南北宽约315米。宫城墙基外侧有宽7～11米、深4.5～5.7米的壕沟环护。宫城中部有一条东西长达160多米的陶水管道，用子母口圆形陶管依次套接，显然应为城内供水设施。

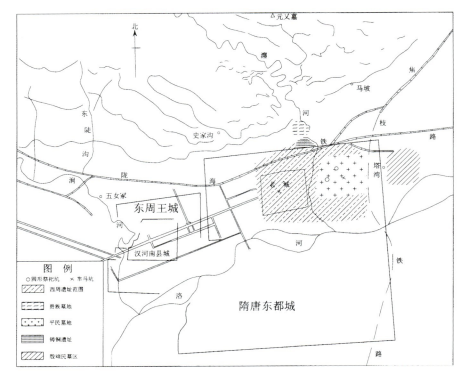

图1-3-12 西周洛邑城址（来源：《中原文化大典》）

（a）城内供水管道

（b）东城墙

图1-3-13 虢都上阳城（来源：《中原文化大典》）

在城垣与宫城之间，分布有粮窖区和多种手工业作坊。粮窖区位于宫城外西北侧，由多座排列有序的圆形窖穴组成，窖穴壁、底均经加工处理。制骨作坊位于宫城外东北侧，出土有数以千计的骨器成品、半成品和骨料及铜锯、砺石等制骨工具。冶铜作坊位于城内东北隅，发现大量铜渣、陶范残块及鼓风管等。制陶作坊位于城外西南隅，发现的陶窑不仅数量多、分布集中，而且保存较为完好，出土有陶器成品、半成品及废品。

3. 洛阳东周王城

洛阳东周王城位于洛阳市涧河以东的王城公园一带（图1-3-14）。东周王城平面近于方形，不是很规则。四周城垣大略西北起于东干沟北土冢，东北至隋唐东都城西垣，西南至兴隆寨村西北，经瞿家屯因洛河地势低洼不见，东南至塘沽路终止，南北长约3700米、东西宽约280米。夯土城墙湮埋在今地面以下，以北墙保存最完整。

东周王城的基本布局：城址的西南部，今瞿家屯一带涧河入洛处，是王城宫殿区；宫殿区东侧为粮窖区；墓葬区位于城址东墙内外；城址的西北部今小屯村、东干沟一带则为作坊区。

4. 新郑郑韩故城

郑韩故城横亘在河南中部的广阔原野上，位于新郑周围的双洎河和黄水河之间的三角地带。

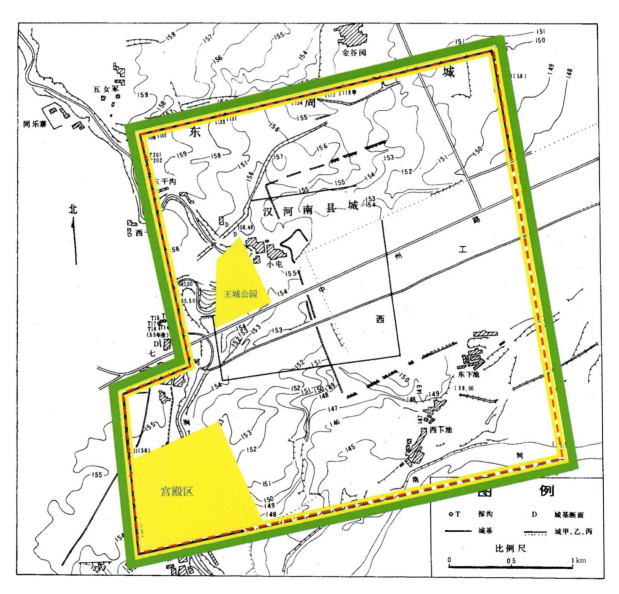

图1-3-14 东周王城平面图

城址平面略呈不规则长方形，被形象地比喻为牛角形（图1-3-15）。东西长约5000米、南北宽约4500米，中部有一道南北向夯土墙将故城分隔成东西两部分。今地面仍保存着北、东、南三面高大的城墙，残长约20公里，城内面积约16平方公里。城墙系分层夯筑，保存在地面以上部分残高15~18米，基宽40~60米。

郑韩故城西城为内城，也是主城，是郑韩两国的宫殿、郑国个别国君陵墓、韩国宫城及宗庙分布区。其平面略呈长方形，北墙保存较好，长约2470米、一般高10~19米、基宽40~60米，北墙外侧分布着4个外凸的马面，外有护城河，现宽20~50米，中部阁老坟村西北发现有古道路通过的缺口，疑为北城门遗迹。东墙即故城隔墙，现存地面以上城墙不足三分之一，大部分墙基埋藏在今地下，墙基残宽10~40米、长约3415米，发现有两处古道路通过的地下城门缺口，其中北段一处城门缺口下有似为门卫房的夯土基址遗迹。西墙和南墙仅断续存留，推测多被双洎河冲毁。

5. 上蔡蔡国故城

蔡国故城平面呈长方形（图1-3-16）。北墙长约2113米，西墙长约3187米，南墙长约2700米，东墙长约2490米。四周城垣保存基本完好。墙高4~11米、宽

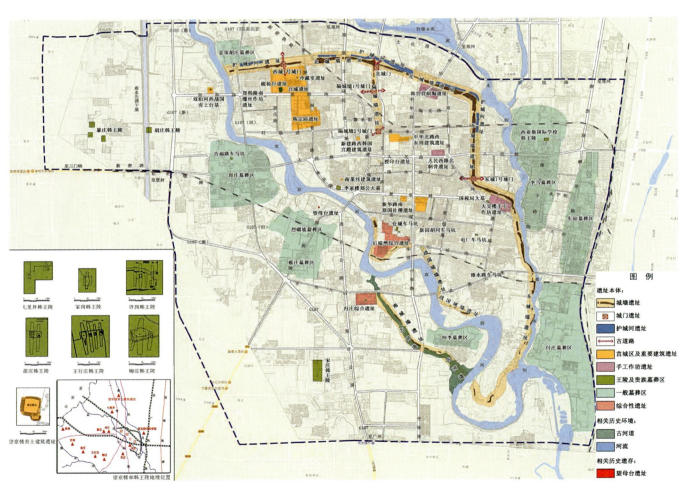

图1-3-15 新郑郑韩故城遗址平面图

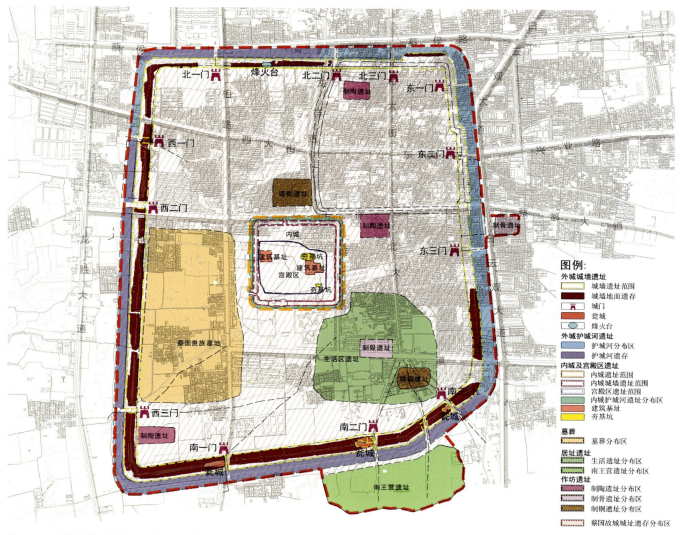

图1-3-16 蔡国故城内城平面图（来源：上蔡县文物管理所 提供）

15～25米，最宽处达70～95米。城墙系夯土筑成，夯层厚8～14厘米。城墙外围的城壕遗迹尚清晰可辨，宽达70～103米，低于地表仅5～10米。比较确切的城门遗迹有4处，南城墙3处，西城墙1处，其他甚多的城墙缺口中有的应属城门遗迹。

蔡国故城规模巨大，目前经调查可知，位于城址中部偏南的二郎台为蔡国城的宫殿区。二郎台东西长约1200米、南北宽约1000米，面积达120万平方米。

其他还有：潢川黄国故城、淮滨期思故城和固始北山口故城、登封阳城、宜阳古城、鄢陵故城、淇县朝歌故城、辉县共城和濮阳戚城、信阳楚王城、商水扶苏城等著名城址。

（四）汉代聚落

自秦始皇统一六国后，于公元前216年颁布"令黔首自实田"，这是根据古代文献查阅到的秦第一个承认土地私有的法令。土地私有合法化，促进了大土地所有制以及村建地立经济的发展。从汉代文献中多见"聚"

图1-3-17 三杨庄遗址（局部）（来源：河南省文物局 提供）

的名称，是指尚未形成建置的，乡里以外民间自发形成的散居式聚落。聚落的规模慢慢扩大，逐渐引起政府注意，才编入行政体系进行管理。安阳内黄县三杨庄发现的汉代农业聚落遗址，清楚地反映出了这一时期黄河中下游地区"散居式"聚落农业生产、生活状况，以及农民的庭院和生活环境特征（图1-3-17）。

据《中国历史地图集》记载，三杨庄一带西汉时期属魏郡繁阳县（繁阳西接内黄，今天内黄县的大部地区属繁阳境），地处黄河北岸，位于西汉黄河东流转北的弯折处。河边滩涂地带往往成为百姓垦殖的好地方。这也是战国到西汉黄河中下游地区人口迅速增长的原因之一。遗址探测发现的庭院建筑遗址有14处，已发掘的有4处。古道路、庭院围墙、筒板瓦屋顶、厕所、树林残存、田垄等遗迹以及车辙和牛蹄的痕迹，都保存完好。并出土大量的石臼、石磨、铜钱、瓦当等反映当时生产、生活的文物。该遗址分布和庭院组织表现出以下特点：

（1）当时的农户以家庭为单位散居于田野中，

（a）郑州出土西汉晚期灰陶院落明器　　　　　（b）淮阳出土东汉中期彩绘陶院落明器

图1-3-18　汉代时期宅院明器（来源：《河南出土汉代建筑明器》）

呈独立院落方式，各庭院之间距离从50米到200米不等，由此可以推断是当时社会组织结构和家庭关系的一种反映。

（2）这几座院落都是坐北朝南的二进院，院内由门房、厢房、门道、正房、厕所等组成。有活动场地和各自的水井、水池等生活设施；有道路通向外面，周围围绕田垄；虽然规模不大，但都有了自给自足的特点，与史书记载的汉代"庭院经济"十分吻合。

（3）可以看到汉代民居建筑在平面与空间组合、单体建筑处理等方面已经达到相当高的水平。民居平面关系紧凑，以适合人们的生活和休息。尤其是在地广人稀的时代，还没有对农家宅院占地面积的限制，人们能做到自家宅院紧凑而实用的平面关系，没有多占地，是最理性的表现（图1-3-18）。

汉代自耕农制度下的经济方式、社会结构、聚落形态、农作工具与耕种技术等促使农业经济迅速崛起，并对传衍至今的中华民族传统文化产生了深远影响。现在，安阳山区相当数量的村落依旧沿用着"自耕农"的生产方式，在自家宅院附近垦辟耕地，以务农为生。院落内建筑和设施的组织形态与汉代庭院有很多相似之处。

三、唐宋至明清聚落

（一）唐宋都城

1. 隋唐洛阳城

隋唐东都洛阳城遗址（图1-3-19）位于今河南省洛阳市的西工区、老城区、瀍河区和洛龙区范围内的洛河南北两岸，城址面积47万平方公里，是我国历史上隋唐两代的都城。

隋唐东都洛阳城平面大致呈南宽北窄的梯形，由外郭城、皇城、东城、含嘉仓城、宫城及其附属小城、曜仪城、圆璧城、陶光园、仓城等组成。除外郭城的里坊外，其他诸城均偏居于城址的西北部。

2. 北宋两京城

1）东京城

北宋东京城（图1-3-20），位于今开封市区及其周围，是在后周世宗扩建原东京外城的基础上发展起来的。历史文献记载和大量的考古勘探表明，北宋东京城分为内外三重，由外城、内城和皇城组成。外城城墙上建有敌楼，城门处加筑有瓮城，四面辟有城门12座、

图1-3-19 隋唐洛阳城示意图（来源：洛阳市文物局 提供）

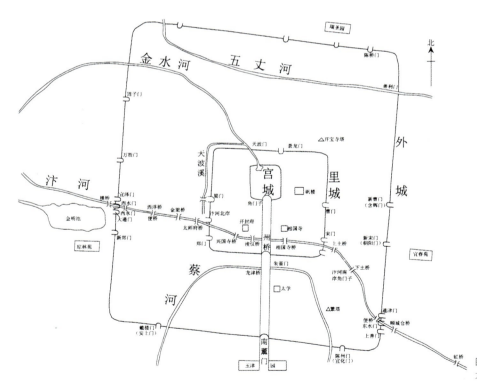

图1-3-20 北宋东京城平面图（来源：《中原文化大典》）

042

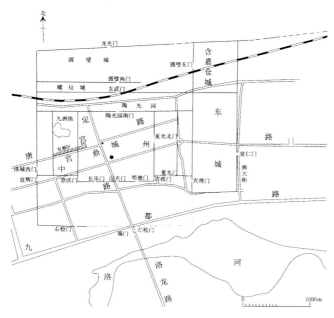
图1-3-21 北宋西京城平面图（来源：《中原文化大典》）

水门6座。外城城墙之外还辟有护城壕。内城在外城的中央，南、北各3座城门，东、西各2座城门，是衙署、寺观、商业集中的繁华之地。皇城在内城的西北，是大内之地，东、西各2座城门，南面3座城门。

2）西京城

北宋西京洛阳城据文献记载，是在隋唐东都洛阳城旧址的基础上修建而成的（图1-3-21）。目前，已经发掘的主要有宋代的夹城、护城壕、宫殿建筑基址、矩形房屋建筑、廊庑遗址、衙署庭园等多种遗迹。

（二）清代堡寨聚落

清朝后期社会的矛盾和动荡，为现存传统堡寨的产生提供了必不可少的外部条件。

1. 社会矛盾

清朝经历了康乾盛世之后，从嘉庆时期起开始衰落，并面临着严重的社会危机。随着欧美资本主义国家的经济和军事入侵，清朝沦为半殖民地半封建社会，更加重了广大农民的负担。就河南省来说，义和团运动以后，新增加的各种财政支出相当于全年收入的70%。严重的财政赤字被转化到农民身上，先后推行"钱粮改章"、加捐税等政策，使越来越多的农民倾家荡产，社会矛盾日益凸显。

2. 历史背景

半封建半殖民地的近代中国，经济凋敝，社会生活日趋动荡，各地乡村纷纷组织起来进行自保。

3. 团练制度

团练作为一种基层社会控制组织，来源于保甲，它是在官方的督导下由地方士绅领衔组建，以村寨为基点，筑墙设防，坚壁清野，奉行寓兵于农，实施地方武装自卫。

团练制度的设立主要是为了保卫乡里，以守为主，一般不远攻。既然以防守为目的，就需要必要的防御工事，用来保卫家园、抵御贼寇，因此有了团练，就相应兴建了团堡、寨等防御设施。

根据河南各地县志、史志等历史文化资料的记载，可对河南地区明清以来的聚落和堡寨建筑有大概了解，如：

1）新乡县位于河南省北部，太行山南麓，卫河上游，为典型的平原地区。据《新乡县志》记载：1949年前，部分较大村庄多建有土寨，状似土城墙，以防兵水患。寨门多为砖木结构，寨墙用泥土垛成，墙外挖深沟。土寨多创于清咸丰、同治年间。据民国十二年《新乡县志》记载，全县有村寨15座。至中华人民共和国成立前夕，发展为26座。中华人民共和国成立后，土寨多已不存，变为耕地或宅基。

2）据《郾城县志》记载，咸丰九年（1859年）二月，捻军进入县境，南阳镇总兵邱联恩自西华经郾城至北舞渡时被击毙。至同治五年每年捻军进入县境二、三次。是年，各乡奉官厅指示，"坚壁清野"，修筑寨堡，境内湾王、召陵、半坡朱、宋集、大刘、邓襄、新店等村都新修了寨堡，豪绅、地主挟持部分群众固守。

3）据《唐河县志》记载，村寨围寨始建不详。清咸丰年间，南阳知府令各乡保筑好围自卫，后多废。清末民初社会动乱，地方为防匪自保，普遍修寨。日本投降后，县政府责令各乡、镇再度整修。解放战争中拆除部分村镇围寨。中华人民共和国成立前夕，全县有村镇围寨200多座。中华人民共和国成立后围寨陆续拆除，仅沿河地带的少拜寺、源潭、桐河、上屯、下屯、苍台乡常寨等寨垣保存下来，且培厚加固，以作防洪抗灾之用。

4）据《鲁山县志》记载，清咸丰和同治年间，官府为抵御太平军与捻军进攻，下令各地修筑堡寨。当时，不少村镇富裕大户，为了维护自己的利益，出面向各家摊派粮款、劳力，砌墙筑寨，作为自卫工事。民国初年，百姓为避兵匪之患，保护其生命财产，又一次大兴土木，新筑或加固寨墙。寨墙一般高2丈至3丈，底宽2丈5尺，顶宽8尺。大寨设4个寨门，小寨设2个寨门。寨墙外，多数挖有寨壕，一般宽3丈，深2丈，并蓄水以加强防御能力。寨首由当地头面人物充任。

当时堡寨分布广泛，结构复杂，是河南堡寨建筑最具规模的时期，也是现存堡寨实例最多的时期。顾建娣先生在《咸同年间河南的堡寨》一文中，对这一时期河南境内堡寨的修建情况做了归纳，主要有七种修建方式，即依托自然村庄修建堡寨，联村修筑堡寨，聚族而居修筑堡寨，凭险设寨，修于集市巨镇的堡寨，借助寺庙房产修建堡寨，大寨内修有小寨。

堡寨既是村民日常生活的场所，更是军事斗争的据点。捻军主力失败以后，堡寨多数无人打理，任其自然，作为战时特殊环境下的防御设施，并未随着战争的结束而完全消失。一些堡寨遂从战时的临时居所逐渐演变成为正式的聚落。

（三）河南明清城市

北宋以后，随着中原地区政治、经济、文化中心的南移，河南发展逐步衰落。元、明、清时期，作为地方城市的安阳、沁阳、卫辉、开封、商丘、淮阳、南阳和汝南等地，历经多年灾荒和战乱，发展缓慢，唯有一些历史建筑和遗迹尚存。开封城墙和归德府城墙经历数百年劫难依然尚存，风采依然。现存的开封城墙（图1-3-22）为清道光二十二年（1842年）重建，是国内仅次于南京的第二大古代城垣建筑。归德府城墙位于

（a）开封城墙大梁门

（b）开封城墙夯土

图1-3-22 开封城墙（来源：开封市住建局 提供）

今商丘市睢阳区,建于明正德六年(1511年),距今已有500多年历史,是国内少数几座保存较完整的明代古城之一(图1-3-23)。

民国时期河南经济发展缓慢,全省仅存128个城镇(县),其中人口超过10万的只有开封(24万)和郑州(15万),其余的绝大部分都是1万人以下的小型城镇。

(a)南城门(来源:张文豪 摄)

(b)东城墙(来源:河南省文物建筑保护研究院 提供)

图1-3-23　商丘城墙

第一节 自然地理环境与聚落选址

一、自然地理环境特征

自然因素包括自然资源和自然条件，自然资源如空气、阳光、水、岩石、土壤、动植物等，自然条件包括地形、海拔、日照、通风、降水等。这些自然因素总体来讲，主要通过四个方面直接影响着传统聚落的空间结构和建筑特征，即地域气候、地形地貌、河流水系和地方材料。

（一）地域气候

一个地区的气候主要指风向、温湿度、降水量、日照等物理环境，传统农业所拥有的财富和技术手段十分有限，人们为了满足采光、通风、避暑、御寒等基本的生理和生活需求，在聚落营建中不断适应当地的气候。所以，气候因素对聚落的选址和布局产生影响，并对单体建筑的形态起作用，如防潮、屋顶的坡度、开窗的面积等，进而影响到聚落的整体形态特征。

谈到河南的气候，就要提到中国地理的一个重要概念：秦岭—淮河线。它穿过河南伏牛山和淮河干流，是中国地理分区北方地区和南方地区的地理分界线。此线以南的信阳、南阳和驻马店地区属亚热带半湿润区，以北属暖温带半湿润半干旱气候区。具有明显的大陆季风特征，冬冷夏热、四季分明，年平均温度12.8～15.5℃。干湿、冷热交替的气候对于传统民居的形制和空间格局的影响是十分显著的。河南多山，地势高差较大，气候在同一纬度上又有变化。平原地区，日照充足，风沙较大，夏季东南风，冬季西北风，是典型的北方季风气候，民居的形态以北方传统聚落中常见的四合院形式为主，其格局为南北纵向长，东西向短，院落与院落毗邻（图2-1-1）。山区由于山体、林木的遮挡作用，日照较平原地区偏少，民居间常保持一定间距或利用高差分层布置，以避免相互遮挡。院落多为一进的三合院或二合院，取消了倒座，厢房的体量也大大缩小，庭院空间更加宽敞、开放。这样的平面布局一方面保证了住宅拥有良好的日照与通风，另一方面也能够为谷物晾晒提供充足的场地。

（二）地形地貌

河南地处中原，因大部分地区位于黄河以南而得名。自明以降，辖区面积基本稳定，总面积16万平方公里，约占全国的1.74%。作为内陆省，周边与河北、山东、山西、陕西、湖北、安徽六省接壤。简单讲，河南地势西高东低，跨越第二级和第三级地貌台阶，西部为连绵起伏的山地和丘陵，东部是广阔坦荡的平原（图2-1-2）。西部海拔最高处为灵宝县（今为灵宝市）的老鸭岔，最高峰海拔2413.8米，最低处为固始县境内淮河出省处，海拔23.2米。

河南地貌特征具有过渡性与交界性的特点，地形环境复杂而多样，大致可划分为六个类型区：东部冲积平原（豫东平原）区、南阳盆地区、豫南低山丘陵区、豫西山地区、三门峡—洛阳黄土丘陵区和豫北太行山地区。平原以及盆地地区地势平坦、水资源丰富，适于耕种，是传统的农业区，人口密度大，聚落分布广；山地丘陵区，资源多样，因交通不便，发展缓慢，人口密度较低。

这些方面的影响因素通常是被综合考虑的，如在山区和峡谷地带，地形和水源的影响经常是首要的，其次才考虑采光通风等物理条件。

地理地貌主要指地形、水和植被，其对聚落的选址、形态、规模、大小以及生长延伸的界定程度有相当大的决定作用。地理地貌导致了地域环境平原、丘陵、高山抑或是沿水岸聚居聚落的形态不同，地势高低的不同导致了聚落分布形态的差异。

传统聚落的营建经验还教会人们如何最大限度地利用地形地貌条件，如何巧用地势建立防灾防卫体系。用传统营建思想中暗含的规划手段来营造更为便利的生产、生活环境。

土地在农耕经济时代是最宝贵的生产资源和财富，对于耕地资源有限的大多数传统聚落而言，其物质空间形态的展开首先要考虑耕地。一个村落中，乡民们尽可能将民居修建在相对不利于耕种的地方，将平坦肥沃的土地尽量留给农田。而在平地稀缺的山区，村民们还利用诸如道路岔口、院墙附近的边角地带，来安排牲畜圈、厕所等一些生活、生产的辅助设施。此外，利用坡度就地砌石筑台也是常用的建造手段，下雨时水顺着台地自然跌落，达到自然排水的目的。这些都是传统聚落对于地形环境积极利用的表现。

（三）河流水系

因西高东低的地形影响，河南的河流大多发源于西部山地，顺地势分流，形成扇形水系（图2-1-3）。流域面积在100平方公里的河流有470多条，分为四个水系，从北向南依次为：海河水系、黄河水系、淮河水系和长江水系。河南境内的主要河流有：

黄河。黄河自潼关流入河南，从台前县流入山东，在境内长度约700公里，流域面积占河南总面积的21.70%。黄河是中华民族的母亲河，也是导致豫东平原地区最大的水患，著名的"大禹治水"的故事就是治水情况的印证。历史上黄河多次泛滥，不仅破坏了豫东平原的水系结构，还造成土地的盐碱化，对河南人口分布和迁移影响也很大。

济水。古济水是中国古代北方平原上的一条本土自然水系，发源于河南省济源市的王屋山太乙池。在古代，济水的地位非常煊赫。《汉书·地理志》记载，济水"过九郡，行千八百四十里"[①]。

济水及其支流沮水、汳水、沇水、羊里水、睢水、菏水、黄沟水（荥川）等两岸，满布先民生活聚落——仰韶、大汶口、龙山、岳石等文化遗址，反映出这些支流是先民文明的发祥地。

淇水与清水。先秦时期的淇水和清水都是黄河的支流。据《水经注》载："淇水出河内隆虑县内大号山，东过内黄县南为白沟，屈从县东北，与洹水合。"流经辉县、林州、鹤壁、淇县、浚县至小河口村入卫河。《诗经》记载，淇河两岸是大片的竹林，竹林之外是大片的桑林。又《水经注》载："清水出河内修武县之北黑山（今河南省辉县白鹿山东）。"而卫河发源于太行山南麓，干流长283公里，浚县境内79.5公里。卫河历史悠久，它是由古代清河、屯氏河、白沟、永济渠演变而来的，淇门以下卫河前身为白沟，为黄河古道。卫运河在战国时称为清河或清水。

洛河。洛河古称雒水，属黄河支流之一，发源于陕西省蓝田县境华山南麓，流经陕西洛南、河南卢氏、洛宁、洛阳，于巩义市境入黄河。洛河全长467公里，河南境内长366公里，流域面积1.888万平方公里。黄河、洛河交汇处的广大地区，被称为河洛地区，而孕育、发展、繁荣、传承于河洛地区的地域文化被称为河洛文化。这一地区是"中国"名称的来源。河图洛书的传说就发生在河洛地区。伏羲依此"图"和"书"，画作八

[①] 古人把有独立源头，并能入海的河流称为"渎"。《尔雅》中提到的四渎：江、河、淮、济，就是古代四条独流入海的河流，"济"指的就是济水。古皇帝祭祀名山大川，即指五岳和四渎。唐代以大淮为东渎，大江为南渎，大河为西渎，大济为北渎。今在济源市城北的济渎庙，就坐落于济水东源上，是为祭祀济渎神"清源王"而建筑的，占地120余亩，建设规模宏伟，它不仅是河南省现存规模最大的建筑群之一，而且是现今四渎中唯一保存较好的祭祀庙宇。

图2-1-1 鹤壁李家大院(来源：张文豪 摄)

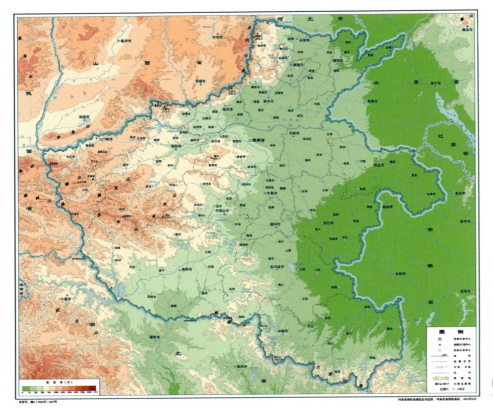

图2-1-2 河南地形地貌示意图［来源：河南省测绘地理信息局审图号：豫S（2019年）015号］

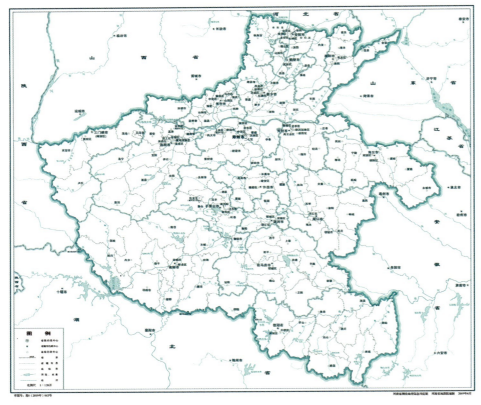

图2-1-3 河南水系示意图［来源：河南省测绘地理信息局审图号豫S（2019年）013号］

卦，就是后来《周易》一书的来源。流域内的城市洛阳是中国八大古都之一，偃师二里头、偃师商城等是华夏文明形成的标志。

颍水。颍水又称颍河，是淮河第一大支流。上游以沙河为主，故又称沙颍河。主干发源于河南嵩县伏牛山脉摩天岭东麓，东南流经河南鲁山、平顶山、叶县、漯河、周口、项城、沈丘等县市，至界首市城关镇附近入安徽省。颍水全长619公里，流域面积原为4万平方公里。《水经注颍水》载："颍水自竭东经阳翟故城北，夏禹始封于此为夏国。"阳翟即今天的禹州市。以颍水而得名的有颍川、临颍、颍上、颍口等重要的历史城市。

河南地区按水系来讲，可分为三大部分：以伏牛山、外方山、嵩山为界，北半部属黄河流域，以今黄河为主干，包括洛河、伊河、沁河等支流，以及卫河、漳河等古黄河的支流；以伏牛山、外方山、桐柏山、大别山为界，东南部属淮河流域，以淮河为主干，包括颍河、汝河、贾鲁河、涡河等支流；西南部属长江水系的汉水流域，以汉水为主干，包括丹江、白河、唐河等支流。

若具体划分则大致可分为豫中、豫北、豫东、豫西、豫南5个地理单元（图2-1-4）。其中，豫中地区包括郑州、许昌、漯河、驻马店、平顶山等地市，地势西高东低，山地、丘陵、平原各占其一。豫北地区包括新乡、焦作、济源、濮阳、安阳、鹤壁等地，西北高，东南低，该区主要是由黄河及古黄河支流卫河、漳河等冲积物堆成的冲积扇平原。地势大致由西南向东北倾斜，海拔多在100米以下。豫东地区包括开封、周口、商丘等地市，处于黄淮冲积平原，地势由西北向东南倾斜。豫西地区包括洛阳、三门峡等地市，为山前丘陵和黄土台丘陵地貌，多山间小盆地、谷地、凹陷区。豫南地区包括信阳和南阳等地，多山和盆地，有桐柏山、大别山和南阳盆地等。

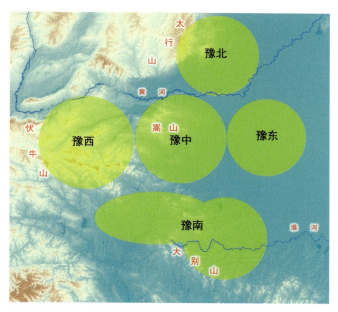

图2-1-4 河南地理单元示意图（来源：张文豪 绘制）

（四）地方材料

地方材料与聚落的关系主要有两个方面：一是聚落营建对地方材料的使用；二是因地方特色矿产资源的开采和使用而形成的村镇。

地方材料的使用是传统聚落营造的因地制宜的方法。河南矿产资源丰富，大自然提供的天然建筑材料类型也很多，如：天然的石材和木材。中国古代民居在营造中讲究"五材并用，百堵皆兴"，五材为金、木、土、石、皮，为古建筑常用材料，皆取自于自然。但因各地具体情况不尽相同，对五材的使用往往和当地的地域材料相结合，通过当地独特的地域营造技艺发挥其作用。而这些地域材料和地域营造技艺不仅使民居单体各具特色，还使院落和周边环境组合的村落风貌别具一格，成为重要的地域文化组成。

河南传统民居大多以木、土、砖为重要的营造材料，各地传统民居在材料使用上有着不同的营造技艺和选择。如对于石材的使用，从北到南，林州、平顶山、南阳、信阳等地区因当地的石材种类和品质的差异，在建筑上的使用也完全不同，形成了不同的地域风格。就平顶山地区而言，以郏县为代表的传统民居除青砖、土坯的使用外，在石材的使用方面也颇具匠心，形成了独特的红石文化。郏县当地对石材的运用则主要源于其地形地貌，因郏县地处伏牛山余脉向豫东平原过渡地带，境内地势起伏，北部和东南部为低山和丘陵，中部为平原，整体地形呈马鞍状。境内山岭共有42座，且山岭多为石山，主要产石灰岩、石英岩、石英砂岩和花岗岩，如刘大寨和刘尖山近顶部产水泥灰岩，红岭岭下产水泥灰岩，大汉岭岭下产高纯度石英岩，张寨山山石皆为红色，水泥灰岩、石英岩均有。郏县所产石材多为红石，呈枣红色或肉红色，红石又因其质地较软、便于加工，便被当地人用来制作生活用品，如在郏县传统村落中随处可见的石碾、石磙、马槽、石臼、古井等生产生活用具，还被用来砌墙打寨、铺路修桥，并广泛用于民居建筑当中，主要有三个方面：

1. 红石构筑物。除了桥梁中的大块红石桥墩、桥梁板外，更多的是将红石制成装饰构件，如桥梁栏杆、牌坊中石柱、石梁等，然后通过类似于木构架中的榫卯结构将各部分构件组合在一起，形成石桥和石坊。同时，因为红石质地较软，古时匠人也都将这些构件雕刻上图案或动物样式，如窦堂村的红石孝子坊，在红石横梁上雕刻"麒麟斗凤凰""鹤舞鹿驰""鲤鱼跳龙门""八仙过海"等细部装饰，增强了艺术价值。

2. 红石雕刻。当地能工巧匠选取颜色质地适宜的红石，将其雕刻成石狮子、石鼓、石柱、石柱础、石窗框、整块红石窗、石梁头等。红石的色彩丰富了传统民居青砖灰瓦的色彩体系，在灰色中有红色的闪耀，使建筑氛围更加具有感染力。

3. 红石建筑构件。红石在建筑单体的运用上，主要有两种：

1）红石构件。如将大小红石密致沉于地坑中充当房屋基础之功用，或选取质地适宜之红石经过匠人加工处理作为房屋地上部分的地基，且通常地基和基础红石层数成1∶2之比例（即如若房屋地基三层红石，则基础红石为六层；若地基5层红石，则基础红石为10层，以此类推，地基层数越多，房屋越坚固，形制等级越高），或将红石制成石板，在房屋中间绕其一周，增强其坚固性，类似于现代砖混结构中的圈梁，或选取大小质地适宜之红石，经过切割，形成方块，作为门窗过梁、门枕石、墀头挑檐石、阶条石、台基的压面石等。

2）红石拔石。郏县传统民居墙体多为"里生外熟"，即里为厚实土坯，外为烧制青砖，这样的墙体具有良好的保温隔热性能，可使室内冬暖夏凉；等级较高的建筑墙面内外皆为烧制青砖，内外两层青砖之间夹以土坯。然后将红石砌成一定大小的构件，在墙身上按照上下1米，左右1米的间距横穿墙身中的土坯层和青砖层（当地人称为"三尺一跋"），分散在墙身上，增强两种材料之间的粘合性，从而增强房屋墙体的稳固性，同时，改变了建筑立面和侧立面的构图，增强了立面的图案感（图2-1-5）。

河南自然资源丰富，有许多因矿产开采利用而形成的村镇，如以出产钧瓷而闻名于世的禹州市神垕镇和汝官窑遗址所在的宝丰县清凉寺村（图2-1-6）。

二、传统聚落选址因素

（一）临水而聚

水是生命之源。传统聚落之所以"逐水而居"，是生活、生产和交通贸易等方面的需要。河南河流众多，境内的黄河流域、淮河流域以及豫北卫河、汤河等支流和山区中的河谷，都是早期聚落的发源地，也是现存传统聚落分布较为集中的地带。所以，传统村落的分布必先求沿河。如果近处没有河流，也会想办法兴修水利，筑坝开渠引水灌溉。同时，自古以来人们对航运的依赖，使得临水村落更容易利用交通上的便利而发展获利。因此，无论是发展农业、渔业、手工业，还是作为

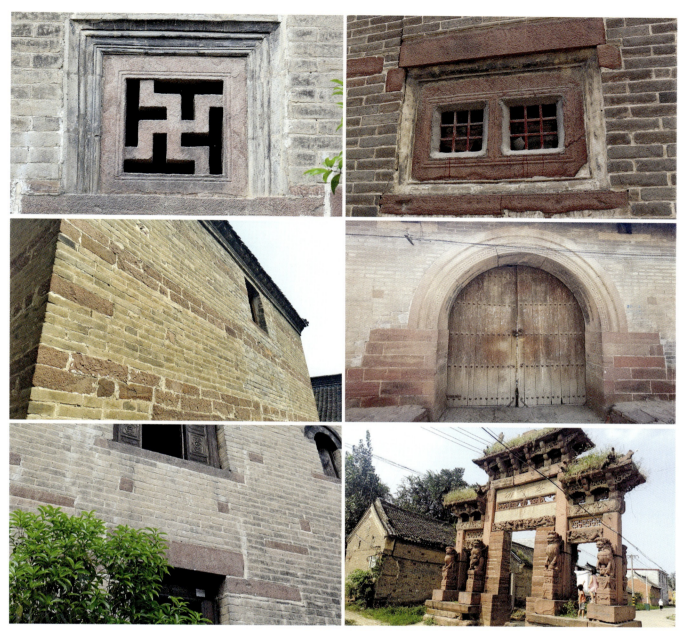

图2-1-5　郏县传统民居建筑中的红石建筑构件（来源：王晓丰 摄）

航通货运的驿站，都是人类在生存繁衍的漫长过程中对自然河流和水利条件的适应和利用。

1. 安阳渔洋村

安阳县安丰乡的渔洋村便是一个"因水而生"，又"因水而兴"的例子。渔洋村位于漳河南岸，河水流经此处形成一道湾，水流平稳。古时漳河水在村东经常泛滥，涨水时往低洼地里注水，洪水退后，洼地里有河鱼可捕。河滩上则土质松软，特别适宜草木生长，人们就在滩地牧羊，因而得名"鱼羊"，明朝时更名"渔洋"。从明代到中华人民共和国成立，随着商业的发达，渔洋村的运输中枢作用也愈加突出，各

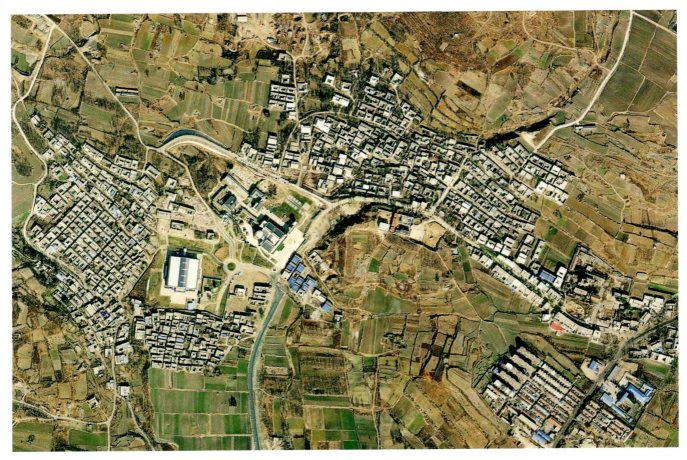

图2-1-6 宝丰县清凉寺村卫星总图（来源：雅虎地图）

种商号、客栈遍布，来自山西、河北、内蒙古等地的土布、药材等货物汇集到渔洋村漳河渡口，再由渔洋村的各个商号、货栈转运到内陆，渔洋村遂成为闻名晋、冀、鲁、豫的商业重镇（图2-1-7）。

渔洋村，地处太行山余脉的坡地之上，又北临漳河，为了让建筑能更好地顺应渔洋村南高北低、西高东低的特殊地势，传统民居多采用"坐南朝北"的布局。表面上看似乎违背了"坐北朝南"的阳宅规矩，其实是从实际情况考虑，更好地实现山、水、气、风之间的连带与贯通。

2. 息县庞湾村

地处信阳淮河流域的息县庞湾村，东迎濮公山、南临淮河水、北靠息县县城、西邻罗山县，三面临水，淮河呈倒"几"字形将村庄包围。该村距离息县县城16.9公里，区位优越。庞湾村户籍人口为2732人，村域面积约21.5平方公里，2015年12月入选河南省第三批传统村落保护名录（图2-1-8）。

民国时期，庞湾村庞姓人越来越少，而以刘姓居多，于是刘姓人建议把庞湾改叫刘湾，但改名之后村里庙门前的那棵古树日渐干枯死去，刘湾人怀着敬畏之心，又恢复原有村名——庞湾村，并沿用至今。

庞湾村地处淮河岸边，为淮河水域冲积形成平原地带，淮河水如同一条翠绿的玉带系在村子上，犹如"玉带缠身"。村域北侧与曾被苏东坡誉为"东南第一峰"的濮公山隔淮相望。受淮河孕育，庞湾村周边土地肥

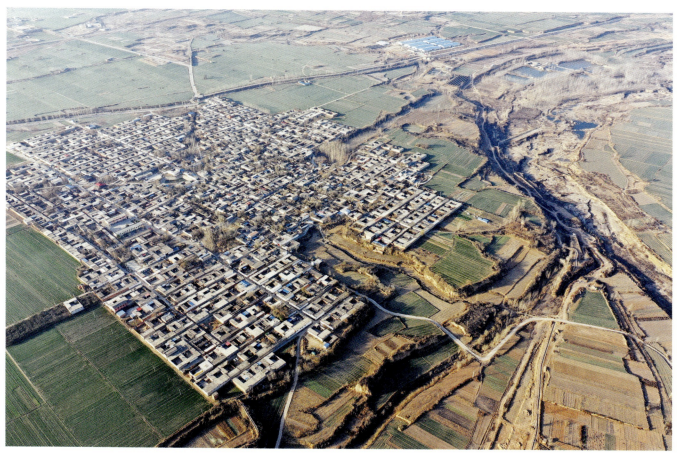

图2-1-7 安阳渔洋村航拍鸟瞰图（来源：张文豪 摄）

沃，农田遍布。村庄内部巷陌交错，村民倚高台广筑房，传统的生活与田园风光相得益彰，文化底蕴丰富，是豫南淮河沿岸村落的典型代表。

庞湾村淮水环绕，受淮河孕育，村庄环境舒适、土壤肥沃、资源众多，适宜耕种和居住。古代物资匮乏，庞湾人让出村内肥沃的土地，选择相对贫瘠低产的土地建村居住。为了解决淮滩多水患的问题，智慧的庞湾人挖坑取土，于庄台上修屋建房，历经数十代，形成如今一处"淮上明珠——玉石上的村庄"。

从环境格局上看，庞湾村选址意义颇深。其坐落在淮河故道的这片土地上，一边是淮河主道，一边是平原，占据水陆交通的要道。选址符合以得水为上，水作为外气来护卫穴地的内气，生气汇聚，水聚则民富。淮河水自西向东对庞湾村形成弯曲环绕之势，滚滚而来的淮河水，到此处为濮公山的山石所阻，流速减缓，水位上升，水汽蒸腾而起，形成降水，从而滋养着淮河北岸的耕地，富庶一方百姓。

从村庄内部格局上看，庞湾村村民聚落而居，村庄道路呈环状布置，随着村落的壮大，村民建房从"内环"向外发散，形成"外环"。村庄庄台成片，庄台下面的巷路幽深窄长，联系着各个聚落片区。不到600亩的村落，水域面积达85亩，水塘多达24口，这些坑塘并非自然形成，而是庞湾人挖土建房留下的印记，旱季成为蓄水的水池；到了汛期，各个水塘之间的落差又成了村庄排水的工具。从庄台到村庄巷路到水塘，庞湾村一直沿用着属于自己的一套排水体系，富足安乐地生活着。

图2-1-8 息县庞湾村航拍总图
（来源：息县住建局 提供）

得益于此，虽1968年洪水肆虐，淮河沿岸村落尽失，家园受损，但被淮河揽在怀里的庞湾，全村无一人伤亡，人们感激地把这片洪水不能侵袭的村庄地称为"龙脊"。

（二）交通区位

一个区域内的聚落分布是成体系存在的，由小到大，形成自然村落、中心村落、集镇和县城，也由此形成交通网络，重要的村镇都处在重要的交通节点或区位。如豫西新安县铁门镇位于新安县西南部，西与渑池县和义马市接壤，南接宜阳县。作为豫西古镇，地处豫西浅山丘陵区，地貌为"南岭北山中间川"，地势南北高，中间低。铁门镇东有青龙山，西有凤凰寨，呈龙凤拱阙之势，因而历史上铁门镇也曾叫阙门。旧时洛阳至西安的古驿道贯穿铁门镇十几华里，当代的连霍高速、301国道、陇海铁路也横贯铁门镇东西，交通区位显著。镇区内有千唐志斋博物馆、北魏黄河石窟、洞真观乔王洞、高平寨遗址等文物保护单位，文化底蕴丰厚（图2-1-9）。

（三）人文环境

人文环境主要是指一定区域内长期聚居的人群，在社会生活中所形成的特定的伦理、观念、信仰、习俗、风水等。在聚落发展的过程中，人的生存、活动和交往

图2-1-9 新安县铁门镇卫星总图（来源：AcrGIS）

方式不同，从而形成不同的地域文化和传统生活方式。不同地域的人们按各自独特的价值规则和行为方式发生着不同的活动和故事，这些不同思想文化的影响、观念的冲击，潜移默化的传统文化成为维系聚落空间结构的牢固纽带。传统思想文化中的"天人合一""堪舆理论""聚族而居"等观念，融汇在从聚落选址到单体营建的每一个环节，深刻而持久地影响着乡村聚落空间结构的发展和演变，聚落形态通过空间布局表现出与传统文化和聚落社会组织最直接紧密的关系。

研究聚落文化就涉及传统环境观的问题，因为传统环境观是建立在中国传统的阴阳和气论思想基础上的一整套研究环境和地景的理论与方法，反映了中国传统"天人合一"的哲学观。其主要作用于人们对于聚落、住宅和墓葬的选址和规划布局，在民间有着广泛的影响力。在古典文献中多有记述，如《阳宅爱众篇》有"阳宅须教择地形，背山若有情。山有来龙昂秀发，水须环抱作环形。"《阳宅十书·论宅外形》更提出理想的住宅环境为："凡宅左有流水，谓之青龙；右有长道，谓之白虎；前有汙池，谓之朱雀；后有丘陵，谓之玄武；最为贵地。"这些关于自然山水与宅基环境的风水讲究，实际上也是长期生活经验的总结，反映了人们现实生活中的利弊与得失。聚落选址是古人在选择环境中对自然的科学认识，背山可以阻挡冬季寒风，前方开阔，有良好日照，又可以接纳夏日凉风；流水保证了生活与农业灌溉用水；四周的山丘可以形成适宜的小气候，山上植被既能保持水土、防止山洪，又可以提供木材、燃料等。风水术对于创造良好的生活环境具有一定积极的意义。

在聚落的营建过程中，风水的作用主要体现在聚落选址、建筑布局和环境改造三方面。无论何种处理，都以顺应自然为原则。一是对聚落基址的选择，即选择一种能在生活和心理上都得到满足的地形条件。如：郏县张良故里张店村2006年出土的一块未经打磨的红石石刻，经辨认其上清晰刻有属"箴铭类"文体的"汉隶"书体，短文内容叙述了诸葛亮拜谒留侯祖庙的情景感受，故称其谓《留侯祠铭》，亦称之为张店"汉石刻"。石刻上"观地势不严，然清静秀逸，乃龙凤之地"，道出了张店村选址与风水格局的奥秘（图2-1-10）。

张店村的位置恰好在山地的边缘，南面有一列东西山脉，古代总称巴山，又名父城山。马鞍山东西长2.6公里，南北宽1.9公里，顶峰海拔419.7米。从整体地势看，古村南、东面为山，北面为汝河河曲及平原，这里并无紧密险要之处，但是其山拱水护，形势开阔，交通方便，可谓清静秀逸。马鞍山北麓植被茂盛，满覆森林，可以采薪，可以伐木，兴造房屋可以就地取材。马鞍山乃至该地区盛产紫红石，高强度、抗风化、抗冲刷，用于建筑可起到加固持久的作用。张店村位于马鞍山北麓沙涧口畔，北可上郏县，南到平顶山，东通襄城县，古代乃交通要塞。清同治《郏县志》载："马鞍山、铧尖山。俱在县东南五十里。二山之间名沙涧口。涧长数里，横亘石桥，石路三百余丈，通郏、叶往来，亦扼要之地也。"

张店村的地理环境及区位都有利于古民的繁衍生息，这里"可樵""可耕""可居""通达"，应该是张店村选址定居的前提条件。

安阳北部边陲的北岭，宛如一条巨龙横卧东西，当地百姓称之"火龙岗"。巨龙前掌因地理环境好，又临近漳河，人们不断聚集于此形成一村落，取名"龙掌村"，也就是现在的"伦掌村"。二是对建筑布局形态的处理，主要考虑房屋的朝向、方位、出入口、道路等因素的安排，尤其是庙宇等重要建筑在大兴土木之前，多会先请专人指点选址。三是在对村落环境改造中，常常通过人工处理，增设某些象征性的要素或符号（亭、庙或树木等），以弥补自然条件的不足，从而获得完备的心理效应。在道路直冲的墙上放一块"泰山石敢当"，或是在屋脊的正中设置牌位，此种做法在河南各地都颇为常见（图2-1-11）。

（四）因地制宜

因地制宜体现了传统聚落的营建智慧，也创造了国内各地丰富的聚落文化。客观上由于传统社会受财力、物力和技术水平等限制，人们很少能对建筑环境大规模地改造，而在长期的建设实践中，逐渐总结出适应自然、协调发展的经验，这些经验不仅指导人们选取良好的地理环境来建村立寨，也教会人们在现有的条件下，如何从实际出发，通过合理的安排建筑群、道路布局来组织自由开放的居住空间。

南太行的纣王殿村是自然与人文交融的山水田园生活的典型代表，就地取材成就了富有特色的纣王殿村民居。古时纣王殿村山道崎岖险峻，交通运输极为不便，人们进山出山搬运东西都是靠肩挑手抬，山下的砖瓦很难运到山里。其次，纣王殿村建筑资源贫瘠，多数村民没有财力到山下买来砖瓦建房，因此南太行的天然石材本身成为很好的建筑材料，也形成独特的以石材为主的建筑民居的地方特色，增强了地方文化魅力。村内石头房子都是明清时代的建筑，高低错落，精美别致，古老朴素。村中道路曲折缠绕，千回万转，犹如迷宫，因此纣王殿村也被称为石头城、八卦古民居（图2-1-12）。

山区中，自然地形条件往往更直接地反映在聚落形态和建筑布局上。首先是水平方向，山地村落建房选址一般是在山的阳面、河谷沿岸的二级台地上，村落形态依随河流或山体的走势呈带形，住宅面向山谷。这样既可避西北寒风，又可纳南来阳光。其次是垂直方向，单家独户的村民往往没有能力对地貌做较大的改变，只能利用原始地貌环境中的沟、坡、坎、台等微地貌形态，随高就低修建住房，聚落空间形态呈现复杂多变的特征。

图2-1-10 郏县张店村卫星总图（来源：雅虎地图）

图2-1-11 安阳伦掌村卫星总图（来源：雅虎地图）

图2-1-12 南太行淇县纣王殿村（来源：王晓丰 摄）

第二节 山区传统聚落

一、豫北南太行聚落

（一）聚落形成

太行山又名五行山、王母山、女娲山，古称"天下之脊"（唐·李泰·《括地志》），是中国东部地区的重要山脉和地理分界线。太行山最北端起于北京西山，向南延绵至豫北平原黄河北岸，向西连接矿产丰富的山西高原，向东面向肥沃的华北平原，绵延800余华里，为山西与河北、河南两省的天然界山。太行山是中华文明的发源地之一，《管子·轻重戊》曰："神农作，树五谷淇山之阳，九州之民，乃知谷食，而天下化之。"这里记载的"淇山"就是太行山的一部分，这里所记载的"神农作"即为炎黄始祖之一的神农氏。而相关文献考证，太行山地区应当就是神农氏的老家。

太行山形势险峻，扼守咽喉，易守难攻，历来被视为兵要之地，近三千年间烽火不息。但对于太行山腹地山区，山脉延绵，沟壑纵横阻止了山区与外界的交流，使这一地区相对封闭，长期免受战争的劫难，获得相对安宁的生存环境。

在行政区划上，南太行山区历史上经过多次管辖权的变迁，明代以后，基本稳定，除部分时间属河北省管辖外，长时间属于河南行省管辖。元代，实行行省制，当时的河南以黄河为界，黄河南岸为河南江北行省，黄河北岸为中书行省，对此后的明代、清代的行政区划有很大影响。中华人民共和国成立初期，南太行山区属于平原省[①]管辖范围，后平原省级区划取消，这一区域划归河南省管辖。

"太行八陉"是古代晋冀豫三省相互往来的咽喉通道。虹梯关古道、玉峡关古道和井底古道是其中的"三陉"（图2-2-1），处在山西东南与河南安阳林州交界地段，主要用作豫晋两省往来。山西东部与河南交界处山势险峻崎岖，一条条石板铺筑的古官道依山形顺峡谷而建，穿越太行山进入中原，在古代战争、通商贸易中发挥着重要作用。人们肩挑骡运通过豫晋古道把山西平顺的中药材运到林州或者安阳城，再把中原的铁器和其他农副产品运到上党地区。在来来往往的商贸活动中，两省的人口、经济、文化也产生了交流与融合，不少重要的村镇聚落也沿古道形成。

（二）聚落分布

南太行聚落是指位于河南省境内的南太行山地传统聚落。按照行政区划来讲，包括安阳、新乡、鹤壁、焦作、济源五个地级市，涉及林州市、安阳县、鹤壁市、淇县、卫辉市、辉县市、焦作市、修武县、博爱县、沁阳市、济源市共11个县市。由于城镇化进程的发展，许多聚落传统格局尚在，建筑风貌变化大。通过实地调研和测绘，选择其中保护相对完好的传统村镇聚落进行重点分析（图2-2-2）。

关于豫晋古道，在张家凹至高家台村沿路有一座古道碑，记载了清乾隆五十五年（1790年）重修虹梯关古道的情况，碑文有："商旅往来凡经过此者无不恻然动心，是何可以听其崎岖而不修葺之乎？因于同志之人相商计议，而四方募化，公捐布施……"涉及安阳境内彰德府（今安阳市）、水冶镇、辛村镇；山西潞安府（今长治市）、黄辇镇（长治市郊区）、平顺县沿途村镇等商号。据此可见，这条古道在清乾隆时期已成为豫晋两

---

① 1949年8月~1952年11月期间设立，辖新乡、安阳、湖西、菏泽、聊城、濮阳等6专区，省会位于今天河南省新乡市。

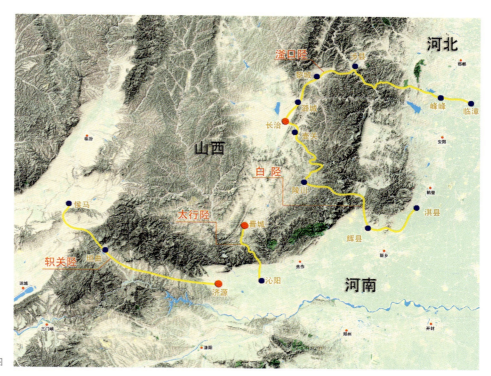

图2-2-1 "太行八陉"河南南太行部分示意图

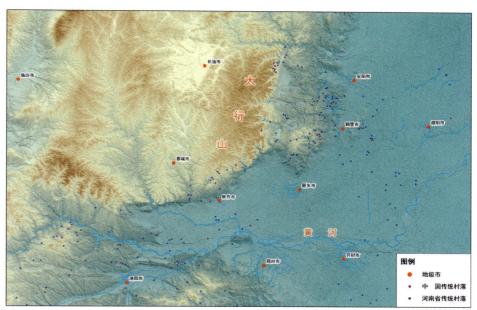

图2-2-2 河南南太行山地传统聚落分布示意图

省之间贸易往来的交通要道。除了商品交换外，古道沿途经过的地方，沿街多开设有粮行、饭店、杂货店、旅社等商铺，供过往商旅歇脚吃饭，在一定程度上促进了沿线村落的商业发展。

林州北部的任村、盘阳村是豫晋古道上两个重要的村镇。盘阳村西券下的古石板路，数百年来，由于商队、马帮、村人及现代车辆的踩踏磨搓，青石路面已变得平滑如鉴、青光四泛，渗透着历史的沧桑

图2-2-3 盘阳村西券青石板路（来源：黄华 摄）

（图2-2-3）。民国至中华人民共和国成立初期，这条古道依然是过往客商和驮队熙熙攘攘，沿途店铺林立的一番热闹景象。

（三）聚落布局

从聚落与山地的相对位置来看，聚落与山的布局关系可以分为谷地聚落、山腰聚落、山顶山脊聚落三种主要类型。

1. 谷地聚落

谷地由两侧正地形夹峙的狭长负地形，常有坡面径流、河流、湖泊发育，陡峻的谷地可能有泥石流，在等高线地形图上表现为一组向高处突出的等高线。常见的谷地类型有山谷、河谷、峡谷、冰蚀谷和冰斗等。山谷，指原本有分水岭相隔的两河川，经过河川袭夺后，形成一条贯通的谷地。溪谷，指小的谷地，两侧为山丘或小山丘，中间为泉水或溪流构成的地形；此类地形分布于岗地、低山丘陵地区，多表现为小的山坡地形。常作小范围内区域对地形的描述。河谷，两侧由山脉或大山、中间为河流构成的地形。河谷多位于丘陵、山区，河谷地形构成"河谷平原"，河谷平原的地势较平坦，中间的河道水流平缓。峡谷，两侧有陡峭的山峰、山脉、高原边缘。根据形态可细分为"V"形谷和"U"形谷。冰蚀谷（冰川谷），指冰蚀速度在主流较于支流快速，形成支流悬在主流的河崖上，呈现支流是以瀑布流入主流。冰斗，是一种三面环以峭壁、呈半圆形剧场形状或圆椅状的洼地。

谷地聚落具有如下特点：

1）山谷中的传统聚落通常沿山谷底部延展，道路平行于谷底，建筑沿道路展开顺山势布局，聚落带状分布于道路两侧；如果谷底有河流，则聚落建筑沿河流线状延伸。

2）宽谷河段则河谷宽浅，水流平缓，常有河漫滩及阶地发育，形成宽谷盆地。聚落规模则从数十户到数百户不等，根据宽谷盆地的环境容量而定，若干聚落点沿河谷线串珠状分布。

3）峡谷是指深度大于宽度的陡峭谷地，南太行山区峡谷呈"V"形，河床狭窄，激流险滩，峡谷两岸支流形成瀑布跌入河谷，由于谷底与两侧山体海拔高差较大，深切数百米至上千米，山崖耸峙，犬牙交错，谷壁陡峭，因此峡谷底部聚落罕见，聚落更多分布于峡谷顶部的崇山峻岭之间，数量较少（图2-2-4）。

林州市石板岩镇南湾村，位于太行大峡谷内，属于谷地聚落。其坐北朝南，南靠山脉，北侧为河流。村域南北长约2公里，东西宽约1.5公里。南湾村有居民76户，村中心有一处四合院，始建于清同治年间，为谷文昌故居（图2-2-5）。

2. 山腰聚落

山腰台地地貌较为平坦，具备形成聚落的用地条件。通常是人们方便到达的地方，服务于附近散布的居民点，人们定期进行商品交换，人气旺盛，经济繁荣。林州市石板岩镇漏子头村，位于山腰之上，坐南朝北，背靠山脉，面向谷地（图2-2-6）。

3. 山顶山脊聚落

位于山顶山脊的聚落，具有一定的防御性，最初因

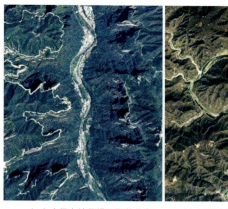

（a）太行大峡谷沿河聚落分布　　（b）丹河大峡谷沿河聚落分布

图2-2-4　南太行峡谷地区聚落分布图（来源：Google Earth）

（a）漏子头村鸟瞰图

（a）南湾村鸟瞰图

（b）周边山地环境

（b）周边河谷环境

（c）传统民居风貌

图2-2-6　南太行漏子头村（来源：Google Earth、王晓丰 摄）

（c）传统民居风貌

图2-2-5　南太行南湾村（来源：Google Earth、王晓丰 摄）

位于交通要道所经之地，来往的过客频繁，在此歇息、饮食，带动了经济的发展，逐渐形成聚落。梨园坪村坐落在太行大峡谷西侧的太行山巅，是石板岩镇17个行政村之一，海拔高达1500多米，共5个村民小组，110户，300余口人，100余亩耕地。水段村为梨园坪村的自然村之一（图2-2-7）。

(a) 水段村鸟瞰图

(b) 周边山地环境

(c) 传统民居风貌

图2-2-7 南太行水段村（来源：Google Earth、王晓丰 摄）

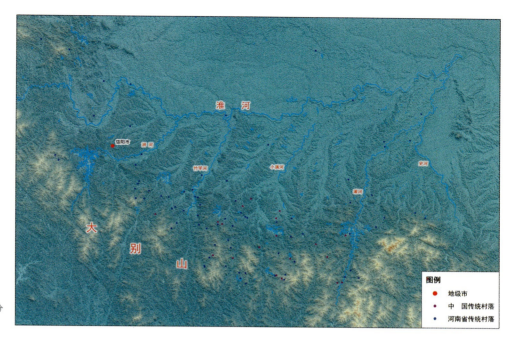

图2-2-8 豫南大别山地形与传统聚落分布示意图

二、豫南大别山聚落

（一）豫南大别山脉

豫南地区南部及西部地貌以山为主体形态，大别山脉和桐柏山脉分别位于豫南地区的南部和西部，主脊为豫皖、豫鄂的界岭。其中，大别山脉在豫南地区长200公里，桐柏山脉在区内长69公里，山地面积6744平方公里，占豫南地区面积的37%。在山体之间，河流侵蚀形成一系列谷地。山峰平均海拔千米左右，横亘在华北平原与江汉平原之间，山上山下四季常绿。山区以外为丘陵地区及山前波状平原区，位于豫南中部，约7055平方公里，占豫南地区面积的39%。至平昌关两岸为洪积倾斜平原，长台关以东至三河尖为河流冲积平原，其中淮河北岸地势缓缓向西北升高，属半河谷平原形态。就豫南地区整体地势情况而言，"地势特征南部和西部较高，由中山或深低山降到浅低山、丘陵，再降为山前波状平原及低缓平原"。其中占山地地貌主体的大别山脉，是长江中下游平原与华北大平原间的分水岭，以花岗岩、片麻岩等为主，河流横切山脊，沿河流方向形成条条近南北向的山间谷地和山岭。

大别山脉景色宜人，且古时豫南地区很多城镇踞其而建。豫南地区很多聚落就如清乾隆年间《光州志》中所记光州天赐山聚落般，"城所踞，即其委属也"。就大别山的景色来说，《光州志·卷五·山志》中记载豫南山地景色曰"登高南望，则商（商城）之诸山，咫尺目前，松柏森蔚，溪水潺湲"，可见大别山脉景色之美好。并且，古时该地人们认为合理的山脉选择能够为聚居之地带来灵气，如文字记载"凡山之开障之处，必为都会……故崇山峻岭，缭绕停峙，所以作德镇而导灵气也"，"光山城北有流庆山，近抱县城，堪舆家谓邑之灵秀实衍于此，故名曰流庆"等（图2-2-8）。

另外，大别山脉的存在与古人对豫南城镇的选址命名亦有相关。郦道元在《水经注》写道"因山以表名"，可见山对人类文明的影响。豫南众多聚落名称也因其周边山脉而来，如光山县的得名就是因为县区的西北面有浮光山；又如罗山县，文字记载"旧经云，县（罗山县）因山为名"，因其西南有小罗山，故名罗山；又如仙居县，"西七十里有仙居山，山南一，西一，中间石谷……唐置仙居县以此"；又如新县陡山河乡白沙关村白沙关，清代即记载"百里有白沙岭，岭上有关"；再如罗山县周党镇朱楼村的红石崖村、商城县鄢岗镇的鄢岗村、商城县河凤桥乡的观音山村等聚落则由山脉而来的地形特征而得名。

豫南的山地地貌特征也为该地区聚落的防御性提供了有利的地形基础，更常被选为军事要地而形成众多关寨，如《信阳州志·舆地志》对申地环境描写中提到，"环申皆山也，其南迤东迤西罙入其阻，所称三关之险亶其然乎，淮绕其北，狮绕其南，山势蜿蜒，与楚黄分界斯亦庶乎百二之胜哉"；《光州志》中对光州诸山军事防御功能的描述如下，"光之诸山，于郡为西南障；商之诸山，于郡为南与东南障；固始之诸山，于郡为东与东北障"；如豫南寨山，"……寨山……元陈老尝立寨避兵"；又如守军山"……守军山，盖山南毗连麻城、商城，势最险要，前代尝以军守者也"等。衡戴天的七律《金刚古寨》描写商城金刚寨如下，"叠嶂嶙峋欲插天，何年筑垒万峰前。石声岩起迥鸟飞，客入云层踏暮烟。岭上风声疑虎啸，涧边树影似龙眠，若知烽火频消日，远听樵歌带雨还"，亦是描写山脉之上关隘之险。

同时，大别山脉也为豫南人民的生活提供了众多资源。如历史文字记载"固始之诸山……其兴云出雨，泽及于物与生殖货材，取用之不竭者，固为全郡之望"，即描写固始县因山地资源丰富而经济发达；又如清乾隆《光州志》中记载，官铁山"昔曾产铁"，栗林坳"中多栗树"，锡山"昔曾产锡"，花石山"多五色石"等，可见古时其山脉资源为豫南提供了丰富的物产。

虽然山脉给豫南地区提供了美好的景色和丰富的资源，但同时易发生泥石流、山体滑坡等灾害，并且山体形成了地域阻隔，减弱了深山地区聚落与外部的联系，形成了人口居住分散、经济活动分散且远离行政、文化、经济中心的特点，形成较为封闭孤立的状态，在这一方面也滞后了聚落经济发展水平。

以上种种，可见大别山脉对豫南地域文化的形成影响之深远。

（二）豫南传统村镇聚落空间模式的特征

豫南的自然地理条件塑造了豫南地区传统聚落格局和形态，形成了独特的空间模式，聚落沿河流水系分布，随着海拔的升高，由河谷平原到丘陵、山地，聚落规模逐步减小和分散。豫南传统聚落的生成和演变，反映了当地人民的生存智慧和营建智慧，整体而言，形成了一个较大的"山—水—田—村"生态聚落系统（图2-2-9）：以浅山或丘陵为聚落依靠，沟谷和河畔最好的土地用来耕种水稻，稻田依地势形成阶梯状，有不同高度的水塘供农田浇灌和村落用水，村落依山而建，山顶高处种树和茶园，形成有机的生态循环。从传统村镇的名称上就可以得知其聚落与环境的密切关系，这些洼、湾（塆）、冲、畈、河、咀（嘴）、岗、塝、沟、塘、树、坳、挡、坪、拐、堰、垅的村落名称，也充分表达了与自然和谐相处的乡土特色和文化传承。

按聚落空间层次和范围分析，豫南传统村镇的空间模式可以分为宏观、中观和微观三个层面，也就是聚落的选址、聚落格局和建筑形态。

1. 聚落选址："因水就势，背山面水"

信阳地区多山、多水，传统聚落空间模式的形成受自然环境因素影响较大。其传统村镇聚落多体现为"因水就势，背山朝冲"的空间模式。这样的空间模式使村镇聚落与自然环境的空间布局更加和谐，形成了符合当地自然环境特点的聚落空间。因地势、农耕、

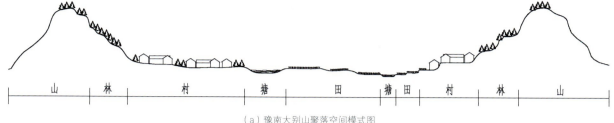

（a）豫南大别山聚落空间模式图

（b）光山帅洼村村落空间

图2-2-9　豫南大别山聚落空间模式图（来源：郑东军 绘制）

(c) 光山篁竹村村落空间

图2-2-9 豫南大别山聚落空间模式图（来源：郑东军 绘制）(续)

防御等综合原因，用于村落建筑的基地用地较小，聚落整体布局较为紧凑，建筑院落多为天井式或狭小的合院式，大户人家拥有几进院落，院落中留有收集雨水的天井。由于信阳地区雨水丰富，民居建筑台基较高且多为坡屋顶，利于排水，雨水由屋顶引入院落天井的地池或院落中，再经过聚落排水系统流出，汇聚于聚落中的水塘或溪流中。

1）"因水就势"的空间模式特征

淮河干流横穿信阳七个县区，其支流自西向东遍布信阳地域。水体是传统聚落凭借生存所必需的资源，信阳传统村镇聚落多因据水源布置。处于地势较为平坦地区的聚落，由水源附近的地势较高处根据水源、周边地势对聚落空间进行组织。建筑位于聚落地势较高处，以缓坡向周边河谷、溪流过渡。主要道路或平行于水源或垂直于水源布置。一些河运发展成熟的河道还能为周边聚落提供水路交通上的便利。

信阳地区地势南高北低，南部地区山地众多，北部地区则主要为平原地貌。传统社会受经济技术水平所限，传统村镇聚落多结合地势走向布置，对地势少有大规模改造。位于以山地区为主的聚落，顺应等高线布局，依山就势，高低叠置，参差错落。村镇聚落在阳坡建设民居，村落内房屋横向之间大都整齐并列，纵向层层抬高，向后延伸。院落中出现高差一般以堂屋、过厅位置以建筑台基抬高的方式处理高差问题。建筑台基前设台阶，利用两级高差之间的平地建厢房，建筑整体布局形成层层迭起之势，院落普遍较小。巷道中的高差问题则使用坡地或台阶的处理方式。因据地势前低后高的空间模式，有利居民采光，且朝向好，排水系统完整通畅。除主路外，由民居墙间空地留作蹊径（图2-2-10）。

2）"背山朝冲"的空间模式特征

信阳地区多山，传统聚落中的民居选址一般是在山的阳面，也有少数聚落建在山的背阴面。聚落建筑朝向多是背面向山，正面向冲，享受视野开阔自然景观的同时，可避开冬季西北到来的寒风侵袭，又能接受南来的阳光（图2-2-11）。

2. 聚落格局："面水聚居，村前水塘"

豫南是淮河上游地区的鱼米之乡，河流水系和遍布的大小水塘是豫南聚落文化中重要的组成部分。在信阳传统村镇聚落的空间组织中，自然水体的形式、人工水体的修筑对聚落的空间模式产生了重要的影响。无论是自然形式的河流还是人工形式的水塘，聚落中的传统建筑往往于靠近水体处密集成片，面水而布。在水体这一空间元素的影响下，信阳传统聚落形成了"面水聚居，村前水塘"的空间模式。

1）"面水聚居"的空间模式特征

旱涝等自然灾害的发生对传统村镇聚落的选址和营建影响巨大。故豫南村落往往聚集在河流溪水周围，并且深挖水渠或水塘，靠天储水。村镇聚落中少则两三个水塘，多则四五个水塘，水塘之间有小径隔开，一方面可方便穿行，另一方面防止水塘水质变化而互相影响。而地势较低的平原地区，河流、壕沟、水塘等也能起到防御、防涝作用。对于以农业为经济主体的村落来说，农业生产和取水是最为主要的活动，因此，建筑会围绕晒坝或者人工池塘建造，建筑单体根据村前池塘的方位调整自家门屋的朝向，形成日常生产生活的中心（图2-2-12）。

2）"村前水塘"的空间模式特征

对于信阳地区水塘的修筑情况，历朝文史资料中多有记载。如清乾隆三十五年《光州志·卷二十四·沟洫志》中记载："而淮南熟于水利，官陂官塘，处处有之，民间所自为溪堨水荡，难以数计"。信阳地区的传统聚落中少有不修筑水塘的聚落，水塘已成为传统村镇聚落中重要的组成部分，融入信阳人们的生活方式之中。信阳传统村镇中的主要水塘常位于聚落的前部，水

(a) 卧龙台图（来源：《光山县志》乾隆点注本）

(b) 田铺大湾（来源：张文豪 摄）

图2-2-10 豫南"因水就势"的空间模式特征

图2-2-11　新县毛铺村"背山朝冲"的聚落格局（来源：张文豪 摄）

塘边往往留出日常活动的场所并伴有高大的树木为水塘周围活动提供庇荫。植物与水塘、建筑一起构成聚落的标志性空间（图2-2-13）。

3. 建筑形态："前街后宅，宅院相通"

在信阳传统村镇聚落的街巷与建筑空间布局中，主要建筑院落往往面街布置。在聚落的防御性需求及家族聚居的居住模式的导向下，往往出现宅院相通的现象。综合来看，信阳传统村镇聚落的建筑形态具有"前街后宅，宅院相通"的特征。

1）"前街后宅"的空间模式特征

"前街后宅"的空间模式指豫南地区的民居院落往往面街而布，而这里的街指的是居民区或城镇中交通功能完善且两边有房屋的比较宽阔的道路，往往带有商业性。

"民非食无以为生，非货无以为用"。在信阳地区乡镇聚落及部分村落聚落中，院落沿街部分多设店铺，用以售卖，而居住用房和作坊则位于院落后部。在这种

(a)新县西河村"面水而居"聚落格局

(b)新县西河村"面水而居"的传统民居

(c)新县西河村粮仓改造的滨河咖啡屋

图2-2-12 豫南大别山新县西河村"面水聚居"的聚落格局（来源：王晓丰 摄）

图2-2-13　豫南大别山新县周塆村"村前水塘"的聚落格局（来源：王晓丰 摄）

空间模式下，道路较为规整有序，多呈规整的"十"字形。其建筑布局往往较为规整而紧凑，房屋之间排列较为整齐，户与户之间多并列布置，堂屋山墙相靠，朝向则根据道路路网朝向而定，院落多与主要街道垂直布置。

在乡镇聚落中，镇被街所划分，民居沿街而建，多为典型的前街后宅空间模式。沿街位置为商铺，即斗坊、布坊、酒坊、茶馆等，穿过商铺则为居住的空间。民居院落的组织与其所临道路、街巷的方位有关。院落不拘泥于南北朝向，更多的是朝向街道并与巷道平行，以利于形成店铺或者门屋面入口。商业发达的乡镇用地紧张，建筑单体面阔往往较小。院落在布局与空间组织上自由度不大，受街道以及相邻建筑关系的制约，建筑一般沿院落的纵深方向发展，依用地情况多处理成一进至三进院落（图2-2-14）。

在村落聚落中，以前街后宅作为空间模式布局的村落往往为周边村落聚落商品交易所形成的市集。其往往以主街来组织村落整体空间或为村落空间的重要组成部分同居住区分割开来而设在聚落外围的主入口附近。

2）"宅院相通"的空间模式特征

在信阳部分地区出现了宅院相通的情况，其主要分为两种情况。

一种情况是出于对外的防御性要求，在户与户相邻

（a）白雀园镇"前店后宅"的聚落格局

（b）白雀园镇"前店后宅"的内院格局

图2-2-14　豫南大别山新县白雀园镇"前店后宅"的空间模式（来源：王晓丰 摄）

（a）宅院相通的门楼相通

（b）宅院相通的院落相通

图2-2-15　"宅院相通"的公共交通空间（来源：黄华 摄）

的檐廊部位开设出入口，便于出现紧急情况时聚落内部院落相互通达。

另一种情况则是出现在信阳地区的一些血缘型聚落的宅院中，其院落不仅在纵向上增进发展，也多采用并联及并联穿套的方式组合户与户之间的宅院。院落组织以功能需求及周边环境因素考虑为主，并且，家族的壮大、人丁的兴旺使院落组合变化越来越丰富。一些巷道入口做成门楼形式，对空间的归属做出一定的限定。成片的宅院中出现了一些家族内部半公共的活动和交通空间。一些宅院不仅面向道路开设出入口，同时也向半私密空间的巷道开设出入口。这样的宅院空间组织方式一方面是由于家庭人口增多分家造成的，另一方面也是对豫南地区战乱匪患情况的应对方式（图2-2-15）。

（三）豫南山地典型聚落

1. 新县八里畈镇神桥村丁李湾村

新县八里畈镇神桥村丁李湾村位于八里畈镇西北部，始建于元末明初，距今已经有七百多年的历史。相传丁李湾的祖先由江西瓦西坝筷子巷迁来，因李姓祖先无子嗣，抱养了丁姓外甥，后代长年居住于此，村落得名丁李湾。聚落形成于明嘉靖时期，兴盛于清乾隆年间。民国时期就有"新集城一圈，不如丁李湾一湾"之说，足见该聚落当时的繁盛情景。其传统村落保存有较完整的明清古建筑二十多套，并存有石雕、木雕等多种精美雕刻，另外还存有城墙、戏台、炮楼等遗迹。

丁李湾村东部有丰富的河流水系，位于泼河水库上游，为村落的建立提供了丰沛的水资源。村落因就水源，选择地势较高的向阳山坡台地背向山坡，南朝冲沟建立，左右亦有山丘围护，形成三面环山、一面临水的整体空间形态。传统建筑成片聚集，四周因借地势开垦农耕田地。整个村落原设有城墙及东西南北四道大门，如今其背面高地上留有城墙、炮楼遗址。聚落中因循地势分布有街巷通道，青石板铺路，错落有致。丁李湾村原传统格局因借地势对周围丰沛资源合理利用并形成较强的防御形态（图2-2-16）。

丁李湾村落前部挖有大小不一的几个水塘。水塘形状似一轮弯月，名为望月塘。村落围绕水塘形成环形聚落主街，整体建筑面朝水塘布置，并垂直水塘形成纵向街巷往高地延伸。村前的水塘不仅为居民生活取水、浣洗之用，又可养殖鱼虾、种植莲藕、调节小气候。水塘周围空间也成为居民进行日常生活活动的主要空间。村落前设聚落日常活动的主街道，后方通过小巷连接，设有层层进深的深宅大院，私密性较强。由于用地紧张，庭院尺度相对较小，有利于防暑。各户宅院之间紧密联排布置，院墙高大坚固，门楼高耸。建筑宅院之间开有侧门，便于出现战况时聚落内部院落相互通达。并且院落组织在其家族的壮大、人丁兴旺的情况下，院落组合变化越来越丰富，沿街一些巷道入口也做成门楼形式，沿街立面连续而整体，防御性较强。如表2-2-1所示，丁李湾村具有"因水就势，背山朝冲"，"面水聚居，村前水塘"，"前街后宅，宅院相通"的空间模式特点。

2. 黄涂湾村

黄涂湾村是豫南光山县的一个中心村，下设六个村民组。其村落布局是豫南浅山区的典型，体现了当地村民的生存智慧。聚落选址首先考虑的是把最重要的土地留作农田，村落和民居均选择在山腰或山脚，靠近水塘，房前水塘或沿水塘展开建筑，是村落格局的一大特色。水塘不仅是建筑取水的场地，还是村落形成后的水源及防洪、灌溉设施（图2-2-17），形成了"山—村—水—田—水—村—山"的聚落生态模式（图2-2-18），高低错落的水塘，平时收集雨水、防洪蓄水，秋天成为水稻田灌溉用水的水源，循环往复，聚落生活体系通过智慧的营造，与大自然的山川四季融为一体，形成和谐自然的生命体系、生态系统，这就是豫南传统聚落的价值所在。

3. 光山县白雀镇

白雀镇位于豫南光山县东南白露河畔，距县城近26公里，呈带状沿河西岸向南向北扩展，南依降龙山，北依岳王庙，南北长约1.5公里，东西宽约0.5公里，老街南北走向，是连接鄂东北、豫东南和皖西的交通要衢。据《光山县志》记载，白雀在宋代建镇，明代兴盛，老街占据古镇的最高地势，呈龟背状展开，古镇四周有山河为第一道自然屏障，并设有寨河、寨墙和四个寨门，防御功能发挥到极致。老街至今风貌完整，店铺鳞次栉比，前店后住的院落格局，形成古镇丰富的空间形态和肌理（图2-2-19）。

新县八里畈镇神桥村丁李湾村聚落空间模式

表2-2-1

"因水就势，背山朝冲"，"面水聚居，村前水塘"

丁李湾选择地势较平坦处组织建筑聚集面水塘而布

"前街后宅，宅院相通"

丁李湾民居院落宅院相通	宅前街道
　①楼　②院　③过道/廊　④堂屋　⑤红砖房　⑥分户门外开 丁李湾部分院落平面图	 
	面水门楼　　　面水门楼
	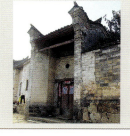　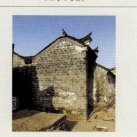

注：本表根据资料总结列表

（a）新县丁李湾村平面图　　　（b）新县丁李湾村传统风貌现状图

图2-2-16　新县八里畈镇神桥村丁李湾村聚落空间模式（来源：吕阳 郑东军 张文豪 摄）

(c) 新县丁李湾村鸟瞰图

图2-2-16 新县八里畈镇神桥村丁李湾村聚落空间模式（来源：吕阳 郑东军 张文豪 摄）（续）

图2-2-17 光山泼陂河镇黄涂湾村航拍总平面

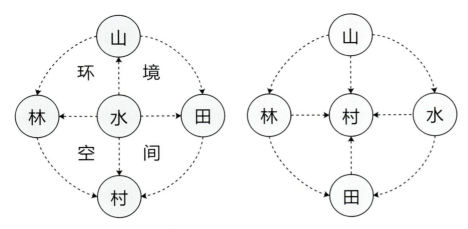

图2-2-18 "山—村—水—田—水—村—山"的聚落生态模式（来源：郑东军 绘制）

（a）白雀园古街鸟瞰图

（b）白雀园古街街巷空间

图2-2-19 白雀镇古街（来源：张文豪 摄）

三、豫西伏牛山聚落

（一）伏牛山文化概述

伏牛山区地处中原腹地，河南省西南部，东西绵延八百余里，属秦岭山脉东段支脉。位于我国第二阶梯与第三阶梯的过渡带上，地理和区位优势明显。该区域狭义上讲就是指豫西山地，广义上讲则包括周边区域，其范围北至黄河，南抵南阳盆地，西至豫陕边界，东至京广铁路地带。这里我们所关注的就是豫西山地的传统聚落。历史上伏牛山作为古代南北交通的要塞，文化上呈现多元的特色。早在史前时期，这里就是中原地区的仰韶文化、龙山文化和长江中游的屈家岭文化、石家河文化的交汇区域，是中原河洛文化与长江流域荆楚文化融合的区域，使其在文化上具有复合性的特点。特别是连接南北的车马古道三鸦路，是古代宛、洛间最重要的交通线路，也是古代四川、湖广到达洛阳、陕西的必经之路，使伏牛山成为南北文化交通的重要驿站。

（二）伏牛山山地聚落的类型与分布

伏牛山脉是秦岭延伸到河南省的一条主要山脉，大致呈西北—东南走向，长200余公里，宽约40～70公里，形如卧牛，故称伏牛山，它构成了黄河、淮河和长江三大水系的重要分水岭。伏牛山脉北面发展为熊耳山脉和外方山脉；南面即为南阳盆地。山地向东延伸到南阳方城东北突然中断，形成著名的"方城缺口"，缺口长约30公里，宽约8～15公里，是一条由西南向东北延伸的山间堆积平原地带，缺口东南又是地势起伏的低山丘陵。"方城缺口"是沟通华北平原和南阳盆地、江汉平原的天然交通要道（图2-2-20）。

豫西南伏牛山传统聚落长期以来主要以血缘型聚

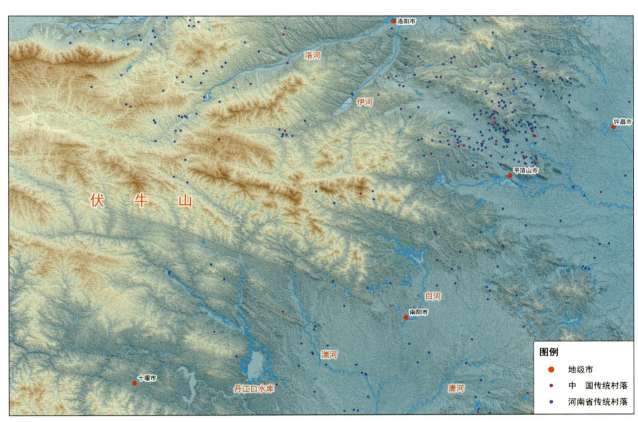

图2-2-20 伏牛山山地地形与聚落分布示意图

落和地缘型聚落为主，但在部分商品流通比较发达的地方慢慢形成越来越多的业缘型聚落。如明清时期，淅川县荆子关镇的商业贸易迅速发展，形成了以商品交易和流通为主的具有"外向性"特点的业缘型聚落；西峡县重阳镇和南召县云阳镇的许多村落也都是因紧邻官道由从事商品经济的人群集聚形成的业缘型聚落（表2-2-2）。

伏牛山聚落形态分析　　　　表2-2-2

序号	村落名称	聚落现状	聚落形态	形态特色
1	卢氏县高沟口村			山地聚落，沿河带状分布
2	洛宁县后上庄村			沟谷聚落，沿道路团状周边分布
3	嵩县栗扎树村			沟谷聚落，沿交通线散点分布
4	淅川县土地岭村			山地聚落，沿台地集中分布
5	嵩县下寺村			山地聚落，沿交通线散点分布

（三）伏牛山区典型聚落

1. 渑池县赵沟村

赵构村在中华人民共和国成立前是豫西地区重要的革命根据地。村内石头房、石头墙、三合院依山就势，布局错落有致，与古树、古井交相辉映。村内现有明、清古建筑13处，总建筑面积2598.02平方米，古街巷8条。

村落南北长约280米，东西宽约70米，四面环山，依山傍水，村中石头盖房，石板铺路，石头古街巷8条，共长560米，46座古民居错落有致，分布于石板古巷两侧，按豫西建房选址习俗。村落现存传统四合院10座、独宅6座、石头房屋25间、土坯房90间、砖混结构古门楼16座。此外，古戏楼、古奶奶庙和清朝中期时知县赵丛修建的赵氏祠堂等古建筑保存完好。院落门楼建筑以砖木结构为主，入户拱形门、房屋屋脊和檐角之上的砖雕栩栩如生，顶部飞檐翘角。房屋地基使用当地青石，墙体为四角砖砌，石墙多为黏土逐层夯实而成。村口奶奶庙是用巨大青砖砌成，庙内殿宇的横梁、窗棂、花门木雕精细；庙前紧邻古水塘，有中空巨石涌出古泉，无论旱涝，水流始终如一，不大不小，其冬暖夏凉，水质甘甜，是村落水源。一棵千年古槐，8棵古树名木，以及石槽、石碾、石磨等生活用具也保存完好（图2-2-21）。

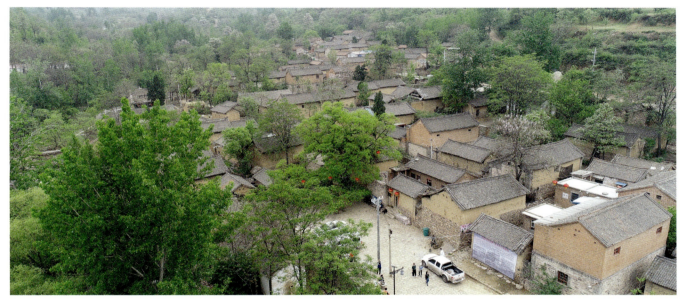

（a）鸟瞰图

（b）渑池赵沟村古街巷　　　　　　　　　　（c）渑池赵沟村传统民居

图2-2-21　渑池县赵沟村（来源：郑东军　王晓丰　摄）

2. 汝州市青山后村

青山后村坐落于嵩箕山脉之中，离城镇较远，是偏僻的深山村。嵩箕山系在这里形成东西走势，南部高峰海江孤堆和青山，北部高峰祖师顶山和老婆寨山分别向东西延伸百余公里，形成南北两道天然屏障，高峰海拔近千米，青山后村就坐落于两条山脉、四座高峰形成的大山坳里，因位于青山之后，故名为青山后村。

青山后村空间格局比较完美。全村整个地形呈东高西低之势。境内山梁纵横，沟壑遍布，梯次分布明显，带状结构清晰，坡度适中，沟豁张弛有度。村落选择靠山面水、避风向阳的地方比邻而居。东部和东北部是海江孤堆延伸出的弧形山梁，西部和西北部都是小香炉山与北崮堆形成的弧形山梁，两道山梁在村北交错相扣，形成罗圈椅。青山向东延一座小山头——小南坡嘴儿，山嘴两侧沟底各有一个从未干涸的山泉，两条小河到村中央交汇后北去，村民世代围绕小山嘴儿的东、西、北三面居住，各宅院大门都面向小山嘴儿。对村庄来说，山有情水有意，阴阳平衡，藏风聚气，符合环境空间格局。

青石建筑是该村最大的特征，整个村庄就是石头建筑群。村内民居以窑洞为主。主要建于明清时期，土窑最早，石窑最多。几乎家家都有石窑，瓦房也大多用青石建造墙体，大门则用完整的四块青石建造，一家家一户户，比邻而居，井然有序，一行行一排排，依山就势，错落有致。村子四周建石墙，村口建有石碉堡，保卫村庄的安全。村内现有石窑160余孔，土窑30余孔。青山后石窑设计精巧，建筑独特，多为窑联窑、窑上窑、窑上房、窑中窑结构。窑联窑结构相互依靠，互为支撑，集中连片。窑上窑即双层石窑，窑上房是在石窑上建房，充分利用空间，全村有数十处，是中国传统乡土建筑的瑰宝，具有其他地方不可替代的独特魅力。窑中窑则是在石窑的侧面修建石窑，当地人叫拐窑。石窑全部用青石建造，墙体平整，墙头周正，墙角笔直，棱角分明，石缝细密，辅以精美的石刻，造型优美，坚固耐用，历经数百年，现仍保存完好，随处可见。窑洞冬暖夏凉，舒适宜人（图2-2-22）。

青山后村周边有三座石山寨，分别是石榴嘴寨、见子岭寨和双石垛寨。三座石山寨都是清朝后期为避战乱匪患，村民依托易守难攻的天然地形，将一块块石头撬起来运上山顶，用心血和汗水筑成的。最有名的是石榴嘴寨，寨门朝东，上方石匾刻有"迎旭"二字，也叫迎旭寨。建于清同治元年，耗时8年建成，距今已有150多年的历史。该寨坐落在村南主峰石榴嘴山上，南部是百米高的悬崖绝壁，绝壁向东西两边山岭蜿蜒近百里，成为山寨的天然屏障，山顶北面为缓坡，用红石垒砌有两丈高的寨墙。寨墙上有上下石梯、瞭望孔和射击孔。石榴嘴寨又像一座石城悬挂高空，有顶天立地之威严。寨内有60多孔石窑，保存比较完整的有40余孔。寨内除民众居住的建筑外，另有打更室、储藏室、储水池和饲养室等。见子岭寨现存石窑30余孔，双石垛寨开挖有通往村庄的密道（图2-2-23）。

3. 汝州市火石岭村

火石岭村地处大山腹地。战乱年代，人们为了躲避战乱，纷纷迁村至大山深处。火石岭背靠北岭，面朝关顶山主峰，西南面一条断崖，一条以山泉为水源的季节性河流由村西流向村东。村子处于山、岭、涯所围合而成的区域内，从外面很难发现，而且周边地势平坦，是逃避战乱的绝佳建村之处。

火石岭村建在高坡位置的台地上，群山环抱、负阴抱阳，是古代堪舆学中聚落选址"山水倚望、防灾避害"理论的极佳诠释，同时由于传统村落建在坡地上，冬天凛冽的北风会被后面的大山挡住，夏天却因地处高山又十分荫凉，这对研究古代村落选址中趋利避害的原则与方法具有极高的科学价值（图2-2-24）。

图2-2-22 汝州市青山后村整体风貌与典型民居（来源：张文豪 摄）

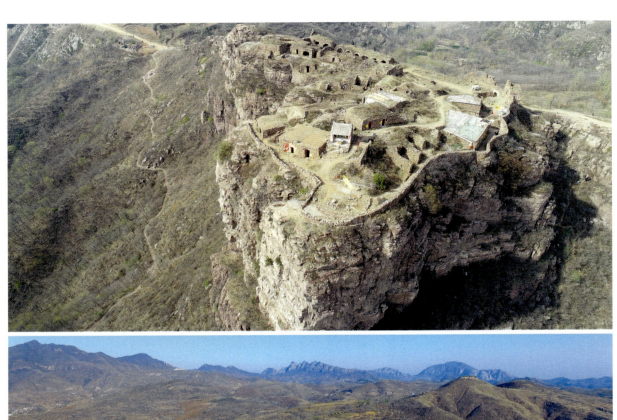

图2-2-23 青山后村周边的石榴嘴寨、见子岭寨和双石垛寨（来源：张文豪 摄）

图2-2-24 火石岭村选址分析（来源：宁宁 绘制）

火石岭村的整体格局显示出"依山而建、临水而居、梯级而上、错落有致、布局紧凑"的特点。建筑依山退台而建，随地形和功能需要灵活布局、错落有致，形成巷道交错、院落毗邻的肌理形态，呈现出自然生长的态势。村落格局保存较好，道路走向基本维持原样，街巷空间和公共空间基本得以保留。

村内大多数民居为传统的合院形式，村子内部重重院落相连，形成巷道交错、院落毗邻相接的肌理形态。所谓"靠山吃山"，这句话在火石岭村得到了最充分的体现。火石岭村整体建筑风貌全是石头建筑、石院墙、石台阶和石板路，石槽、石磨、石桌、石凳等随处可见，就像一座石头的展览馆。火石岭传统村落清代、民国时期的民居建筑占绝大部分比例，虽历经百年，但传统建筑立面较为完整。石头建筑具有坚固、冬暖夏凉及防潮性能好的特点，屋顶多为平屋顶带有一定的坡度，具有良好的隔热及排水作用，就地取材的石头房质朴简洁，造价低廉，耐风经雨，保存完好，显示着原始的坚韧（图2-2-25）。

(a)火石岭村鸟瞰图

(b) 总平面

(c) 村路街巷

(d) 传统民居风貌

图2-2-25 汝州市火石岭村整体风貌（来源：宁宁 摄）

第三节 平原传统聚落

一、豫东平原聚落

（一）平原农业与聚落分布

豫东平原地处河南省东部，黄河中下游地区，区域内地势平坦、土地肥沃，乡村聚落密度大，农业人口多，是重要的粮食主产区。豫东地区聚落分布密集、村镇规模较大、城镇和乡村聚落层次分明（图2-3-1、表2-3-1）。

图2-3-1 豫东平原传统聚落分布示意图

豫东平原村落形态分析（来源：王晓娟 绘制）　　　　　　　　　　　　　　表2-3-1

序号	村落名称	聚落现状	聚落形态	形态特色
1	商丘市半塔村			平原聚落，沿河道有机布局
2	商水县邓城东村			平原聚落，沿河道湾集中式布局
3	林州市郭庄村			平原聚落，沿交通线团簇式布局
4	商丘市老谢集村			堡寨式聚落，以寨河内为中心向四周扩散
5	商丘市青河口村、刘旬庄村			平原自然聚落，沿河组团式布局

（二）豫东水系与水城聚落

因历史上黄河改道和洪水的影响，豫东地区的传统聚落有一个独特的现象，即聚落内部地势比周围自然地势或田野低。这是由于黄河泛滥、多年淤积，使城墙或寨墙周围地势逐渐抬高所致，更有甚者，大的洪水淹没城墙或寨墙，形成城湖，洪水退却后，人们围绕城湖重建聚落，形成今天豫东地区"水城"的独特景观，许多城湖水系就是历史上老城的位置所在（表2-3-2）。

（三）豫东地区典型聚落

1. 商水县邓城镇

邓城镇位于商水县西北部，南邻周漯公路，北与西华县隔沙河相望，东、东南距周口、商水各15公里，西距漯河45公里，总面积69.2平方公里（2017年）。三国时期魏国将领邓艾在此屯兵，故名邓城。

豫东平原城市聚落形态分析（来源：王晓娟 绘制）　　表2-3-2

序号	城市名称	城市现状	城市形态	形态特色
1	商丘归德府			保存最为完整的古城格局、城墙和水系
2	淮阳			古城和河流组成的城湖，形成了豫东水城的特色
3	睢县			现状的城湖就是老县城旧址，展示出城市形态的演变过程
4	柘城			城市与河流和水系的关系，老城被水淹没成为城湖，新城围绕老城发展

叶氏庄园则位于邓城古镇的北部，沙河河道的弓臂内，故北、东两面紧邻沙河，其东西两侧河上有两处渡口，直通西华县城。河两岸延绵数里万亩良田，风景优美，村庄星罗棋布。邓城叶氏一族于明末清初从山西洪洞迁徙到当今的西华县叶埠口。叶氏子孙于清朝乾隆六十年（1795年）（始建叶氏庄园西院），成于嘉庆十二年（1807年），历时十二年，称为"三进堂楼院"。中间一处建于嘉庆二十年（1815年），成于道光九年（1829年），历时14年，称为"五门照"。东边一处建于咸丰十年（1860年），成于同治七年（1868年），历时8年，称为"高门台"。整个工程共耗费白银一百七十多万两。历经73年，形成了以东、中、西三大院落为主的叶氏庄园建筑群。基地东西宽260米，南北长230米，主宅三院占地面积20000平方米，建筑面积9000平方米，共有30进小院，房屋600余间。

叶氏庄园集中体现了我国清代中原民居建筑特有的风格，是我国典型的硬山式四合院组群建筑。以灰瓦硬山式建筑为主，一宅三院，一院三进。宅西是百间裙楼，又称转厢楼，系叶氏庄园当铺院。宅南百余间群楼，系叶氏粮库。叶氏庄园三大院落宏伟壮观，沿南北中轴线一字摆开，高楼瓦房鳞次栉比，错落有致，院落间以中心建筑两侧甬道相通，紧密相连。整个建筑群不但气势磅礴，而且雕刻细腻，构造牢固，布局合理。建筑工艺主要体现在砖雕、木雕、石雕等装饰细节，是清代中原民居建筑的经典（图2-3-2）。

（a）叶氏庄园鸟瞰图

图2-3-2　商水县叶氏庄园（来源：王晓丰　郑东军　摄）

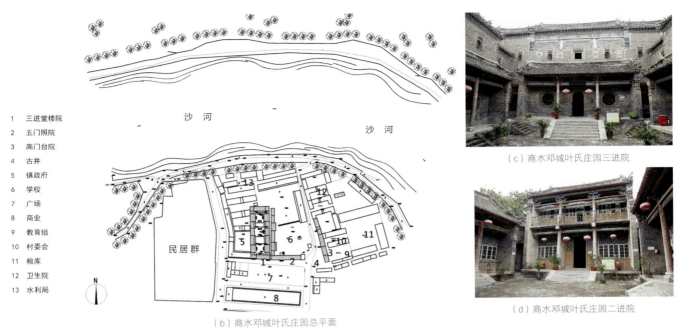

图2-3-2 商水县叶氏庄园（来源：张文豪 摄）（续）

2. 项城县袁寨

现存东、中、西三组庭院建筑群，自东向西依次为东组院落、中组院落、西组院落，计楼房、平房22座98间，另有护寨河三道。东组院落为三进四合院，中组院落现存面阔三间硬山式门楼一座、面阔五间硬山式主楼一座，西组院落为三进院落。袁寨古民居规模宏大、庭院宽阔、保存较好，是中原地区现存重要的大型古民居之一（图2-3-3）。

二、豫北平原聚落

豫北地区位于河南省黄河以北，与晋、冀、豫三省相邻，交通便利，在自然环境和社会历史文化的综合影响下，豫北地区形成了众多历史悠久、空间环境独特、地域特征鲜明的古建筑群及传统民居聚落。这些聚落和建筑遗存作为历史的载体，其中包含着丰富的建筑思想和传统技艺，是研究地域文化、古代历史和文明发展的重要实物资料。

北宋以后，随着商品经济的发展和人口的增加，打破了"坊""市"的界线，商店可以随处开设，不再采取集中的方式。农业、手工业、商业等都取得了前所未有的发展。安阳一带的大村（中心村）不断向周围拓展，形成了大量新的村落。

另外，随着交通、经济、技术等条件改善，西北部太行山区传统聚落也在明清时期有了较大的发展，数量显著增多。到清乾隆年间，安阳人口已达到25万，村落的数量和规模都有明显提升。而经过清末到民国几十年的繁衍生息，安阳境内的大小村落已星罗棋布，整体呈现"东密西疏"的分布格局（图2-3-4）。

近百年以来，由于社会动荡、战乱频繁，许多村庄的经济发展停滞不前甚至产生了倒退，房屋也遭到不同程度的破坏。清末修筑的道清、京汉两条铁路，逐渐替代了原有漳卫航道和陆上古道的运输作用，沿线聚落的商业经济多随之衰落，繁华不再。人口的迅速增长和城市的扩张，也使传统村落在中华人民共和国成立以后迅速消失，被钢筋混凝土的现代建筑所取代。现在安阳东

(a）袁寨古民居鸟瞰图（来源：王晓丰 摄）

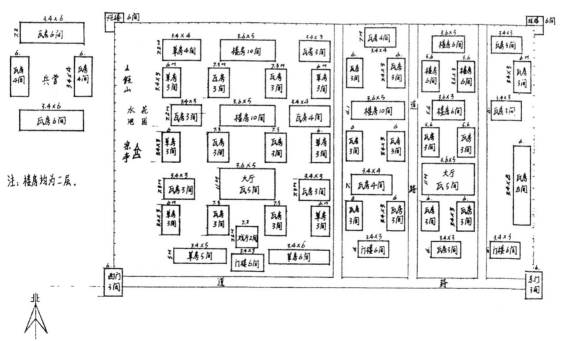

(b）袁寨总平面图

图2-3-3 袁寨古民居

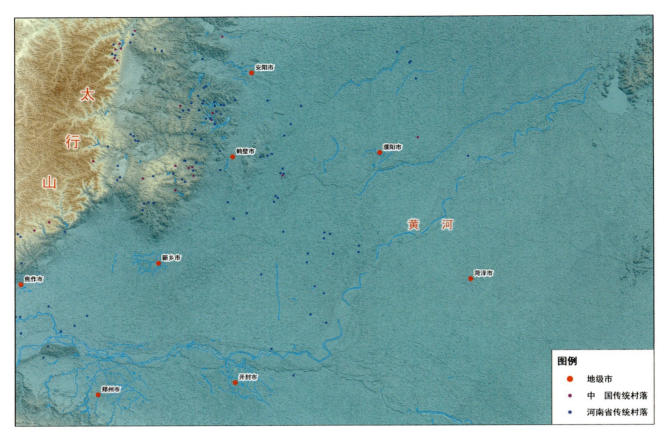

图2-3-4 豫北平原传统聚落分布示意图

部地区只有少数规模较大的集镇和价值较高的单体建筑被保存下来。而中西部丘陵山区反而因交通和经济文化发展的滞后，使较多传统聚落免于被整体摧毁的命运，依然保留着原始的街巷格局和建筑风貌。

平原地区地势平坦开阔，聚落的布局较少受到地形的限制，多呈集聚分布的状态。聚落的规模比一般村落大，主要道路可有几经几纬，内外交通联系便利，商品交易较一般以农业生产为主的村落活跃。频繁的贸易活动和商品、人力资源的集聚，使聚落的规模不断扩大。伴随着经济水平的提升，聚落也由乡村转化为更加繁荣的集镇，其格局已近似于"城市"。加工制造业、运输业、商业等第二、三产业逐渐取代农业，成为支撑聚落发展的主要经济产业（表2-3-3）。

安阳以西因冶铁而闻名的水冶镇和有"小天津"之称的滑县道口镇，是安阳境内现存商贸型聚落中的两个典型代表（图2-3-5）。

商贸型古镇的建筑布局紧凑，街巷整齐、有序，其平面形态表现出下述特点：

（1）街巷系统由主街、次街、小巷共同组成。次街与主街多垂直相交，构成十字或丁字路口，次街与次街之间有小巷联通。主街、次街、小巷三者相互穿插，构成完整的"网格形"道路体系。

（2）两条相互交叉的"十"字形主街，是全镇的基本构架，通常贯穿南北、东西，是聚落中商业活动最为集中的地点。

（3）商铺和民居均沿街巷展开，建筑与建筑紧密相邻，少有空隙。

（4）因古时货物的运输需要马车、板车之类的交通工具,所以商业街道通常较宽阔,宽度可达6~8米。

(5)集镇的形成过程带有自发性,并未经过严谨的规划,所以街道并不像城市那样整齐排列成棋盘格的形式。局部街道可随弯就势地曲折,街与街之间并不完全保持相互的平行关系。

豫北平原聚落空间形态　　　　　表2-3-3

序号	村落名称	聚落现状	聚落形态	形态特色
1	滑县暴庄村			平原聚落,集中式布局
2	浚县后草店村			平原聚落,几何形布局
3	滑县李方屯二村			平原聚落,沿路网延伸式布局
4	长垣县前小渠村			平原聚落,沿交通线集中式布局
5	汤阴县瓦查村			平原聚落,沿交通线集中式布局

图2-3-5 道口古镇鸟瞰图（来源：张文豪 摄）

三、南阳盆地聚落

（一）南阳盆地的聚落分布

南阳位于南阳盆地北部，以北是一系列山脉；伏牛山、外方山、熊耳山等豫西山脉，南阳盆地南部是长江支流汉江。古人以山南水北为阳，因在伏牛山之南、汉水之北，故名南阳。据《资治通鉴》记载，"秦置南阳郡，以在南山之南，汉水之北也"，这里的南山指伏牛山。

南阳盆地在河南的地形地貌中非常独特，自成一体。聚落分布也结合自然环境，有山区、丘陵和平原。一般是沿河流水系和交通古道分布，如万里茶路河南段在南阳盆地有着丰富的文化遗存（图2-3-6）。

（二）南阳盆地的聚落类型

因为独特的自然地理环境和人文历史积淀，南阳地区有着丰富的聚落类型，古城、古镇和古村数量多、风貌完整、价值高，如南阳古城、赊店古镇、荆紫关古镇和吴垭石头村等传统聚落。

（三）南阳盆地的聚落形态

依据南阳盆地传统聚落的分布和类型，其聚落形态也呈现出多种聚落空间形态的特征（表2-3-4）。

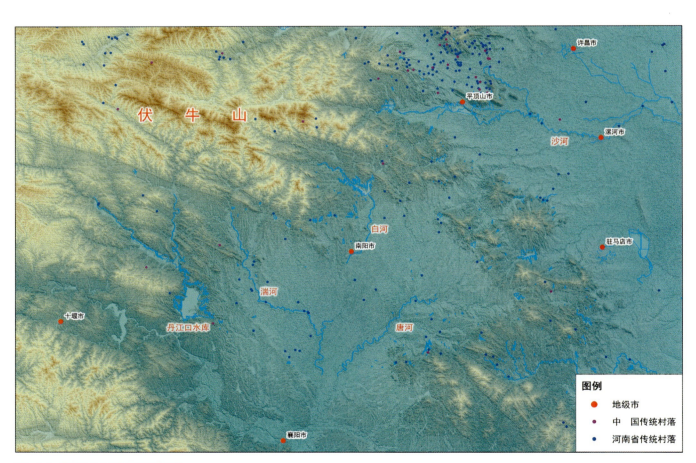

图2-3-6 南阳盆地传统聚落分布示意图

南阳盆地聚落空间形态　　　　　表2-3-4

序号	村落名称	聚落现状	聚落形态	形态特色
1	南阳市古庄渔村		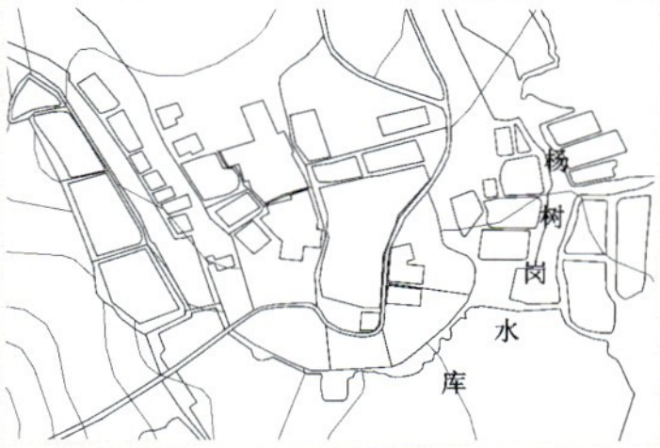	依山傍水，沿山背高地集中分布
2	方城县王老庄村		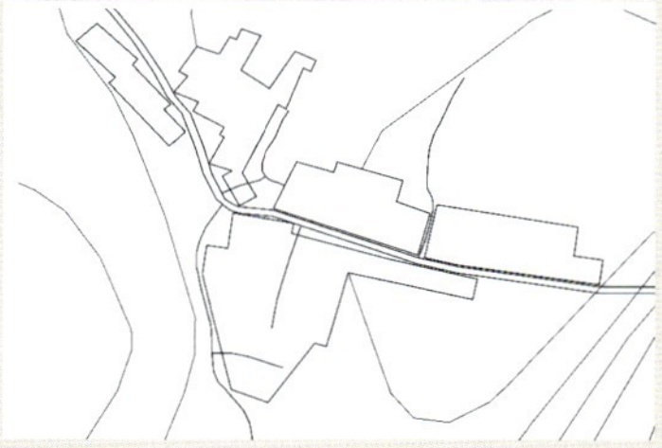	丘陵地区，沿交通线带状均衡分布
3	内乡县吴娅村			浅山地聚落，集中式团簇布局
4	方城县砚山铺村			平原聚落，集中式网状分布
5	唐河县张心一村		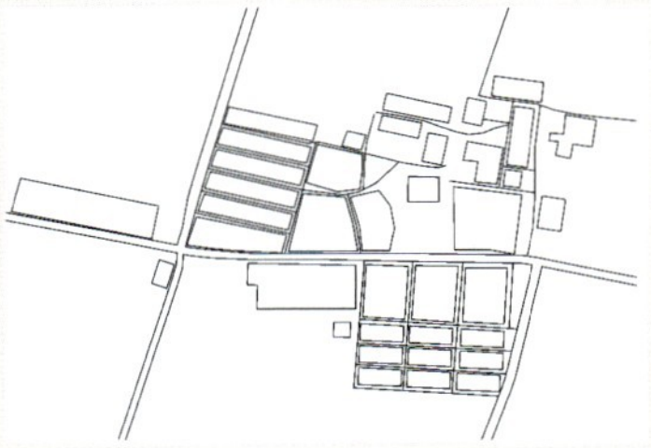	平原聚落，沿交通线呈团状扩展

（来源：张文豪、许祯 整理，王艳娟 绘制）

第四节　传统生土聚落

一、豫西生土聚落的形成

（一）豫西黄土地区自然条件

豫西地区山地和丘陵占85.7%，平原占14.3%。该区西部为豫西山地的主体，地势西部高，东北、东部低。地表结构表现为山、河、岭、涧相间排列，地形复杂多样。从山脉体系上看，属于秦岭山系的东延部分，在本区里爪状展开，其中崤山、熊耳山、外方山向东北延伸，伏牛山向东南延伸。这些山脉以中低山为主，爪状山脉之间是河流谷地，每条较大河流又都与一些山涧盆地相中通，如渑池盆地、洛宁盆地、宜阳盆地、嵩县盆地、汝阳盆地、洛阳和伊川盆地等（图2-4-1）。

1. 地质因素

豫西窑洞聚落分布在我国黄土高原南部，其黄土的厚度一般为50～150米，三门峡市、灵宝市属于高原地区，新安县、洛阳市、偃师市、巩义市是丘陵和河谷平原，过去这一带地势相对平坦，土质深厚，气候凉爽，适宜动植物的生长，但由于长期的环境破坏与战乱、水土流失、人口增加，使得这一地区的生态基础受到了严重的破坏，原本山清水秀、草莽林密的黄土高原变得沟壑纵横、土地支离破碎。

从窑居村落的选址来看，体现了人们因地就势充分利用自然地形的特点。河南的窑洞类型主要有靠崖式窑洞和下沉式窑洞两种，其中靠崖式窑洞中尤其以沿沟式窑洞居多。

2. 气候条件

豫西地区属于北温带大陆性季风气候。在地形、地质、太阳辐射、大气环流等综合作用下形成了四季分明、冷暖适中的气候特征，春季少雨干旱、夏季多雨炎热、秋季日照时间长、冬季少雨寒冷。同时，因其属于中纬度东亚季风区，造成其风向有显著的季节变化，冬季多偏北风，夏季多偏南风。同样具有季节性的还有其降水量，夏季雨量较为集中且高温高湿，降水量占全年总降水量的51%～56%；冬季雨量稀少且空气较为干燥，降水量仅占全年总降水量的3%～5%；春季降水量介于冬夏降水量之间；秋季降水量稍高于春季。

（二）豫西传统聚落的形成

生土窑洞是华夏民族历史上最悠久的宅居建筑之一，其中以晋南豫西地区的窑洞建筑形式最为丰富。远古时期喜马拉雅山的升起，阻断了印度洋暖湿气流的北上，被西北风从西亚内陆吹来的沙尘，大约经过一亿年的飘落，逐渐形成了自中国西北黄土高原至黄河中下游黄土积层这种特殊地貌。但由于这一区域分布范围广，在气候和地貌上存在很大差异，因此地貌形成期也先后不同。在黄河、渭河、汉水这三条大水系所构成的自然地理链中，黄河中下游黄土阶地，黄土塬、黄土丘陵的形成相对较晚。

直到四五千年前，这里的降水量仍十分充沛，是自

图2-4-1　豫西黄土台塬地貌（来源：张文豪 摄）

然万物生长的摇篮。在这片漫漫的黄土区域，存在着两个最适宜早期人类生栖的天然条件：

一是利于农耕作物生长的黄土地层，这为华夏先民由原始渔猎生产方式向原始农业生产方式过渡，提供了最基本的土地资源；

二是在地面宅居建筑技术产生之前，黄土塬为华夏先民形成部族社会生活而筑造居所——穴居，创造了最便易的地质形态。

豫西窑洞民居有着悠久的历史，起源于原始的穴居，据推测黄河流域的人类最迟在新石器时代已具备挖掘人工洞穴的能力。巩义市的裴李岗遗址已发现有横穴的原始陶窑；《前秦录》和《十六国春秋》也有掘土为窑的记载；从洛阳龙门石窟的开凿，就足以证明魏晋及南北朝以后的建窑技术已经成熟，并用于官方建筑。据《资治通鉴》载，巩义市的"洛口仓"黄土窑洞在隋唐时期被官府用作粮仓。此外，宋代的窑洞在县志上也有记载，如《巩县志》载："曹皇后窑在县西南塬良保，宋皇后曹民幼产于此……"位于巩义南窑湾村的唐代诗人杜甫诞生窑，虽难于考证，但从史书上记载来看，唐代巩义的窑洞民居已相当普及。

二、生土聚落的分布与选址

（一）生土聚落的分布

按照选址原则及豫西地形地貌，豫西的窑洞村落一般分布在以下三种自然地理环境中，同时在不同的地理环境中的窑洞类型也有差异。

1. 黄土塬

黄土塬，是由黄土覆盖、堆积形成，经过现代沟谷的切割而形成的较为完整、平坦的黄土平台，是豫西特有的地形地貌，主要集中在豫西西部地区。

人们利用开阔平坦的黄土塬形成大量窑洞村落，早期的黄土塬窑洞村落一般会建在黄土塬边沿，利用天然的崖壁开挖靠崖式窑洞，方便又节省成本。后由于土塬边沿崖壁占满，没有可利用的天然崖壁。没有山体、沟壑的遮挡，在塬上地区的人们为了躲避大风对建筑的危害，使建筑的保暖性更强，因此向地面以下开挖下沉式窑洞建筑，窑顶的覆土层可以使得白天室内温度保持相对较低、晚上较高，且冬暖夏凉。

2. 黄土冲沟

由于黄土疏松、湿陷性等特质，黄土冲沟是在黄土堆积上，雨水汇集呈线性流径，不断下渗、切割所形成的冲沟；另一种是在河流支流所形成的地下水流经不断切割下形成的冲沟，两者相互糅杂，形成了复杂的冲沟地形地貌区域。

黄土冲沟呈现的主要特征是沟深、壁陡、向源侵蚀性。发育初期的冲沟一般沟壑崖壁垂直度很高，多狭而深，后来随着雨水长期沿着黄土垂直节理冲刷，暴雨还会导致黄土沟壁出现坍塌、滑坡等现象，再加之河流支流所形成的地下水径流作用，使冲沟不断拓宽，沟壁也呈现出斜坡状。这类区域地形复杂，往往会结合河谷阶地形成鱼骨状和树枝状的沟谷体系，沟头一般多呈楔形和掌状，人们利用小型冲沟的沟边开挖开敞式下沉式窑院（又称椅子圈院式窑洞）和下沉式窑院（又称天井院）。在大型的冲沟沟壁两侧开挖靠崖式窑洞。因此，在这种区域中分布着大大小小的窑洞村落。

3. 山地及沿河谷阶地

山地及沿河谷阶地区域，是黄土堆积前黄土高原已有的山水格局。

1）在豫西分布着秦岭山脉的5支余脉，形成了豫西山地和丘陵地貌，在这种地貌区域中，分布着大大小小的靠崖式窑洞村落，例如，崤山的一支余脉沿黄河南岸向东延伸至郑州西部，就是被深厚的黄土覆盖的邙山岭，在邙山岭上，利用便利的黄土资源，直接开挖形成靠崖式窑洞。

由于豫西地处中原地区，受冷暖空气频繁交流，容易造成干旱、洪涝、风沙大等自然灾害。豫西的山地地势高，气温偏低，年平均温度在13℃以下，冬季山顶气候十分寒冷，夏季山地受地势的影响全年气温也在27℃下。这些特征促使窑洞村落的营建和发展需顺应有利因素、规避不利因素。因此，在山地中营建窑洞村落一般会选择在半山腰，躲避风沙和黄河水泛滥。

2）豫西大型河流水系（黄河、伊洛河）冲刷所形成的河流两岸阶梯状的河谷阶地中，有沿河的河漫滩区域，也有近河的冲积谷地。窑洞主要分布在近河的河流两侧冲积谷地中，没有高大巍峨的山体，具有相对平坦的区域，同时也有可以利用的阶梯式直立崖壁，具备耕种和防御条件。因此，在这种自然条件下人们利用台阶式的土崖壁开挖靠崖式窑洞，并在崖壁前宽敞的阶地中增建大量房屋，形成有规制的窑房院。

（二）生土聚落的选址

一般传统村落在选址时遵循背山面水的空间格局，以及临路、向阳，具备耕地、防御条件等原则，通过对豫西传统窑洞村落的实地调研发现，在窑洞村落的选址中，遵循传统村落的一般选址原则，同时更加注重近水和防御这两个原则。主要遵循原则如下：

1. 水源

水源是豫西窑洞村落选址非常注重的一个因素，在黄土高原上，饮水是很重要的问题，因此村落都会选择近水而居，靠近黄河、伊洛河及其支流。有些地区黄土厚度很深，无法打井，逐水而居是当地典型的村落营建特点。后来，随着黄河改道很多村落的河流消失，村民想办法引水入村，也有些村落开始在村中打井。再往后，随着生活和技术水平的提高，村里通入自来水管。

2. 向阳

由于窑洞独特的形制，一般进深较大，采光面较小，因此村落只会分布在向阳的山坡南面，增加阳光的照射范围和照射时间，一定不会选址在山坡阴面，除了南面沟崖被占满，无崖壁可用的时候会选择在北面山坡挖窑。

3. 耕地

周围有平坦的地势，可供村落耕种田地，提供充足的给养，同时也能为村落的发展和扩张提供可能的条件。

4. 防御

豫西窑洞村落面临的安全隐患主要有两大方面：自然灾害和人为战乱。这一因素在豫西窑洞村落的选址中占有很大的影响比例。由于黄河水经常泛滥，会发生洪涝水灾，出于村落安全考虑，会选择居高的地势，可防止村落被水冲。另一方面，豫西地区是古代兵家必争之地，经常会硝烟弥漫。因此，村落的选址一定要具备防御条件。居高，与川、塬发生关系，利用塬旁沟壑巨大的落差能够轻易地建立起防御工事，村落地势有险可守。而在没有沟壑可利用的塬上地区，就诞生了下沉式窑院这类村落，将村落整体性地隐匿在地表以下。

三、生土聚落的类型与特征

（一）生土聚落的类型

根据对窑洞聚落分析和实地调研的情况，发现豫西地区下沉式及靠山式窑洞较多，因此通过窑洞聚落所包含的窑洞民居类型大致分为靠崖式窑洞聚落、地坑式窑洞聚落和混合式窑洞聚落三种类型（表2-4-1）：

豫西生土聚落类型与形态分析（来源：王晓娟 绘制） 表2-4-1

序号	村落名称	聚落现状	聚落形态	形态特色
1	灵宝市两岔河村			山地聚落，沿山谷水系呈线形分布
2	陕县庙上村			塬上聚落，地坑院呈网状集中布局
3	陕县五花岭村			塬上聚落，地坑院呈网状集中布局
4	卢氏县窑子沟村			浅山区聚落，沿河谷平地集中布局
5	渑池县上中关村			山地聚落，沿河谷依山集中式布局

1. 下沉式窑洞聚落

下沉式窑洞聚落常见于地形较为平坦的黄土塬上，主要集中在陕州区、灵宝和洛阳一带，在豫西其他地区也都有少量分布。由于窑洞开挖的需求，地坑院之间要预留窑洞开挖的空间，因此在下沉式窑洞聚落里地坑院落之间往往保持一定的距离，这也就使得聚落的空间呈现均匀的分布状态，这样的空间形态也导致聚落本身缺乏相应的内部中心，因而整个聚落空间构图松散。在生产力低下的年代，这种变通的模式无疑也隐含营建的智慧。由于生态相对脆弱，黄土塬上缺乏相应的木材，因此传统的木架营建在这里没有发展的空间。相对而言，最为普通的黄土却给当地人舒适的生活空间。

黄土塬上的下沉式窑洞聚落由于地势相对平坦，其村落发展的限制因素相对较少，因此村落的形态也相对集中，这符合生产力低下的社会聚居需求。随着村落人口的增加，村落的规模也向外部扩散。农耕社会里农业生产是村民经济的主要来源，出于耕种的方便，下沉式窑洞聚落居住区往往位于村落中心区域，在其外围分布村落的农业耕地，形成生产空间包围生活空间的模式，这点类似于平原地带的普通房屋聚落。但原有窑洞聚落里没有类似传统房屋聚落里明显的街巷空间，整个村落的内部路径也相对自由，没有明确的方向性。这类村落主要有庙上村、庙后村、北营村等（图2-4-2）。

2. 靠崖式窑洞聚落

靠崖式窑洞聚落顾名思义是以有靠崖式窑洞为主形

图2-4-2　三门峡陕州庙上村（来源：王晓丰 摄）

成的窑洞聚落类型，主要分布在河流水系沿线的浅山、丘陵地带，一般是沿着冲沟、山坡呈现线形分布，靠崖式窑洞聚落主要分布在巩义偃师地区，尤其是邙山山岭区域。对于一些山势较高而且坡面相对平缓的区域的窑洞聚落，聚落的形态不仅呈现水平的线形分布，而且还呈现上下的分层布局。由于地形地貌的影响这些窑洞聚落形成了与山体地貌融为一体的景象。由于地形限制，能够开挖窑洞的垂直面分布不均，靠崖式窑洞聚落形态相对于下沉式窑洞村落更加分散。

靠崖式的窑洞村落细分又分为河流冲沟型和临河山地型两种类型。河流冲沟型靠崖式窑洞村落沿着沟壑崖壁走势在水平方向上不断发展，但随着窑洞村落人口的增长以及村落沟壑范围的限定，村落无法沿着沟壑无限延伸发展，因此窑洞的布局会依靠台地在垂直方向上呈退台式层层分布，形成竖向台阶式空间结构。临河山地型靠崖式窑洞村落主要依山体等高线而建，多形成背山面水的空间格局，两者都是以缓坡式道路连接每层台地。每个窑院由围墙和宅门作为与村落外部的分界线，但从窑顶的上层台地可观望到下层院落的院内空间。由于窑院前空间有限，耕地生产区一般分布在沟顶，水源分布在沟壑底部。村民活动轨迹多穿梭于沟顶耕地区、沟壑崖壁间窑院生活区以及底部水源区，三点一线呈垂直形式。

3. 混合式窑洞聚落

混合式窑洞聚落主要分布在黄土塬边及沟壑边缘，村落发展的早期往往以靠崖式的窑洞形式为主，这是由于相对于在黄土塬上开挖下沉式的窑洞，依靠黄土沟壑的垂直黄土壁开挖窑洞更为便捷，而且能够在平坦的黄土塬获取更多的耕地。混合式的窑洞村落由于其地形地貌的特殊性，村落的发展沿垂直和水平两个方向相结合。这类村落多是以沟壑边作为村落发展起点，沿沟壑的一条台地进行分布，随着人口的增多，逐渐向垂直的沟壑台地及塬上地区发展，沟壑边分布靠崖院，塬上分布下沉式窑院。例如魏家坡村，由于家庭人口的增加以及经济条件的改善，有些村民就在自家的窑洞前面建起了房屋，形成窑房混合型的院落。

（二）生土聚落的特征

豫西窑洞村落都遵循着一个共同的原则，那就是因地制宜，村落与环境的和谐统一。豫西窑洞村落充分利用自然地形的变化，利用自然，因借自然，融于自然，创造出适宜人们生活的村落布局形式。特别是豫西地坑院窑洞，站在村落的地表，只见郁郁葱葱的乔木从窑院里伸出来，而窑洞就掩映在这些树木之间，整个村落就是整个环境的一部分，就像从这个环境中自然而然地生长出来一样。

1. 规模适宜，生态宜居

豫西地区的自然基础薄弱，环境承载力小，同时社会总体经济水平不高。因而，其乡村聚落规模、人口数量等方面均低于豫中平原地区。同时，受其地形地貌及窑洞的营造模式的影响，多采用自发式的营建，并没有统一的规划及管理。因此，其乡村内部空间结构较为松散、窑洞建筑分布自由。同时，受以家庭为单位的传统农业生产活动以及传统居住模式的影响，豫西乡村聚落的人均住宅面积较大，且有相当一部分被院落、晒谷场、牲畜圈舍和生产生活辅助用地等占用，闲置用地面积较大。而聚落内部并无完整的道路系统，只是通过自发形成的道路来满足基本的交通需求。同时，由于住宅用地、辅助用地、耕地、荒地等相互混杂，造成聚落形成较为模糊的边界。"依山为宅，藉崖为窑"是豫西地区窑洞民居营建的主要特点。为了获得充足的光照，豫西窑洞民居多具有向阳、向沟、向路的布局特征。

2. 环境营造，边界界定

边界是两个区域的交界线，相互起参照作用。对于聚落而言，主要分为两种类型边界，其一是在俯视视角下村落与周边环境所形成的平面界线；其二是在平时的垂直视角下所看到的村落中竖向轮廓与所在背景直接形成的竖向边界。

1）平面边界

在豫西传统窑居聚落中，平面边界主要分为有明显边界和无明显边界两类。无明显边界的村落主要是下沉式窑洞村落，村落会根据建设发展的需求不断向外部扩张，没有明确的边界限定。但有少数村落早期在村落周围建有边界，像陕州区窑底村下沉式窑洞村落，早期四周建有土城墙作为村落的边界，整个村落的发展具有很明显的内向性，较为封闭。后于20世纪70年代由于"文化大革命"将土城墙拆除，人口的增加使村落的形态开始向四周蔓延。

有明显边界的村落主要通过自然地形地貌和人工构筑的防御界线来划分区域：

（1）自然边界的村落主要利用地形地貌来"划分"村落的界线，将村落建在三面环沟的黄土塬边缘台地上，环绕的几十米深的沟谷就是村落天然的边界，也形成了村落天然的屏障。例如官寨头村，沿河谷阶地或冲沟建设的村落，冲沟结束的陡立崖壁就成为村落自然而然的边界。

（2）人工构筑的防御界线一般是村民为村落所建的寨墙边界，豫西传统的窑洞聚落中，很多都有人工建设的寨墙，都是在烽火战乱的年代为了防御而建成的一个封闭安全的小空间，有些村落甚至结合周围有高差的冲沟加建寨墙，形成更好的围合系统。

2）平面边界形态

从俯视视角下的二维平面来看，聚落的边界形状即表达了聚落的整体平面形态。在豫西传统窑洞聚落中，无明显边界的村落整体平面形态呈分散型散点式布局，多为下沉式窑洞聚落，由于塬面开阔，村落在营建时均为个体营建，并无统一规划，因此，整个村落的形态随着发展而不断向外扩张，无明显的边界形态。

有明显边界形态主要有以下几种类型：

（1）团状：这类村落一般在相对平坦的地形区域中分布较多，具有明显的边界，村落内部功能区域布局紧凑，建筑分布相对集中。这类村落四周发展相对均衡且中心感较强，没有明显的发展轴，因此这类村落平面形态的长宽比接近，村落中的建筑群多沿主要街巷或祠堂等村落中心分布开来。

（2）带状：带状村落通常是沿着某种线形要素呈带状延展开来，同时垂直于线形方向，往往受到某种要素的限制，村落的发展范围也因此受到局限而形成一条带状的形态。豫西带状村落往往根据自然条件因势而行，依靠山体、沟壑等自然要素逐渐形成沿沟壑陡壁毗连的线形布局形态。或者是在道路两侧，沿道路呈线形布局。

（3）其他：聚落边界的发展在受到某些因素（例如自然、交通、耕地条件等）影响时，通常会呈现出并不是某种特定的团状或者线状形态，表现为非典型性特征。其边界形态常常可以描述为近似于团状、线状的形态，以及两种或以上基本形状合成的形态。

3）竖向边界

村落的竖向边界通过近—远两种视距主要分为建筑轮廓线和天际线两种类型。天际线是建筑物、树木、山峦等以天空为背景所显现的轮廓。而在传统窑居聚落中，黄土塬的地形地貌控制并主导着天际线轮廓。无论是隐藏于地平线以下的下沉式窑洞，还是层层分布于台塬地势中的靠崖式窑洞，窑顶相连所形成的黄土台地是黄土塬地形地势的"真实写照"，人们顺应自然、合理利用自然条件的营造观，使窑洞建筑的尺度、色彩均与地形地貌融为一体。因此，对于豫西传统窑居聚落来说，"天际线"基本等同于"建筑轮廓线"。

3. 空间自由，路径灵活

豫西地区的乡村聚落多在山形地势、道路交通、河流水系等因素的影响下逐步演进。因此，在山形地势变化丰富的区域，多呈现在顺应自然因素的前提下自由、灵活的布局，并同道路的延伸方向相顺应的发展趋势。在地势平坦、自然条件较为优越的塬上地区，其村落的浅掩型空间同样具有自由、灵活布局的特征。

豫西窑洞村落的路径基本都是借助地理环境和居住空间自然形成的道路，具有较少的人为布置特征，主要呈两大类型特征：一种是无明显形态的路径，主要为下沉式窑洞村落面状路径形态；另一种是有明显形态的路径，主要为靠崖式窑洞村落路径形态。其中，根据村落所处沟壑大小和形状又分为带状线形、鱼骨形、树枝形、网状形。

1）无明显形态的路径

主要指黄土塬上的下沉式窑洞村落。路径形态呈一个面状空间，由每户窑顶连接而成。除了窑院所占据的空间以及村内后期修建的水泥主路外，其余空间均是可以自由穿梭的硬质土地，没有固定的铺装路径和行走轨迹，因此在雨雪天气后道路都是泥泞不堪。

聚落的下沉式窑洞院都处于地平线以下，每户窑院都是一个独立的单元，没有街巷空间的串联，通向下沉式窑洞院落的唯一路径是一条挖掘而成的半围合下沉式坡道，坡道两壁是土质或砌砖两种类型。村内道路的导向性不明确，每个下沉式窑洞院的坡道入口都有标识点，例如石墩、石磨或者栽植的大树等。

2）带状线形路径

主要有以下两种情况：

一是分布在小型冲沟中，利用冲沟的带状形状，将冲沟旁的阶地作为村内的主干道，沿地表河流两侧的崖壁布置窑洞，直接朝向主干道，从主干道可直接进入每户靠崖窑院。道路基本随着崖壁的走势而发展，可蜿蜒几公里长，临冲沟道路的一侧是靠崖窑院的崖壁或院落围墙形成的连续硬质界面，另一侧是可以看到沟谷的植被、麦田或是河流等。

二是部分有规制的合院式窑洞村落，利用有限的崖壁开挖靠崖窑，在窑前宽敞的土地上形成合院式建筑，由整齐排列的合院式建筑形成带状线形的街巷空间，作为村落的主要街道。这一条主街连接了村落所有的院落组成单元及主要功能区域，但整体街巷并非是一条笔直的线形，街巷空间会根据地势出现折线或锯齿线的转折空间。

3）发散型的"鱼骨"状或"树干"状路径

这类路径形态的窑洞村落，多分布于大型冲沟中，冲沟的形状多呈树枝状，由多条带状线形的小型冲沟组合而成，且沟头形状多呈楔状、巷状或掌状。因此，分布在这种地形地貌中的窑洞村落路径根据冲沟的形态，由一条主干道和多个分叉的支干道连接而成，支干道直接连接各个靠崖窑院落，借助沟壑的形态延伸开来，窑洞一般沿着"V"形沟壑崖壁密集布置靠崖式窑洞，这种路径形态在豫西靠崖式窑洞村落中非常常见，例如北窑村、窑底村等。

4）网状路径

网状路径的窑洞村落主要分布在山地地形中，依靠山体等高线形成村内的路径，就像网的脉络一样穿插在村落的每个角落中，虽然在主干道、次干道的尺度上有所差异，但人走在其中却很难区分出来，整个村落交通体系完整，形成主要道路—次要道路—宅院丰富的街巷空间递进关系。站在村落内部空间中，因山地等高线造成高低不同的地势差异，使窑洞前的建筑利用有限的地块见缝插针地建设。因此，形成了错落有致、宽窄兼具、一眼望不穿的街巷空间。

第五节 河南线形文化遗产聚落

聚落研究不仅是一些固定的点，如村镇和城市，这些点与点之间因交流、过往而形成的线路，有着深厚的历史积淀和文化内涵，使某些点具有了一定的内在关联和影响力，这就是所谓的"文化线路"。2014年，中国大运河、丝绸之路两条文化线路列入《世界遗产名录》。2019年，"万里茶道"列入《中国世界文化遗产预备名单》，沿这些文化线路形成了具有鲜明特色的线性文化遗产聚落。

一、万里茶道河南段传统聚落

（一）万里茶道的形成与价值

1. 万里茶道的起源

"万里茶道"又称"茶叶之路"，是指从17世纪后半叶起至20世纪二三十年代中国茶叶经陆路输出至俄罗斯等国的贸易路径。"万里茶道"全程超过10000里，其起点一般被认为是福建武夷山下梅村。茶道从下梅村起始之后经江西、湖南、湖北、河南、河北、山西、内蒙古向北延伸，穿越蒙古戈壁草原，抵达时为中俄边境的通商口岸恰克图，然后由东向西延伸横跨西伯利亚，通往俄罗斯圣彼得堡。"万里茶道"是中国东方文化和农业文明西输的重要载体，是继"丝绸之路"之后在欧亚大陆兴起的又一条国际商道，在世界文明发展史上具有重要地位。"万里茶道"沿线名城、名镇、名村众多，展现经贸、宗教与不同族群迁徙交流活动的线路主体以及相关设施景观和可移动文物也有所保存（图2-5-1）。

万里茶道的形成有历史与贸易的诸多原因。

其一，明清两代，官场变幻莫测，士林惨祸迭出，促使山西俊秀之士"多入贸易一途"。

其二，明清两代，北方军事态势为晋商崛起提供了得天独厚的"小气候"。朱明王朝为了确保长城沿线的安全并把蒙古势力摒于漠北，特设九边镇，驻屯80万

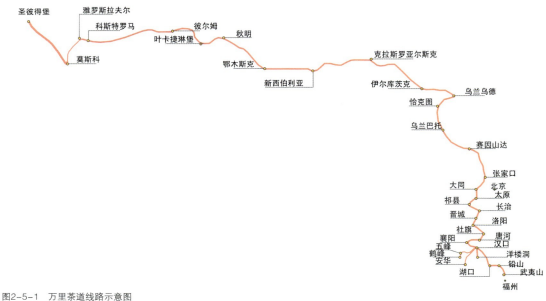

图2-5-1　万里茶道线路示意图

兵丁。这条沿长城由东向西苦心经营的"九边"防卫体系，不仅构成了明王朝抵御蒙古族铁骑的塞北防线，而且形成了一个巨大而又颇具魅力的经济消费区。

其三，与清廷实行"摊丁入亩"所造成的人口暴增也有一定关系。急剧膨胀的人口使贫瘠的土地已难以"承载"。

中俄之间通过"万里茶道"进行的茶叶贸易在19世纪20年代达到顶峰。然而，随着第二次鸦片战争带来的水路通商口岸的开放，陆路茶叶贸易受到了严重的打击，十月革命之后，苏维埃政府也为了遏制茶叶贸易带来的巨大贸易逆差而对此多行限制与打压。时至20世纪20年代，中国陆路最大的茶叶贸易商号大盛魁黯然关张，宣告了"万里茶道"无法挽回的没落。

2. 万里茶道的线路价值

跨中国、蒙古、俄罗斯三国的"万里茶道"展现了在近300年时间里东方农业文明、草原文明以及西方工业文明之间的交流与碰撞。"万里茶道"沿线的文化遗产见证了茶道商旅对古代亚欧国际贸易的贡献，同时也反映出多种文明彼此间的影响与融合，展示出显著的人类价值交换。这些人类价值的交换充分体现在"万里茶道"沿线商贸城镇规划、会馆、桥梁、码头、茶叶加工厂、宗教及民用建筑等文化遗产之上。

"万里茶道"还是人类与环境之间相互作用的一个杰出见证与典范。"万里茶道"跨越包括农区和牧区、水路与陆路、平原与山地、丘陵与戈壁等多种自然地形地貌区域，充分反映了不同民族的人类群体对于不同自然环境的适应和利用方式。位于其沿线迥异自然与人文环境之下的城镇、道路、关驿、转运设施和宗教建筑等也反映出人类与自然环境间的相互作用。

在中国，"万里茶道"的发展史几乎与中国历史上的最后一个封建王朝清朝同步，与中国封建王朝走向衰落过程中的对外贸易史、军事史、农业发展史、科学技术史、农民运动史等历史相交缠，"万里茶道"的文化遗产在很大程度上成为这些历史发展的见证。

"万里茶道"纵贯亚欧大陆多民族地域，是人类长距离贸易活动和文化传播的典范，是世界茶文化史中重要的一页，代表了中国文化和平输出的一段重要历史。

（二）万里茶道河南段的聚落分布和路径

1. 万里茶道在河南的路径

河南在整个商业通道中处于水陆交通转运及平原向山区过渡的中心地带，是整个贸易的交通枢纽和货物集散中心。明清时期，茶商由湖北买入茶叶经河南穿越太行山，运至恰克图，又从恰克图换购毛皮，运至内地，再到湖北采买茶叶，一来一回赚取双份利润，河南的地理位置及便利的古代交通体系为其提供了多条选择。由水路进入南阳赊店镇之后，便有多条陆路供茶叶的运输。张亚兰《行商遗要》释读与研究一书中根据对《行商遗要》的研读分析，总结出河南段四条线路：大西路、西路、东路（陆路）、东路（水路）。然而，这些线路只是"长裕川"一家商号的行商路线，其余众多商号已无专门的文字记载，仅可从一些碑刻、遗址中窥得一二。从《行商遗要》中已经可以看出买茶与卖茶并不会走同一条线路，买茶的同时可能承担着运送毛皮等商品到各地分号的目的，线路更为复杂（图2-5-2）。

2. 万里茶道河南段沿线的聚落分布

万里茶道河南段大西路沿线聚落主要包括，新野、南阳、鲁山、半扎、汝州、洛阳、新安、义马、渑池、三门峡；西路沿线聚落主要包括，唐河、源潭镇、赊旗镇、方城、保安镇、旧县、叶县、郏县、汝州、洛阳、孟津、轵城镇、沁阳、山王庄、常平乡；

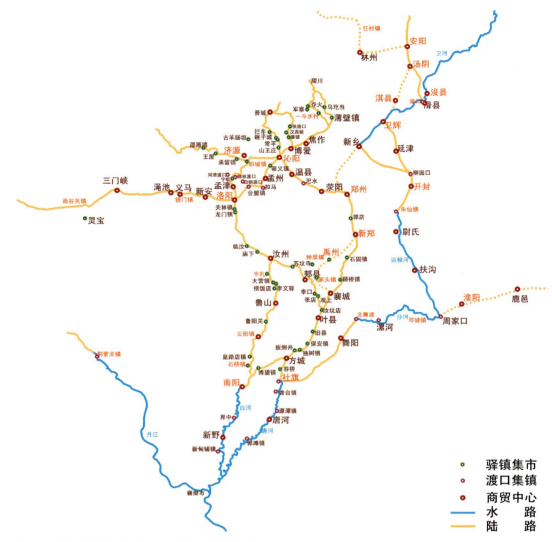

图2-5-2　万里茶道河南段线路示意图（来源：任玉冰 绘制）

东路（陆路）沿线聚落主要包括，唐河、源潭镇、赊旗镇、方城、保安镇、旧县、叶县、襄城、石固镇、新郑、郭店镇、郑州、荥阳、汜水、温县、沁阳、山王庄、常平乡；东路（水路）沿线聚落主要包括，唐河、源潭镇、赊旗镇、舞阳、北舞渡、郾城、漯河、周家口（周口）、扶沟、尉氏、朱仙镇、开封、延津、卫辉、道口、浚县。其中，西路、东路（陆路）穿越太行山的路径除了前边所述太行陉之外或走轵关陉（经轵城镇、承留镇、封门口、王屋进入山西），此外东路（陆路）过郑州后或北上经新乡、卫辉、淇县、汤阴、安阳进入河北。

万里茶道河南段沿线聚落包括明清河南府城南阳（南阳府）、洛阳（河南府）、开封（开封府）、安阳（彰德府）；明清商业重镇赊店镇、北舞渡、周家口、朱仙镇；交通要道及关口孟津、方城、襄城、叶县、郏县、鲁阳关、轵关、荆紫关（表2-5-1）。

万里茶道河南段沿线的重要节点　　　　表2-5-1

序号	聚落名称	聚落特点	聚落形态（1969年）	聚落形态（2019年）
1	赊旗镇	赊店古镇依托潘河与赵河两条河流环抱而建，其水陆码头是连通南北的交通重镇，聚落形态因势而就，南侧沿河岸线呈不规则形态		
2	北舞渡	北舞渡临水建成围寨式城郭，设九门九关、七十二条街、三十六隔门依水运便利		
3	周家口	明代初期仅在沙河北岸有子午街一条街，居民数家。开通沙颍河漕运后，清雍正年间扩充到沙河北岸，道光年间，停泊往来船只的码头埠口有6个		
4	朱仙镇	缘起于屯兵卫戍，初始为军镇到市镇，运粮河疏通后，沿河岸两侧轴向发展		
5	南阳	沿河筑寨、据险设防，"梅花城"的城池格局，多重城墙防御设施，形成内城、外城以及四个关城		

续表

序号	聚落名称	聚落特点	聚落形态（1969年）	聚落形态（2019年）
6	开封	内外双城，汴河、蔡河、五丈河、金水百河"四水灌都"，城内网格式布局，以中山路为轴		
7	洛阳	总体空间结构为"四隅四关"，城外有月城，称东、西、南、北四关，内城由东西向和南北向的两条主街形成十字结构	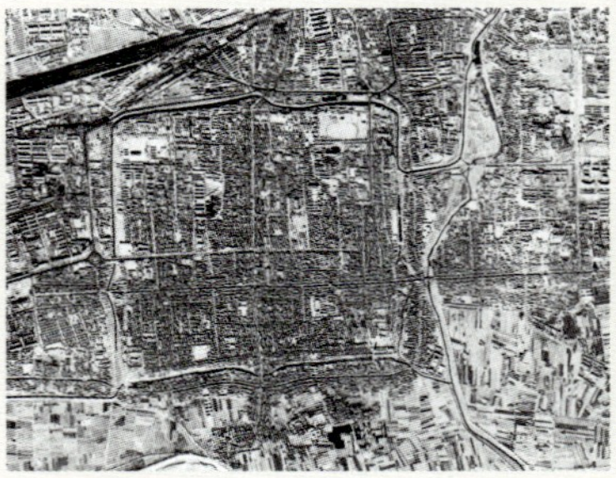	
8	叶县	南襄故道重要节点城市，沿明清街为轴发展		
9	郏县	南北、东西交通要冲，以东、西、南、北大街为轴的城市格局		

（来源：参考1969年卫星图，李广伟 制）

（三）万里茶道河南段沿线聚落类型和特征

1. 聚落的类型

按照聚落在茶货运输及贸易中所处的位置将沿线主要聚落分为三个类型，分别是转运枢纽型、集散中心型、交通要道型。转运枢纽型，即茶货运输过程中的转运枢纽，包括赊旗镇、北舞渡、周家口、朱仙镇；集散中心型，即交通运输发达、政治商业繁荣、货物集散能力强的中心城市，主要是南阳（南阳府）、洛阳（河南府）、开封（开封府）、安阳（彰德府）；交通要道型，即茶货运输中途经的在交通要道及关口的聚落，包括孟津、方城、襄城、叶县、郏县、鲁阳关、轵关、荆紫关等。

1）转运枢纽型

（1）赊旗镇（社旗县）

赊旗镇又名赊店、赊旗店，位于河南省西南部的南阳盆地。赵河、潘河在该镇交汇后入唐河，由唐河南下至樊城转汉水可直抵汉口；由赊旗北上，陆路经裕州（今河南方城）有驿道通洛阳、开封以及山西、陕西；东北行由舞阳县北舞渡入沙河抵周家口，转贾鲁河北上可达开封，顺汴河东下则进入安徽。故清光绪《南阳县志》卷三《建置》有言：赊旗"地濒赭水，北走汴洛。南船北马，总集百货"。山陕会馆《创建春秋楼碑记》亦称："镇居荆襄上游，为中原咽喉"。

（2）周家口（周口）

清代周口商业的繁荣，主要得益于其地理条件。颍河、沙河与贾鲁河在该镇交汇，东南流入淮河而达于江南。贾鲁河，俗名小黄河，发源于开封府新郑县（今新郑市），经朱仙镇过扶沟县东北，汇溱、洧二水，由西华县毕家口入淮宁境，经刘家埠口、李方口、彭家埠口，下至周家口入沙河（注：清乾隆《淮宁县志》卷二《河渠志》）。颍河发源于河南府登封县（今登封市），由禹州、许州，经临颍入西华县，至周家口与沙河合流，东南流入安徽境；沙河发源于汝州之鲁山县，至郾城与汝水合，至周家口与颍水合，自此沙河即颍水（注：清雍正《河南通志》卷八《山川下》；民国《太和县志》卷三《水利志》）。这三条水道在周口交汇后，东南流经沈丘县入安徽太和境，"迳界首集、税子铺、旧县集……出阜阳界牌集，至颍上八里垛达于淮"（注：民国《太和县志》卷三《水利志》），再经由运河而达江浙。周口因此成为茶货运输的重要转运枢纽。

（3）北舞渡

周口位于淮河上游支流颍水之畔，赊旗位于汉水上游支流唐河沿线，都是河南商货往来的重要转运码头。清乾隆年间县令丁永琪有言，北舞渡"因水陆适中，停泊投憩，秦晋吴楚商货往来，陆行者易舟，水行者易车"。陆行易舟，水行易车，北舞渡正是一个以货物转运为主的水陆过载码头。作为周口与赊旗两大商镇之间的水陆过载码头（图2-5-3）。

（4）朱仙镇

朱仙镇在经济上的崛起，与明代中叶贾鲁河的修浚密切相关。贾鲁河发源于开封府荥阳县（今荥阳市）经朱仙镇过尉氏、扶沟、西华等县。至周家口与颍水合流，东南入安徽境，于颍州府正阳镇入淮河，是一条沟通河南与江淮的通航水道。明隆庆年间刊行的商书张《天下水陆路程》记有从淮安至开封的水路。这条水道由淮安经洪泽湖入淮河，经凤阳府、寿州至正阳关纳税后入颍河，溯颍河西北行，经颍上、阜阳、太和等县入河南，再130里至周家店（即周口），从周口转贾鲁河北上200里至朱仙镇，在朱仙镇起车，陆路40里至开封。明万历年间的奏报称："今自正阳至朱仙镇舟楫通行，略无阻滞"（图2-5-4）。

2）集散中心型

（1）南阳

南阳是"中原要冲"，它西控秦关，南定荆楚，北拱神京。历史上，没有哪一个战略家会把目光从这只"碗"上轻易滑过。由于其重要的地理条件，自古便有较高的政治、军事地位，随着跨区域商业贸易的不断发展，其经济地位愈加重要。明清时期，万里茶道的开辟，为其商业以及城市的发展注入了很大的动力。

（2）洛阳

洛阳是中国六大古都之一，东汉、北魏曾为国都；隋、唐两代建都长安，洛阳为陪都，又称东都。它不仅是政治中心，也是繁荣的经济都会。此后，由于政治地

图2-5-3 北舞渡山陕会馆牌坊（来源：郑东军 摄）

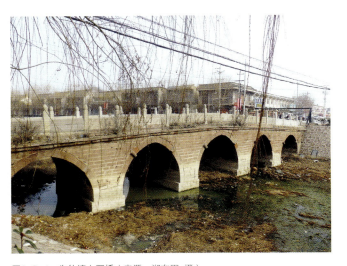
图2-5-4 朱仙镇大石桥（来源：郑东军 摄）

位的丧失，洛阳城市经济明显衰落了。清代随着区域经济的发展和地区间商品流通的扩大，洛阳商业有了较大的发展。清道光年间的记载称："东都四达之府，西接崤函，北望太行，为秦晋门户，两省懋迁之畴盖萃于兹"（《东都山陕会馆碑记》）。

（3）开封

开封是中国六大古都之一，北宋时人口超过百万，是世界首屈一指的大城市，它不仅是政治中心，也是繁荣的经济都会。明清两代开封为河南省城，其城市规模与繁荣程度虽不能与昔日的国都相比，但其依然是河南的政治经济文化中心。明代的开封，城周20里，"为街者六十有九，为巷者五十有六，而胡同则四十有二"，共计街巷、胡同160余条。清代中叶是开封商业的发展时期，这从各地商帮在开封所建的众多会馆明显可见。清光绪《祥符县志》卷一《实测县城图》中标有十几座会馆的位置，计有：浙江会馆、山西会馆、江苏会馆、安徽会馆、江西会馆、两广会馆、两湖会馆、山东会馆、八旗会馆（又名直奉会馆、冀宁会馆），以及天后宫（即福建会馆）、覃怀祠（即怀庆会馆）等，都属地域会馆；炉食会馆、盐梅会馆则为专业会馆。

3）交通要道型

（1）荆紫关

荆子关，又名荆紫关。该镇西北与陕西商南县相邻，西与湖北郧县接壤，"界连秦楚，水陆并通"，地理位置十分重要。荆子关镇位于淅川城西北120里，临丹江。丹江发源于陕南山区，经商州、龙驹寨入河南境至荆紫关，再东南流至湖北光化之小江口入汉水可直下汉口。清末的记载言：荆子关"水陆绾毂，商贾辐辏，繁盛甲于全境"（图2-5-5）。

（2）郏县

郏县位于南北向宛洛古道与东西向通往许洛、汴洛的古道交会之地，南临汝水，交通便利。明清时期，中俄万里茶道开辟，郏县凭借其交通要道的地理位置，向南可至南阳府，向北经汝州通往洛阳。因此，商贸繁荣，商人云集。

（3）半扎

半扎地处汝州城南17公里，处伏牛山余脉，属浅山丘陵地区，是万里茶道汝州段的重要节点。半扎的发展体现了鲜明的由农耕型村落向农贸型村落发展的特征，其中万里茶道的兴盛以及茶商马队的驻扎起到了关键的作用。半扎由于地处宛洛古道支路三鸦道，且处

图2-5-5 荆紫关关门（来源：郑东军 摄）

图2-5-6 半扎石桥

于大营和汝州两个较大节点之间，随着万里茶道和宛洛古道的交叠，茶商马队在此休息驻扎，故称为半扎（图2-5-6）。

2. 聚落的空间

1）因商道而生的聚落——赊店镇

万里茶道河南段沿线因商道而生的聚落主要是地处交通要冲，茶货转运枢纽位置的商贸型聚落，在命名上的特征如驻马店、赊店等，以"店"命名，万里茶道河南段沿线最具代表性的便是赊店镇。这类聚落空间主要以交通线或商业街为轴线展开。

赊店古镇由于位于潘、赵两河的环抱之地，造成了古镇临水布置街道的空间形态。首先，古镇选址在交通方便、用水便利的河岸，最初在近水沿河处分布着几个孤立的店铺；然后，店铺逐渐沿着河岸发展，连接成线形的商业街；接着向北拓展，出现了垂直于河岸的各条街道（启文街、石门街），为了加强各街道彼此间的联系，以及随着古镇物资、文化交流的不断扩大，与河岸平行或垂直的各个街道空间逐步形成，最终使得古镇的空间布局结构趋于完善（图2-5-7）。

赊店的街巷主要由瓷器街、铜器街、福寿街、豆

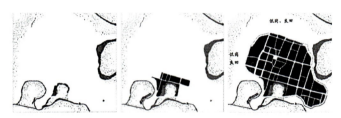

明朝初年—永乐年间　　明朝永乐之后—清朝雍正　　清朝雍正—咸丰年间

图2-5-7 赊店古镇空间形态变化示意图

腐街、骡店街等72条街巷所构成，这些街巷最窄的仅2米，最宽的14米，最短的65米，最长的达431米。赊店的街巷空间布局是以线状和面状两种形态为主（图2-5-8、图2-5-9）。

典型的线形空间街道如西阁外街—西阁内街—老街—关帝庙街—长春街—平安街—安乐街—东裕街；启文街—南瓷器街—北瓷器街—永庆街—南三皇庙街—北三皇庙街；北马神庙街—南马神庙街—福寿街—石门街等，这些街道在单独分开时所呈现的空间形态是线状的，合并在一起就构成了古镇街巷的整体性面状空间布局。并且这里的每条街道是相互联通的，构成网状，交通快捷方便。这些街道不仅是古镇的交通空间以及商业交流的空间构成，同时也是古镇居民日常生活交流沟通的场所，是人流集散的流通空间，促使其拥有非常强大的社会联系功能。街巷空间的

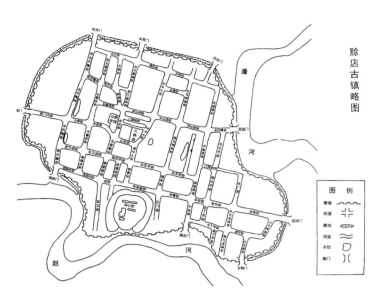

图2-5-8 清末赊店图略

图2-5-9 1969年赊店镇卫星图（来源：美国地质勘探局网）

演化就像树的生长过程一样："根—主干—次干—分支—叶"，体现出了古镇是先由"点"发展到"线"再演化为"面"的过程。赊店古镇的街道不只是把古镇划分为细小的块面，同时也使古镇的线状空间与块面空间结合得更紧密；巷道是街道的延伸部分，分布在各街道之间，成为街道的组成部分。

2）因商道而兴的聚落——周家口

万里茶道河南段沿线因商道而兴的聚落主要是地处交通要冲，茶货转运枢纽位置的农耕商贸混合型聚落，通常以"口""关""驿""铺"等命名，万里茶道河南段沿线最具代表性的便是周家口（现周口）、荆紫关、博望驿（现博望镇）、保安驿（现保安镇）、石固驿（现石固镇）、郭店驿（现郭店镇）等。除此之外，还有处于交通冲要的北舞渡、朱仙镇、半扎古镇（半路驻扎食宿之意）等。这类聚落空间主要呈现不断向交通线靠拢并以交通线（河道或街道）为轴发展的态势（图2-5-10）。

明嘉靖六年（1527年）贾鲁河全线疏浚，沙河、颍河与之在周家口交汇。明隆庆四年（1570年）徽商黄汴所著《天下水陆路程》地图上最早出现周家口名，记载周家口北上朱仙镇水路："周家口15里，李方店30里，西华120里，李家潭40里"。而从周家口沿沙颍河上溯可达北舞渡进而连通南阳府，沙颍河下行突破省界，连接淮河入运河，漕道达至江浙。商路随漕运延展，南北货物逐渐集散于此，商人纷至沓来，腹地广拓，周家口兴起。

周口的兴起约在清康熙年间，周口南、北两座山陕会馆都是清康熙中叶创建的。据清顺治《商水县志》记载："周家口，在沙河南岸，明代居民不过百家"；永宁集，位于沙河北岸"东西五里，南北二里，商贾辐辏，称巨镇云"（注：清顺治《商水县志》卷二《舆地志》）。此时的周家口和永宁集还是两个各自独立的集市。清康熙《陈州志》"乡村集镇"条将周家口列为"新兴"集市，而不载永宁集（注：康熙《续修陈州志》卷一《乡村集镇》），估计此时周口的发展势头已超过永宁集。清乾隆《商水县志》记载：周家口集"旧在沙河南岸，仅有子午街一道，居民数家。国朝治平百年以

图2-5-10 因商道而兴的聚落1969年卫星图（来源：美国地质勘探局网）

来，人烟聚杂，街道纵横延及淮宁境，连接永宁集，周围十余里，三面夹河，舟车辐辏，烟火万家，樯桅树密，水陆交会之乡，财货堆积之薮。北通燕赵，南接楚越，西连秦晋，东达淮扬，豫省一大都会也"（注：乾隆《商水县志》卷一《舆地志》）。清嘉庆、道光年间，周口镇内商船停靠的码头埠口计有上齐埠口、下齐埠口、大渡口、小渡口、新渡口、王家埠口等六个（注：道光《淮宁县志》）（图2-5-11、图2-5-12）。

3）政治中心型聚落——南阳

万里茶道河南段沿线的政治中心聚落包括南阳、洛阳、开封、安阳、沁阳、方城、叶县、襄城、汝州、新郑、郑州、扶沟、鲁山、漯河、淇县、汤阴、延津、卫辉等州府县城（图2-5-13）。

其中，南阳受通商水路影响最大。在以水运为优势交通方式的历史时期，水系的航运功能促进了城市的发育。所连接的荆襄大道水运航程为"中古时代南北天然水运航线上最长最盛者"。由白河自南阳城北上，船只可抵达今南阳市北五十里的石桥镇。沿南阳城顺流南下至襄阳入汉水，可沟通汉水乃至长江各支流的航线，"唐白河、滚河、清河之水由此至白河咀入汉，往来行船夹岸停泊，商贾云集"。加上淮河流域可通航的叶县、舞阳、泌阳三县历史上曾属南阳府管辖，故有"推

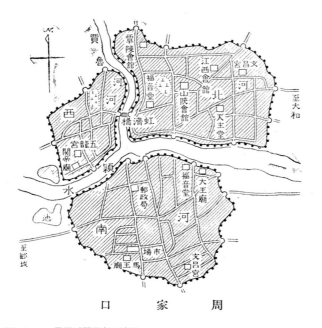

图2-5-11 民国时期周家口城图

图2-5-12 1969年周口卫星图（来源：美国地质勘探局网）

淮引湍、三方是通"之说。

清代后期，南阳当地军民为避免战争波及，修筑了以内城为中心，城关四寨为附属以及内、外城壕的多重城防体系——"梅花城"。其中，作为最外围防御设施——城壕的修筑，就充分利用了古城周边的白河及其支流梅溪河、温凉河的城市水系（图2-5-14、图2-5-15）。

明清时期南阳盆地的社会经济得到了恢复与发展，盆地内市镇经济出现较为繁荣的景象。从"梅花城"的城市形态上可以看出，人口的集聚，市场规模的扩大，古城逐渐形成了多个"关厢城厢"。这些"关厢""城厢"基本都是以内城的四个城门为基点，沿城市与周边地区的水陆干道，实现城池在东、西、南、北四个方向上的扩张。然而单就陆路交通而言，"梅花城"的四城寨同样由内城主干道路向外延伸而形成。一般情况下，四城寨应均衡发展，规模相当。但事实并非如此，四城寨中，西关"永安寨"周长约1500米，与北关"人和寨"周长约1800米，规模相当；南关"淯阳寨"周长约2700米，与东关"万安寨"周长约2900米，规模相当。东、南二寨的规模约是西、北二寨的两倍。且从形态上，西、北二寨近似为传统的矩形，东、南二寨则呈现出沿白河及温凉河发展的不规则形，究其原因，主要与白河的天然水运交通有着直接的关系。

（四）万里茶道河南段沿线建筑类型和特征

1. 会馆建筑

会馆是中国传统建筑中十分独特的类型，它产生于明末，兴盛于清中晚期，衰败于民国末年，前后不过三四百年时间。各地商人以手中的金钱作为武器，利用自己雄厚的经济实力，从"公车试馆"中分离出来，聚资兴建恢宏壮丽的会馆，一方面向社会展示其强大的经济实力，另一方面求得社会大众的心理认同，而且为今世留下了众多辉煌精美的建筑遗产。

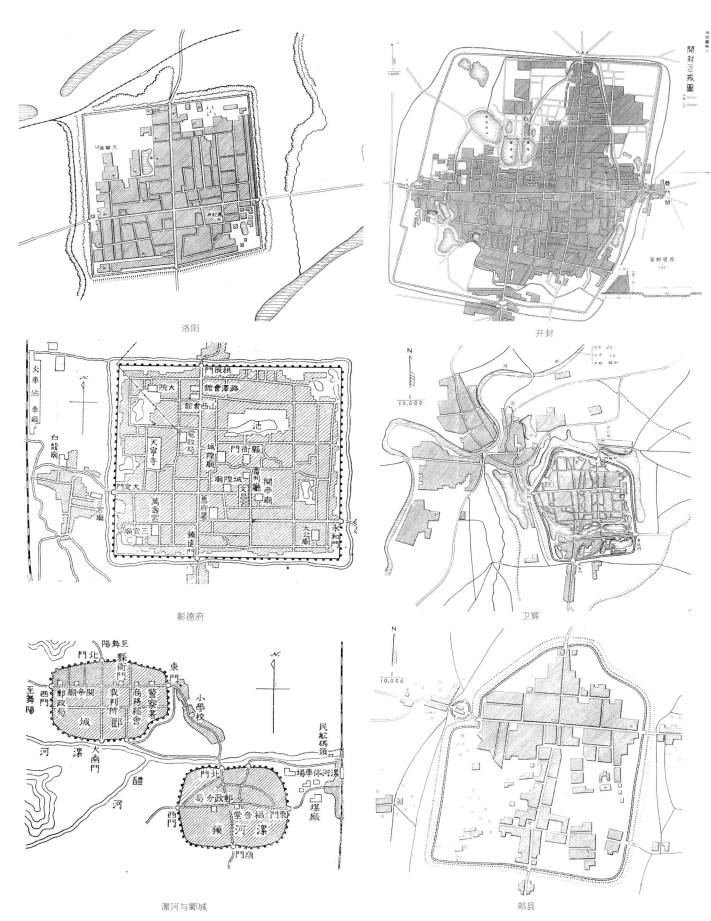

洛阳

开封

彰德府

卫辉

漯河与郾城

郏县

图2-5-13 政治中心型聚落空间结构（来源：李广伟 整理）

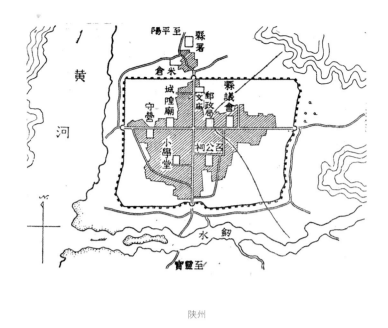

图2-5-13 政治中心型聚落空间结构（续）

图2-5-14 清光绪年间南阳四关图

图2-5-15 1969年南阳卫星图（来源：美国地质勘探局网）

1）选址与布局

（1）选址

建筑的分布决定了建筑所处的大环境。一部分山陕会馆建造在较大的府城中，如开封的山陕甘会馆、洛阳的潞泽会馆等。其他大多建造在交通便利的县、镇等，如南阳社旗的山陕会馆、舞阳山陕会馆等。这些会馆多选址在经济繁华的区域。一些州县如今看来规模和繁华程度并不起眼，但从历史的角度来说，情况大相径庭。而选址则决定了山陕会馆所处的具体小环境，建筑小环境直接影响了会馆的平面布局与空间形式。山陕会馆的基本发展历程可以简单概括为：从"庙"到"馆"，从"馆"到"市"。有很多的山陕会馆建筑并非是平地而起，而是在原有建筑的基础上加以改建，主要包括借庙为馆和借宅为馆两种不同的方式。

借宅为馆也是一种典型的山陕会馆创立的模式。开封的山陕甘会馆，其原地为明代开国元勋中山王徐达的裔孙奉命修建的徐府旧址。徐府的地理位置适中，其东北为布政使司衙门，其西为按察使司衙门。其东为专管黄河的河务道台衙门，利于与各官府联系。开封山陕会馆后有甘肃商人加入，故最终成为山陕甘会馆。

除了借庙为馆，借宅为馆，还有一部分山陕会馆是专门新建的，例如洛阳山陕会馆。洛阳山陕会馆的选址位于洛阳市九都路南侧（原老城南关马市东街），南临洛河，靠近洛阳老城南关的水旱码头。另外，在河南周口，山陕商人先后在沙河的南岸与北岸都建立了会馆，而沙河是当时主要的水上交通要道。值得一提的是，社旗山陕会馆位于南阳社旗镇中心，南对当年最繁华的瓷器街，北靠五魁场街，商人云集，东邻永庆街，西伴绿布场街。社旗镇共有72条街巷簇拥，景象繁荣。可以说，比起前两种建立山陕会馆的方式，新建的山陕会馆更加注重建筑周边的环境对商业的利益。

总之，建筑所在基址的交通情况，是山陕商人首要考虑的问题。山陕商帮在选择山陕会馆的基址上除了考虑交通问题对于商业的需要，更是为了联络到更多同乡加入到这个商业团体中来。

（2）布局

中国古代建筑体系中的布局有其自身共同特点，关帝庙和山陕会馆作为体系中的一部分，一方面继承了中国古代建筑布局的共性；另一方面，由于关帝庙和山陕会馆的文化纽带联系，彼此也产生了共性。布局总体特征，首先，表现在其均有中心轴线以及明确的序列感和仪式感；其次，它们均以院落为单元体展开，建筑单体围绕院落布置；再次，关于建筑的功能布局，如何在建筑的序列感和院落中铺展开来。建筑布局的空间则按建筑的使用功能分为前导空间、观演空间、祭拜空间和生活空间，这些空间以院落为主体展开，关帝庙和山陕会馆在这些公共空间的功能使用上侧重点略有不同，但总体来说基本保持一致。

总之，建筑的平面布局离不开建筑所处的环境、建筑的使用功能以及使用者自身的审美喜好，关帝庙和山陕会馆的平面布局完整地体现了这三点（图2-5-16）。

2）装饰与细部

山陕会馆的装饰遍及建筑的各个部分，既包括柱础、额枋、照壁等极为显眼的地方，也包括一些极少人会注意的细节，例如在开封山陕会馆的戗脊侧面，也雕刻有精美的卷草花饰砖雕，由此可见，山陕会馆建筑多被全方位地覆盖了装饰。在几百年后的今天，这些雕刻依然能成为现代雕刻艺术的楷模，不仅得力于雕刻技艺的精湛，还得力于装饰题材的丰富性。从整个中国古代建筑的装饰题材来说，种类十分繁杂，可以说达到了包罗万象的地步。从日月星辰到万物生灵，从山川河流到花卉树木，从现实动物到想象瑞兽，从存在实体到传说故事，无不包含在内。山陕会馆的装饰题材最能反映这一建筑类别的文化精髓，如表2-5-2所示。

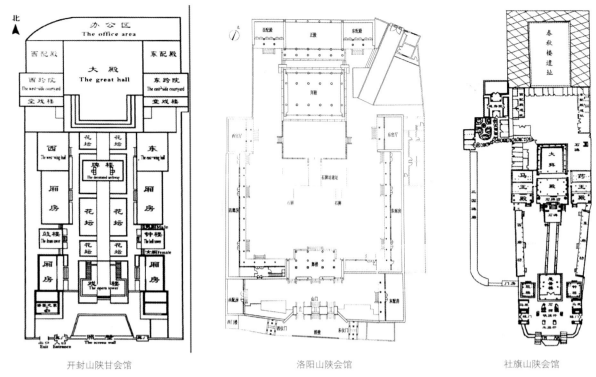

图2-5-16 山陕会馆平面布局

2. 传统民居

中原地区传统民居的两大类型是合院式民居与窑洞民居。豫北、豫东地区大部分为平原，建筑形式以合院式为主；豫西位于黄土高原的边缘地带，建筑形式有合院式民居和窑洞民居；豫南、豫西南由于是南北文化的过渡交融地带，因此建筑形式不仅有中原合院式民居的特点，也有川黔山地民居的特点。中原地区境内还有山区、盆地，这些地区的民居在建筑形式上和材料使用上有明显的地域特征。

贸易和往来促进了文化的交流和交融，这样的交流与交融也体现在传统民居特殊的营建技艺和构造形式上，成为文化线路的见证。

1）撑拱

关于"撑拱"我们可以这样来定义，它是指一种檐柱外侧支撑挑檐檩的斜撑构件，类似于一种简单的三角斜撑，其上部是由柱子伸出的琴枋承托挑檐檩，有时也会针对结构或构造上的特殊需要而在琴枋上增加坐斗或替木，更有甚者，为了增强其装饰效果而在琴枋前端增置刊头的做法，下部则与檐柱相连（交接处有时还增加梁托或丁字拱以增强其结构的强度），主要起支撑屋檐的作用，从而使外挑的屋檐达到遮风避雨的效果，又能将其重力传到檐柱，使其更加稳固。

2）低梁高瓜柱

低梁高瓜柱是当地人为了增加住宅的可利用空间，在五架抬梁式基础上，大幅增加背瓜柱高度的做法。五架梁插在前后檐墙的中部，在其上棚板，从而形成夹层作为储藏空间。这种房屋在外观上仍是普通的单层建筑，但内部却有两层使用空间，充分显示了当地百姓为满足需求而灵活运用传统形制的聪明才智。

山陕会馆与关帝庙装饰特征

表2-5-2

分类	描述	照片
动物装饰	吉祥图案是中国传统建筑广泛运用的装饰要素之一，主要围绕福、禄、寿、喜及其他吉祥寓意主题，而动物装饰又是吉祥图案中运用较为广泛的种类。这些动物包含了真实存在的动物，包括蝙蝠、山雀、鸳鸯、喜鹊、狮子、梅花鹿等，还包括龙、凤、麒麟等传说中的动物。还有很多雕刻题材将动物与其他物品或者植物相结合，如"狮子滚绣球""麒麟梅花鹿""鸳鸯荷花""山雀玉兰"等	开封山陕甘会馆照壁"龙与蜘蛛"
植物装饰	取材广泛，大多以连续重复的形式出现在跨度较长的建筑构件上，如屋脊、额枋等，并且这些装饰的重复将较长的跨度分为若干等分，花纹之间也小有区别，即便是重复的花纹也不显得枯燥和乏味。植物装饰有的非常具象，从形式到色泽都十分具象；而有的植物装饰则比较抽象，如开封山陕会馆中枋上的植物雕刻，形成较强的韵律感和序列性	开封山陕甘会馆木雕局部
人物装饰	人物装饰在中国古代建筑装饰艺术中也较为常见，一般以人物群体描绘出情节和场景。而孤立的人物题材是关帝庙与山陕会馆建筑的一大特色。建筑挑角上基本都有独立的人物雕刻，这些雕刻人物一般坐在戗脊的端部，靠近檐角，服装华丽，神态怡然，目视远方，动作丰富。与檐角龙头配合在一起，仿佛身坐船头，扬帆远航。这些人物雕刻也出现在一些山陕会馆的建筑屋顶当中，成为山陕会馆的标志性装饰题材	周口关帝庙人物装饰
文字装饰	文字装饰也是中国古代建筑装饰中较为常见的题材。这一题材常见的形式为牌匾和对联，例如，开封山陕甘会馆戏楼南立面入口两侧的柱上刻着"浩然之气塞天地，忠义之行澈古今"的楹联，社旗山陕会馆更是有"三国一人""光明正大""英灵显著""英文雄武""浩然正气"等匾。除此以外还有碑刻，在周口关帝庙的柱础上也刻有记录关帝庙修建情况的字样，成为独特的柱础装饰	周口关帝庙刻字装饰

（来源：参考文献[7]，李广伟 自制）

二、隋唐大运河河南段聚落

（一）大运河的历史与现状

1. 大运河的形成与水系

1）大运河的形成

从先秦时期到南北朝，中国人民开凿了大量运河。其西到关中，南达广东，北到华北大平原，分布地区几乎遍及大半个中国。这些人工运河与天然河流连接起来可以由河道通达中国的大部分地区。大业元年至六年（公元605～610年），隋炀帝动用百万百姓，疏浚之前众多王朝开凿留下的河道，修了隋唐大运河。此后，唐、北宋长期开凿、疏浚、整修隋唐大运河，使得隋唐大运河可以继续使用。隋唐大运河跨越地球10多个纬度，纵贯在中国最富饶的华北平原和东南沿海地区，地跨北京、天津、河北、山东、河南、安徽、江苏、浙江8个省、直辖市，是中国古代南北交通的大动脉，在中国的历史上产生过巨大作用，是中国古代劳动人民创造的一项伟大的水利工程（图2-5-17）。

2）大运河河南段的水系

隋唐大运河南段共分为通济渠、永济渠两段。这两段虽然不是同时开凿而成，但各自可以作为独立的运输渠道，这些渠道都以政治中心洛阳为枢纽，而且互相连接，形成一个完整的体系。同时，它们的规格又基本一致，都要求可以通航龙舟，所以各自都是一条大运河。而总贯以"大运河"之名，是古今内外最长的运河，运河水面宽30～70米，而且河道的水深及通航能力也是最大的。

（1）通济渠

通济渠的前身是战国时的鸿沟。鸿沟是战国时期陆续开凿成功的，是当时中原大规模的水利工程。隋大业元年（公元605年），隋炀帝征发"河南、淮北诸郡民前后百余万"开通济渠。隋朝通济渠是将汴渠、阳渠疏浚而成的。汴渠（蒗宕渠）是通济渠的主要渠身。唐改名广济渠，宋称汴河，是自隋至宋期间沟通黄、淮（河）的一条重要水上通道，是隋唐大运河的重要组成部分。通济渠自板渚（今荥阳市汜水镇）引黄河水，分别流经今河南省的荥阳市、郑州市、中牟县、开封市、开封县、杞县、睢县、宁陵县、商丘市、虞城县、夏邑县、永城市，安徽省的濉溪县、宿州市、灵璧县、泗县，江苏省的泗洪县和盱眙县，最终汇入淮河，共流经三省十八县市，全长650公里。

（2）永济渠

永济渠是隋朝调运河北地区（指当时黄河以北、太行山以东的河北道）粮食的主要渠道，隋大业四年（公元608年），隋炀帝诏发河北诸郡男女百余万开永济渠，永济渠是隋唐大运河最长的一部分。永济渠的开凿，利用了白渠、沁水、清水、淇水等原有的河道。隋唐两代称为永济渠，宋代称御河，其治理均旨在发展漕运，直到清光绪年间，从卫河水运可直达天津海河。明清两代，"凡漕粮入津、芦盐入汴，率由此道"。卫河上下，船桅如林，航运繁忙。北京城内所需物资，除江南海运或运河漕运之外，多由黄河漕运转淇门入卫河抵京，卫河对中国北方地区的经济发展发挥过重要作用。

2. 大运河河南段现状

随着现代交通工具的发展，加上黄河泛滥不断以及元朝以后，国家的政治、经济中心转移到北京，对隋唐大运河也"裁弯取直"，形成京杭大运河，使得隋唐大运河也变得日渐没落。隋唐大运河通济渠段出现"一半在地上，一半在地下"的现状，通济渠东段基本已湮没在地下，西段洛河仍有使用，但是随着时光的流失通济渠也是逐渐淡出了人们的视线。而在永济渠河南段，今天除卫河占压的原御河地段外，地表已很难发现永济渠的踪迹，这是北宋以来黄河洪流泛滥留下的，也是永济渠淤没的主要原因。

图2-5-17 隋唐大运河示意图

3. 大运河与河南水文化

大运河是中国悠久历史文化的结晶，数千年来的自然与人类活动使得大运河积淀出极为丰富的历史文化遗产，"大运河河南段沿线各时代遗产数量之大，等级之高，品种之全，在中国乃至世界文化遗产中都占有重要地位，有文化遗产宝库之称"。河南因水而兴，从史前的大禹治水使华夏民族站住脚跟，从治水管理机构到国家治理的雏形，从尧、舜、禹的禅让到夏、商、周世袭，从战国纷争到大繁荣的北宋王朝，历经三千余年，河南一直是我国政治、经济和文化的中心。千年的运河文化，也产生了浓厚的河南水文化。大运河给河南留下了深厚的物质文化遗产和非物质文化遗产。在河南水文化物质遗产中包括：运河开封段镇河铁犀牛，洛阳段含嘉仓、回洛仓、开封府、洛阳山陕会馆（图2-5-18）、商丘南关码头遗址等众多河道、码头、船闸、桥梁、堤坝等设施。运河也给河南带来了众多非物质文化遗产，如河南朱仙镇木版年画（图2-5-19）、鹤壁浚县泥咕咕、滑县古庙会等。这些珍贵的水文化遗产是河南人民最珍贵的文化瑰宝。

图2-5-18 洛阳山陕会馆中的大运河文化展示

图2-5-19 朱仙镇木版年画一条街

（二）大运河的聚落分布与类型

1. 大运河沿线的聚落分布

永济渠分南北两段，南段所流经的城镇为今河南省的新乡、汲县、滑县、浚县、内黄，通济渠分东西两段，西段以洛水、谷水为水源，分别流经今河南省的洛阳、偃师、巩义，东段自板渚（今荥阳市汜水镇）引黄河水，分别流经今河南省的荥阳市、郑州市、中牟县、开封市、开封县、杞县、睢县、宁陵县、商丘市、虞城县、夏邑县、永城市。沿线分布9个省辖市和3个省直管县（市），核心区共包括40个县（市、区），已探明的河道长度为686公里，遗产面积约200平方公里。坐落着郑州、开封、洛阳、安阳四大古都和7座国家历史文化名城。运河沿线城市聚落与乡村聚落分布密集，人口众多。

2. 大运河沿线的聚落类型

大运河沿线聚落的分布密集，除具有运河以外区域聚落分布的一般类型外，还形成了许多运河沿线特有的聚落类型：

1）交通汇集型

交通汇集型聚落主要是指自然河流或陆路干道与运河相交汇处所形成和发展起来的聚落。例如开封陈留镇，陈留镇隶属于开封县，西距开封市20公里，距开封县13公里。陈留镇历史悠久，惠济河、泄水渠、南、北铁底河等多条河流相交于此。惠济河与宋代的汴河在开封县段是重合的，因此如今的惠济河也是汴河。汴河与多条河流交汇于此，受惠于良好的区位条件和便捷的水运交通条件，陈留镇得到快速发展，镇区内如今仍有保存完整的护城河及大小坑塘多处，城镇的基本格局也得以保留，从中也可以看到当年商贾云集、经济一片繁荣的景象（图2-5-20、图2-5-21）。

2）码头聚集型

码头聚集型主要是指由向主要城市转送物资的码头而发展起来的聚落型。码头聚落多为物资水陆转运之处，联系运河与远离运河的中心城市，这类城镇往往依托一个中心城市，依靠便利的交通条件，成为重要的商品交易场所，经济发展迅速，有些码头聚落的经济发展规模甚至超过它所依托的中心城市，而成为新的区域中心。朱仙镇位于开封县城西南，北距开封市区约15公里。自唐宋以来，朱仙镇一直是水陆交通要道和商埠之地，唐朝时候，启（开）封城开始北迁，朱仙镇成为开封的南郊；北宋定都开封，南方地区的漕粮先运往朱仙镇转运码头，再由运粮河源源不断地运往都城。凭借特殊的地理位置和便利的水陆运输条件，朱仙镇开始进入繁荣发展时期，成为由转运码头而兴盛的代表性聚落（图2-5-22、图2-5-23）。

图2-5-20 陈留镇区位图
（来源：王沛雨 绘制）

图2-5-21 陈留镇惠北泄水渠

图2-5-22 朱仙镇区位图
（来源：王沛雨 绘制）

图2-5-23 朱仙镇运粮河

3）粮仓守卫型

粮仓守卫型聚落是指由不同朝代政府在运河沿岸修建粮仓而发展起来的聚落。洛口仓又叫兴洛仓，位于今巩义市河洛镇七里铺村的黄土岭上，兴建于隋大业二年（公元606年），主要储存江南地区经大运河运来的粮食，并由此转运到东都洛阳。洛口仓地处运河体系的轴心，西安、开封、北京、杭州的核心地带，洛口仓位于洛河入黄河处，所在地土层坚硬、干燥，沿洛河向西可达洛阳，沿洛河向西可达关中，沿黄河向东可达山东、江浙地区，交通极为便利。洛口仓的仓城周围二十余里，共有三千个粮窖，每个粮窖储粮约八千石，在此设有官兵千人把守，为隋代最大的粮仓。现在巩义市七里铺村仍保留着长一百多米，宽十余米的城墙，为洛口仓城遗址。由于粮食对于国家政权的重要性（图2-5-24、2-5-25）。

4）河工生成型

河工生成型聚落是因修建与运河相关的工程而发展起来的聚落。运河沿岸这些水利工程的修建，需要聚集大量的民夫和官兵，同时还需要设置一定的管理机构，这些人口聚集在这里，日常的基本生活需要在这里解决，因此催生了商业服务业的产生，随着人口的逐渐增多，也就形成了聚落。但大部分此类聚落规模不大，大量的河工型聚落也是造成通济渠沿岸聚落密集的一个原因。河工生成型聚落以荥阳汜水为代表，汜水因清汴工程而在此处修建多个水库，聚集了大量人口，并逐渐形成聚落（图2-5-26、图2-5-27）。

3. 大运河沿线的重要节点

1）洛阳

隋唐大运河以洛阳为中心，隋唐时期的洛阳，水系

图2-5-24　洛口仓区位图（来源：王沛雨 绘制）

图2-5-25　洛口仓遗址

图2-5-26　汜水镇区位图（来源：王沛雨 绘制）

图2-5-27　惠济桥遗址

发达，河渠如网。处处通漕，整个漕运系统以洛水为中枢，南北两翼遍布河渠；北岸有漕渠、瀍水、泄城渠，南岸有通济渠、运渠、分渠，还南引两条伊水与运河相通。从都城与外界交通看，洛阳城跨河而建，为伊、洛、瀍、谷四河纵横交错的中心，同时隋炀帝开凿南北大运河，除邗沟和江南河的衔接点在京口以外，其他三段的中心衔接点都在洛口，洛阳成为全国水运中心，以洛阳西苑为起点向东南方向的通济渠可达江淮；出洛河口跨黄河北出，可进入永济渠，北至涿郡（今北京）；入黄河过三门峡西接广通渠可至长安，水资源非常丰富（图2-5-28、图2-5-29）。

2）开封

汴河是隋唐大大运河的重要组成部分，"汴河通，开封兴；汴河废，开封衰。"这句在开封流传的民谣，说明了大运河与开封的关系。《清明上河图》这幅举世闻名的画卷，很大一部分描绘的是汴河边的场景。北宋依托空前发达的汴河水运定都开封，北宋东京城成为当时世界上最大、最繁荣的城市。北宋时，汴河基本上是横穿京城的，有的河段两岸店铺较多，房屋种类多样，街道宽敞。有的近郊河段两岸有堤，堤坡离河面之间有

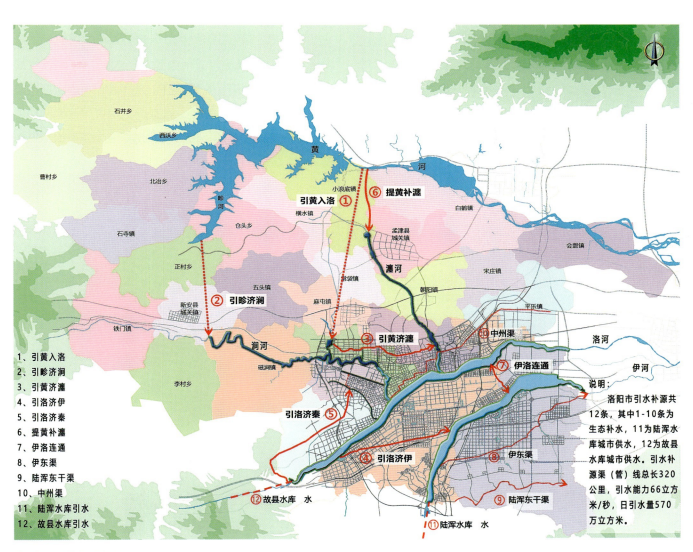

图2-5-28 洛阳水系分布图

图2-5-29 洛阳山陕会馆拜殿（来源：黄华 摄）

较宽阔地带，种有花草树木，是游览佳境。但是由于黄河水患频发的原因，旧城已被湮没在地下。汴河在开封境内可以划分为两部分，即东京城内和城外两部分。东京城区段运河故道北宋时期河床距今地表9~14米，明代断流前的河床距今地表深7.511米。东京城区外的汴河故道在开封境内全长80公里左右，其中开封市段25公里左右，开封县段25公里左右，杞县段30公里左右。

3）浚县古城

浚县在商代称为黎，西汉初年置黎阳县，明初降州为县，始称浚县。滑县浚县段是大运河永济渠段保存较为完好、内涵较为丰富的河段之一。浚县古城，始建于明洪武二年（1369年），明清多次重修扩建，古城才渐趋完整。中华人民共和国成立后，原城门、城楼及大部分城池被拆除，现仅存沿卫河一段古城墙、姑山南侧古城墙遗迹等。卫河（永济渠）浚县段，它呈西南—东北走向穿越浚县县境，并被滑县分为两段，先后流经浚县新镇镇、小河镇、卫溪街道办事处、浚州街道办事处、屯子镇、王庄镇。全长约71.1公里，沿岸运河遗产涵盖水工遗存、附属遗存、相关遗产三大类，包括河道遗存、水工设施遗存、桥梁遗存、仓库遗存、运河城镇遗存、运河文化景观六小类，被誉为隋唐大运河永济渠中遗产最为丰富多样的一段，也是现存最为完整的一段运河（图2-5-30、图2-5-31）。

图2-5-30 浚县航拍图（来源：张文豪 摄）

图2-5-31 浚县古城墙

治理拓展,并一直承担着繁忙的航运任务,20世纪70年代停运。道口古镇现存的运河航道是大运河河南段内保存最为完整的区域。保护区内保存有原生态的古河道、古码头、古城墙、古庙宇、古民居、古商号等丰富的历史遗存,共有各类历史建筑2000多间,见证了大运河的千年繁华。

（三）大运河的传统聚落与建筑

1. 聚落的空间

1）聚落空间分布格局

河南地处中原地势较为平坦或坡度较为平缓的地带。既有取水之便,又不易为洪水侵袭。聚落的山—水—聚落—田的格局关系因自然地形以及人文风情的不同而有所不同,根据聚落和运河的关系大体有聚落沿河一侧、水穿聚落而过、聚落与河交错布局（表2-5-3）。

4）道口古镇

道口镇位于河南省滑县西北部的卫河之滨,是永济渠的重要组成部分,卫河也称"卫漕",在明代不仅是京杭大运河的重要组成部分,更是沟通河南省北部及河北平原西南部与京津地区的主要交通干线。在清代为增加卫河水源,对其干流及各支流进行了数次

大运河聚落空间格局　　　　　　　　　　　　　　　　　　　　　　表2-5-3

空间格局	形态特征	代表村落卫星图
聚落沿河一侧布局	聚落布局在主河道的一侧连续布局,一般选址山的阳面一侧布局村庄,而河道的另一侧则是由于地势低洼或是不需太多建房用地而用作耕地或是种植树木等。例如卫辉小河口村	
聚落沿着河两侧布置	水穿聚落而过有两种情况是村庄沿主河道两侧布局,因为河道两侧基地条件相同,同时聚落发展所需,水穿村而过。例如开封朱仙镇河西村	

续表

空间格局	形态特征	代表村落卫星图
聚落与河交错布局	该种情况往往是在水流交错的地方，河道、道路以及聚落都形成一种交错枝杈的格局，这样的格局空间变化丰富，具有较好的可观性。例如滑县桥上村	

2）聚落空间肌理

运河沿线传统聚落宅院的朝向与运河走势产生了一定程度的呼应关系。运河沿线的聚落特别是永济渠卫河沿线聚落空间肌理依赖卫河而发展，坐北朝南的建筑朝向也在河道的影响下有所变化。聚落建筑通过道路与卫河产生便捷的联系，由聚落建筑限定的道路与卫河垂直或平行，卫河河道形态蜿蜒曲折，但整体上由西南流向东北，卫河沿线聚落内建筑的朝向普遍为西南方向，由于河道形态各不相同，其沿线聚落朝向的偏角也略有差别，仅有少部分河道为东南向西北的走势，聚落内建筑朝向偏向东南，但这类聚落数量较少。

2. 聚落的形态特征

受制于区域地形地貌、交通条件、耕地分布，各聚落点呈大分散小集聚特征，运河沿线的道路、水系等廊道构成聚落依赖的叶脉，沿线村庄分布较为密集，平面形态多样（表2-5-4）。

大运河聚落形态特征　　　　　　表2-5-4

形态样式	形态特征	代表村落卫星图
条带状	条带状的聚落大多处在山谷沟壑之间；村庄由于受到地形、湖泊、河流等自然地物的制约，呈现条带状布局形态；村庄沿着河岸，因其平缓地带较窄长，适宜纵向发展；村庄沿着轴线单侧或双侧排列，其形态轴向性较强。例如浚县码头村	
团块状	分布的村庄密度较低，规模较大，受地形等因素的影响，形成相互联系的团块状布局形态；其平面肌理表现为以村庄某个特殊建筑或场地为中心向外圈层式发展的模式，常见村庄核心如戏台、祠堂、广场或是重要的宅院等。例如浚县曹湾村	

140

续表

形态样式	形态特征	代表村落卫星图
散点状	散点状的聚落与团块状有类似，但最大的不同就是小而散；因其散落布局，村庄行政管理、服务配套不便，但自然景观丰富多变。例如滑县桥上村	

3. 聚落的传统建筑

在运河沿线的传统聚落中，不同使用功能类型的建筑发挥各自的作用，共同保障着居民日常生活的正常进行。运河沿线聚落中的建筑按照使用功能可分为居住类建筑、公共服务类建筑、仓储建筑、商业类建筑。

1）居住类建筑

运河沿线传统聚落的建筑中，居住类建筑——民居是其中最主要的建筑类型，民居是聚落居民居住生活的场所。许恒昌宅院，位于道口苦水井街5号，该宅院始建于清，南北13.15米，东西32.07米，占地面积421.7平方米，是古镇现存内街性民居中保存最好的院落。许恒昌宅院为二进院落式。一进院保存有临街房和过房，临街房面阔四间一过道，进深五檩，单檐硬山灰瓦覆顶，砖石木结构，砖雕墀头；过房面阔三间，进深五檩，硬山前挂廊，灰瓦布顶，砖木结构，廊前二级青石踏跺。二进院保存有主房，坐西向东，面阔三间，进深五檩，硬山阁楼式，灰瓦布顶，砖石木结构，青石墙基，砖雕墀头（图2-5-32）。

2）商业建筑

"店宅合一"是运河沿线传统商业建筑的主要组合形式，这种组合方式既兼顾商业，又增加了居住、储藏功能，拓展了空间使用维度，具体表现为：前店后宅、下店上宅、独立店铺以及合院式店铺四种形式。

义兴张烧鸡老铺位于大集街30号，始建于清，义兴张烧鸡老铺是由两座建筑构成，一个为面向大集街的烧鸡铺，另一个是面向顺河南街的肉铺。肉铺坐西朝东，与烧鸡老铺相连，面阔两间，进深一间，两层砖木结构硬山式建筑，干槎瓦屋面。建筑一层前檐原为铺板门，现被后人改造，二层前檐开窗。一层北山墙及后檐墙被后人开门窗改造。室内设楼梯通至二层。义兴张烧鸡老铺从建筑布局规模上应为独立式商铺类型，自成一

图2-5-32 许恒昌宅院（来源：李松松 摄）

图2-5-33 义兴张烧鸡老铺（来源：郑东军 摄）

体。建筑面阔窄、进深小、商住混用，是"以小见大"的空间典范。（图2-5-33）

3）公共类建筑

公共建筑一般是行政、经济、娱乐、宗教中心的建筑主体。在运河沿线聚落历史上的公共建筑，诸如书院、会馆、寺庙等繁多的公共类建筑类型丰富，数目较多，例如道口大王庙（图2-5-34）。

大王庙位于北辛店村，始建于明万历十八年（1590年）。道口镇原有南北两处大王庙，南大王庙在中华人民共和国成立初期遭到拆除，现大王庙仅指原北大王庙。大王庙坐东朝西，面向卫河，便于河上过往船只停靠朝拜，全盛时期有房屋200余间，僧侣300余人，耕种庙田数百亩。院内古柏高耸，碑碣掩映其间，历经沧桑，几经风雨，该庙宇幸存下来的只有正殿一座和僧侣住的东楼三间。现存大殿是原大王庙建筑群中的主要建筑之一，为明万历十八年（1590年）七月十四日由天津盐业、绸缎业等八大商家集资创建。该殿坐东北向西南，面阔五间，进深十二架椽，通高9米，占地面积320.436平方米。大殿为单檐硬山式，属"一殿一卷"式勾连搭屋顶。屋脊之上垂兽、走兽齐备，殿顶四角砌有角仙人，整座大殿古朴典雅。在聚落的传统文化中，逢年过节聚落居民为祈求风调雨顺或保平安，在聚落内产生祭祀纪念类的行为，聚落中兴建庙宇以及纪念祖先或名人的祠堂等建筑。

4）仓储类建筑

运河沿线分布着含嘉仓、洛口仓、回洛仓、河阳仓等众多用于储存粮食的仓储类建筑。这些仓储类建筑是运河沿线聚落所特有的一类建筑类型。

道口粮仓位于五星村省直属粮库院内。道口粮仓自明代由官方创办预备仓，民办社仓伊始，道口就因水运的优势而成了粮食中转的主要集镇。现存的粮仓为民国末期修建，通过卫河供给军饷。道口粮仓为环形建筑，砖石木结构，坐南向北，高约8米，外直径11.9米，占地面积111.16平方米。粮仓西北部有一运量通道，通道上部与大运河河堤相平，下部为青石垒砌涵洞，高1.9米，宽1.48米，长12米，直通大运河河道。运输粮食从涵洞经过到大运河（图2-5-35）。

图2-5-34 道口大王庙（来源：张文豪 摄）

图2-5-35 道口粮仓（来源：张文豪 摄）

《吴越春秋》有云："鲧筑城以卫君，造廓以守民，此城廓之始也"。自然村落的发展，逐步形成具有防御性和政治、经济功能的城镇。基于这种传统聚落的营建思想，我国的城镇聚落一般由城墙和护城河构成防御体系并成为聚落的边界。城镇聚落内部建筑集中，密度较大，在人口增长较快的情况下，很多城镇聚落会突破城墙和护城河的界限，形成所谓的"城关"。

城镇聚落的形态主要有三种：一是几何形状，以圆形和方形为主，其中方形更为常见，如安阳、洛阳、开封、商丘均属此例；二是自然形状，一般受自然条件影响，沿河或沿山筑城，山川河流也成为天然屏障，如济源古城，由蟒河和漠河围合而成，浚县古城的形态受到卫河和大伾山、浮丘山的影响；三是两者结合，即部分规则，部分呈自然形态，如禹州古城、襄县古城等。

城镇聚落的功能较为完备，交通流线也相对规整。聚落内公共建筑一般由衙署、学宫书院、商贸工坊、祭祀宗教空间等功能分区组成，其余则由商业空间和居住空间填充。

第一节　功能构成

城镇的功能由城镇所处的自然环境和内部使用功能布局而构成。

一、自然景观环境

人类的生产、生活和城镇建设离不开水。水是城市赖以生存的生命线，影响到城镇的选址和功能布局。中国古代聚落选址多背山面水或临水而居，除环境因素外，还有防御方面的需要。同时，水患是古代城址的最大威胁之一。吴庆洲先生对中国古城防洪思想与技术的发展做了综合研究，对古城群体的防洪经验总结为：法天、法地、法人、法自然的方法论，以及因地制宜，居安思危，趋利避害的规划城市布局。

在古代，城市的自然景观多体现在山水格局的大背景下，而城市内部的景观除了城内有山有水的城市，更多体现在人为打造的"园林"。

吴良镛先生指出："中国城市把山水作为城市构图要素，山、水与城市浑然一体，蔚为特色。"陈正祥先生认为："城（Walled Town or Walled City）是中国文化的特殊产物，很突出的标志，构成了汉文化圈人文地理的独有景观。"

二、衙署行政中心

由于政治因素的首要作用，官方建筑在城市功能中具有明确的主导地位。在历代城市功能分区的结构演变过程中，"凡仕者近宫，不仕与耕者近门，工贾近市"的功能分区思想一直有很深的影响。这种分区反映了宫城的主导地位，城市的其他功能布局都是为了统治的需要而确定的。封建统治阶层将宫殿、官署布置在城市的中心或显要位置，用来控制整个城市的格局，体现出王权至上的权威地位。官署区建筑是城市标志性的建筑物，一般都在城市中占据着最佳位置，以体现政治核心地位和便于统一管理。

在众多县城中，县衙往往处于县城的核心（非中心）位置，中轴对称，凸显权威。而在府县并立的县城中，一般有府衙和县衙两个行政中心。

衙署以其庞大的建筑群占据了城市区域内相当一

部分空间，加上在其周围有一系列的建筑作为陪衬，如同"众星拱月"般地形成了其地位最崇高的身份代表。严整有序的建筑布局，形成了强大的气场。因此，所谓"居中"的"中"，不一定是几何中心，其更大的意义在于"重要"和"尊崇"，无论官衙位于城市何处，自觉不自觉之中都会成为城市的中心，形成这个城市中人口最密集、市容最繁华、交通最发达的地区。

三、学宫书院分布

传统建筑选址一个显著的特点是受传统环境观的影响，文庙作为重要的传统礼制建筑，其选址更是如此。古人认为，只有文庙选址在当地的"风水宝地"，此地才能文运昌盛，人才辈出。因东南方向乃是日出之地，也是城中日照时间最长之方位，寓意朝气和昌盛，文风兴盛，宜建文化建筑。河南府文庙、郏县文庙等众多文庙均按此选址，设置在古城东南隅。

四、商贸工坊设置

"工贾近市"是对古代商业分布的总体概括。宋代以前的城市中有专门的"市"，而宋代以后随着商业经济的繁荣，里坊制被打破，商家多沿街设店，或前店后宅，形成商业街。但相同或相近的行业仍然会形成局部集中的片区，例如牲口市、布行街、药行街、粮米行街等，就是以交易特点形成的地名。

五、祭祀宗教场所

明清时期的众多府志、县志，其城池图中除以上所提到的衙署、学宫书院等公共建筑，其他数量众多的均为宗教祭祀场所，包含各类寺、庙、观等。

在众多庙宇中，城隍庙是用来祭祀城隍神的庙宇，是中国古代宗教文化中普遍崇祀的重要神祇之一，是中国民间和道教信奉守护城池之神。因此，城隍就跟城市相关并随城市的发展而发展。城隍是产生于古代祭祀而经道教演衍的地方守护神。

第二节　明清河南政区变迁概述

一、明代河南政区变迁概述

政区变迁影响到城镇的分布、发展规模和功能定位。

明王朝建国后，为巩固统治，明太祖朱元璋对中央和地方的行政建制进行了一系列变动。在地方行政制度方面，实行三级管理体制，即：布政使司及直隶于中央的府、州—府及直隶于布政使司的州—县及府属的州。

明太祖起兵之初，沿用元制以中书分省或行中书省为地方最高行政机关进行管辖。明洪武二年（1369年），明政府开始对已占领的广大区域进行政区的规范化调整，对各地的中书分省或行中书省统一改为行中书省，改河南中书分省为河南行中书省。

为削弱地方行政职权，明洪武九年（1376年）6月，明太祖大举变革全国地方行政制度，下诏废去各地行中书省，改制为承宣布政使司，简称布政使司，习惯上仍称为"省"。在这次地方政区变革中，河南行中书省改为河南布政使司，以开封府作为河南"三司"治所所在地。河南布政使司因地处中原，战乱不断，且连年灾荒，全省呈现地旷人稀的景象。在此情况下，明王朝进行政区变动、裁州并县。

洪武时期，河南政区改动较大，一批州县被裁并，到明洪武十三年（1380年），河南各府的政区格局得到确定，共置七个行政府，尤以首府开封府地域辽阔，辖六州之地。豫西河南府及豫南的南阳、汝宁三府均为大府要地，所领州县较多，且多为山地，发展缓慢，辖地在明洪武期间也经历了相应的变化。黄河以北的彰德、卫辉、怀庆三府虽地域较前者为次，但位于河南、直隶、山西交界地带，地势险要，且豫北平原适宜经济作物耕种，发展迅速，因而三府政区变动不大。

明成化六年（1470年）至十二年（1476年），明王朝设置大量新的州县，其中，南阳府所属散州汝州升级为直隶州。

明嘉靖二十四年（1545年），明王朝将归德由州升级为府，并将开封府所辖睢州划于归德府境内。这次政区变动，对河南的政治经济各方面都产生了重大影响，河南的行政府由七座增加到八座，形成了八府一州的行政区划，即开封府、河南府、彰德府、卫辉府、怀庆府、归德府、南阳府、汝宁府、汝州。自明嘉靖朝至明王朝灭亡，河南的政区格局没有再出现较大规模的变动（图3-2-1）。

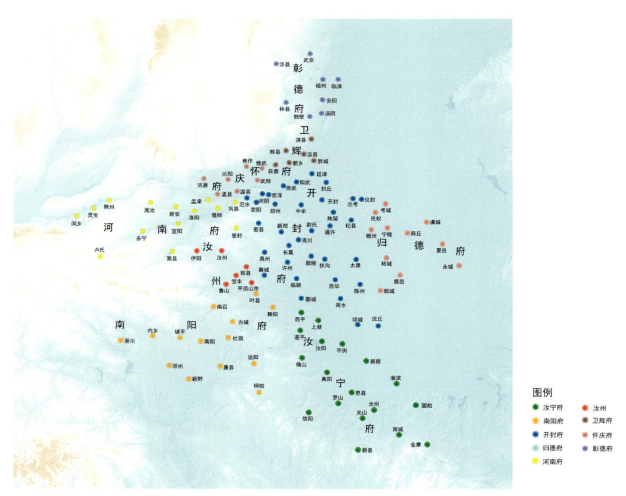

图3-2-1 明代河南政区示意图

二、清代河南政区变迁概述

清王朝的内地政区划分，在明朝两京十三布政使司（省）的基础上稍作调整，形成了18省，河南省大体沿袭明制。

为保证河南每年漕粮运输的顺利完成，针对运输路程中因行政隶属不同而出现的河道不畅难以修复的问题，雍正帝于清雍正三年（1725年）对河南与直隶二省的政区作出改动，将直隶大名府的滑、浚、内黄三县改归河南彰德、卫辉二府。

清雍正二年（1724年），河南的陈州、许州、禹州、郑州、陕州、光州六座散州被升级为直隶州。而这六州在升为直隶州后，经济发展程度并不一致，到清雍正十二年（1734年），六州再次发生行政层级的变动，其中陕州、光州仍为直隶州，而经济发展势头较好的陈州、许州被升级为府，禹州、郑州则因经济形势远落后于陈、许二州，征税效果达不到国家的预期设想，又被降为散州，分别改隶于许州府与开封府。

清代建国之初的河南八座行政府，加上雍正朝新立的陈州、许州二府，另有汝州、陕州、光州三座直隶州，直隶州与府同级，共有九府四州，计十三座"府"级行政单位，即：开封府、河南府、彰德府、卫辉府、怀庆府、归德府、南阳府、汝宁府、陈州府、汝州、许州、陕州、光州（图3-2-2）。

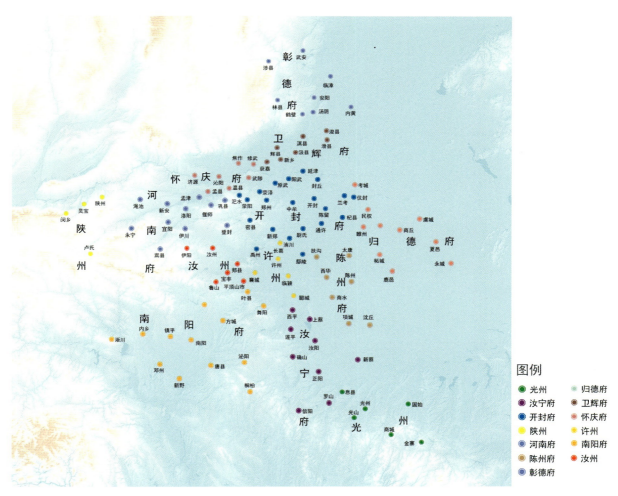

图3-2-2 清代河南政区示意图

第三节　传统府城格局

河南地处中原，历史悠久。2019年发掘的巩义双槐树考古遗址，据推测是黄帝时期的大型聚落，把河南聚落营建活动追溯到5000~6000年前。夏商以降，历经朝代兴衰，各个城市在不同历史时期经历多次兴废，甚至出现城挨城（洛阳）、城摞城（开封）的现象（图3-3-1、图3-3-2）。由于早期城市年代久远，破坏严重，大多仅有遗址留存，因此本章所列各府、县、镇的空间形态以明清时期的聚落形态为主。

明代河南省有八府一州共九个府级行政单元，清代有九府四州计十三座"府"级行政单元。本节选取归德府（今商丘市）、南阳府（今南阳市）、河南府（今洛阳市）、怀庆府（今沁阳市）、彰德府（今安阳市）五个府城为代表进行说明。府城往往又是县城所在地，具有府县并立的特点，即一座城池中既有府治，又有县治，因此规模一般比普通县城更大。（表3-3-1）

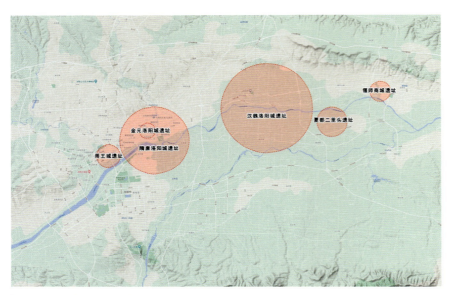

图3-3-1　洛阳城挨城示意图（来源：宁宁 绘）

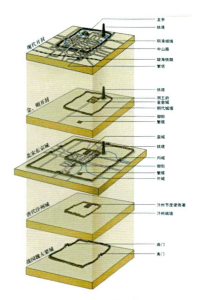

图3-3-2　开封城摞城示意（来源：网络）

清初河南各府城池规模（部分）　　　　　　　　　　表3-3-1

府名	城池规模
归德府	周围七里三百一十步，高二丈，广一丈，池深二丈，阔五丈
南阳府	周围六里二十七步，高二丈二尺，广如之，池深一丈七尺，阔二丈
河南府	周围八里三百四十五步，高四丈，广如之，池深五丈，阔三丈
怀庆府	周围九里一百四十八步，高三丈五尺，广二丈，池深二丈五尺，阔五丈
彰德府	周围九里一百一十二步，高二丈五尺，广二丈，池深二丈，阔十丈

（来源：顺治《河南通志》）

一、归德府——北方水城，三商之源

归德府古城位于今河南省商丘市。整座古城规划严整，布局合理，造型独特，虽历经战乱和风雨剥蚀，仍以较完好的姿态屹立于豫东大地，具有很高的历史文化价值。1986年，商丘以其悠久的历史和保存的完整性被国务院命名为历史文化名城。

（一）历史沿革

考古调查表明，早在商代，商丘附近就已经出现了比较大的城市，东周时期的城市已经达到了很大的规模。据《嘉庆重修一统志》记载，商丘在商代为南亳之都，周为宋国，战国属魏，秦置砀郡，汉为梁国。隋开皇十六年（公元596年）置宋州，大业初复为梁郡。唐武德四年（公元621年）复为宋州，天宝元年（公元742年）改为睢阳郡，建中二年（公元781年）置宣武军节度使。后唐改为归德军。宋为宋州睢阳郡归德军，景德三年（1006年）升为应天府，大中祥符七年（1014年）建为南京。金天会八年（1130年）改为归德府并置宣武军，属南京路。元仍为归德府。明洪武初降为归德州，嘉靖二十四年（1545年）复升为府。清代因明之旧，设归德府，领州一县七。

现存的归德府古城，其前身是明代洪武二十二年（1389年）修筑的归德州，位于今归德府古城的南面。清康熙《商丘县志》记载，归德府老城于"弘治十五年（1502年）圮于水，正德六年（1511年）广乃徙而北之，今南门即北门故址也"。由此可知明正德六年（1511年），由于睢水泛滥，老城被淹，城址北移，遂因旧城北墙改筑新城。

（二）规模形态

特殊的地理区位，对商丘归德府古城的起源和发展起了重要的作用。归德府历史上曾被称为睢阳，缘于城市位于睢水之北。沿睢水向北可以通达黄河，向南可以通达淮河、长江，沟通了黄河、淮河、长江流域之间的联系，是城市起源与发展的重要区位条件。

归德府城墙共有三部分构成，即城郭、城湖、城墙。清康熙《商丘县志》中的"县境图"（图3-3-3），

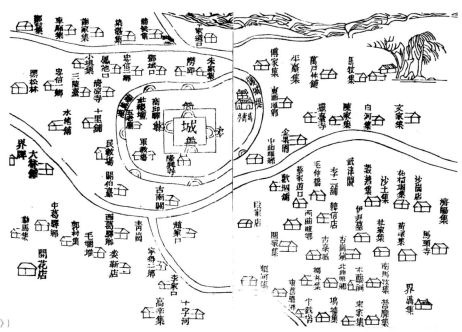

图3-3-3　商丘县境图（来源：清康熙《商丘县志》）

直观地反映了明清时期归德府城的基本形态：归德府城的最外层，是空间形态上近似圆形的护城堤和堤河，即城郭，形制为圆形，上窄下宽。据清乾隆年间《归德府志》记载："城堤距城一里许，围一十六里，阔两丈，址阔六丈一尺。明嘉靖年间，巡抚都御史魏有本檄知州李应奎筑，邑人李嵩有记，堤河距堤丈余，深阔不等。旧址曰，语云：三里之城，七里之郭。城之最小者也，郡方七里，不及他郡之大已焉。"一般所说的归德府古城，实际上是指归德府的内城。内城是从正德六年以后逐渐修筑的，形状近方形，康熙《商丘县志》记载"周长七里二分五厘，共一千三百四丈二尺五寸……高二丈，顶阔二丈，址阔三丈。""明嘉靖三十年（1551年），知府王有为建西门、北门内楼，又建角楼四座、炮台13座、警铺32处。明嘉靖三十七年（1558年）……修四座城门。东门宾阳，西门垤泽，南门拱阳，北门拱辰。"

结合现存城墙遗迹和文献记载以及考古发掘资料可以得知归德府古城的规模：城郭周长约8公里，底宽30米、高5米。砖城墙平面布局呈长方形，南北略长，东西略短；东城墙长1210米、南城墙长951米、西城墙1201米、北城墙长993米，周长4355米。

（三）空间格局

归德府古城的空间形态可以从宏观格局和微观形态两方面来叙述。宏观方面主要体现在其选址和其内城、城湖、城郭三位一体的格局；微观层面主要体现在其内城的空间形态和功能分布。

1. 宏观格局

归德府志记载：旧城"弘治十五年圮于水"。因此，在新城选址的时候防洪排水成为首要因素。归德府古城的选址和内城、城湖、城郭三位一体的格局无不体现这一因素。

1）建于高地——龟背城

旧城之圮，是因为黄河携带泥沙连年洪涝泛滥，以至城外淤积黄沙，地势逐年增高，而城内则黄水不进，地势自然每况愈下，最后导致城内无法将积水排出，洪水越来越难以抵御，终圮于水。吸取了之前的教训与经验，新城的营建则对地势考究越来越重视。考虑到城内的地势终究会逐年降低，因此新城选址在地势较高的上岗之处，形成"龟背城"。龟背形地形使城内地面出现高差，营造出利于排水的地面坡度，这为内排水的组织提供了有利条件，同时由城门、街沟、护城河与城外的城湖也构成了古城的排水系统。城内利用双槽型的街沟组织排水，利用地势的高差将城内涝水汇聚径流到城外城湖之中，若城外积水过多，再经堤上的涵洞排出堤外。

2）外圆内方——铜钱城

归德府古城，内城呈方形，护城湖和外城郭呈圆形，此即外圆内方。内城、城湖、城郭三位一体的城池形态并不是初建时就规划好的，而是在不断与环境相适应的过程中逐步形成的。明弘治十五年（1502年），旧城被黄河淹没。明弘治十六年（1503年），在原城北修筑新城（即现存归德府城）。新城由城池与城壕组成。直至明嘉靖十九年（1540年），为防水患，筑环形城堤，方形城池、城湖、圆形护城堤三位一体格局最终形成。这种布局同时也暗合了中国古人的"天圆地方"传统观念（图3-3-4）。

清康熙《商丘县志》载，归德府"城堤距城一里许，围一十六里，阔二丈，址阔六丈一尺"，"人行其上如堤之道路，若黄河冲决，堤防可恃"。这道护城堤平时用作交通道路，洪水来时，则起到防洪堤的作用。此外，明代在归德府护城堤的外侧还开挖了堤河，"距堤丈余，深阔不等"。堤河与护城堤一起，构成了空间形态上近乎圆形的归德府城的外边缘带。

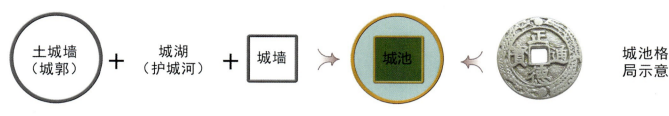

图3-3-4 归德府城池示意图（来源：《归德府城墙保护规划》）

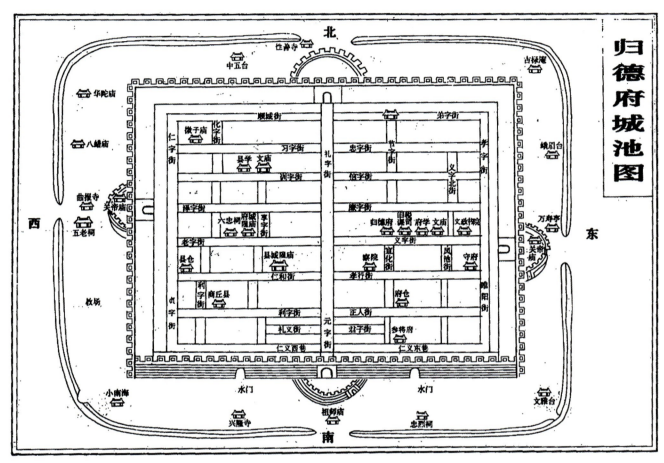

图3-3-5 归德府城池图（来源：清乾隆《归德府志》）

2. 微观格局

归德府古城有"四门八开"之说。四面城墙中间各开一门，四座城门之外各设有一座半圆形砖券式瓮城，每座瓮城各有一个"扭头门"，使之与正门不相对。按照五行八卦之理，东西两座瓮城门向南开，南瓮城门则向东开，北瓮城门则向西开。"四门"即拱阳门、宾阳门、拱辰门、垤泽门四座城门，"八开"即四座城门连同各自四座瓮城门在内的八开之门，此谓"四门八开"。此外，归德府城的南墙上还建有两个水门，一在南门东，一在南门西。（图3-3-5）

归德府古城内部道路方整，形如棋盘，把全城分割成见方的许多小块。东西城门不相对，东门偏南，西门偏北，有意地错开一条街道，形成与南北大街相交的两个隅首，构成双"丁"字形街道骨架。地势中间高，四周低，形如龟背，以大隅首处最高，便于城市雨水和生活污水排出城外。

作为府、县两级行政治所的所在地，归德府古城行政职能相当完善，充分体现了明清政治城市的基本特色。府、县两级行政中心的分布空间，占据古城的重要位置。归德府级行政中心分布位于南北大街以东中心区域，四个城门大道与之相通。县级行政中心位于古城西南区域，西门、南门为主要活动区域。仓储均靠近府治与县治；文教与恤政分布空间，紧围绕行政中心，体现当时为科举入仕的职能。礼制祠祀分布空间，除文庙外，其余均分布在民众便于活动的区域，以整个城市布局南部紧密繁华，一般市民都随商市所在而散居就近地段。文教中心位于东城门正对市中心的主干道旁，与府级行政区连在一起，此区域为府城的核心区。东门及东门主干道主要服务于府县行政业务往来。

相对而言，义字街显得比较重要，归德府府衙、府学、文庙、文政书院、旧税课司都分布在这条街上。老字街，也比较重要，分布着府城隍庙、六忠祠。总体来看，归德府内的重要政治、经济、文化机构，主要集中在义字街和老字街。

二、南阳府——南都帝乡，梅花古城

南阳市，古称宛，位于河南省西南部，与湖北省、陕西省接壤，因地处伏牛山以南、汉水之北而得名。南阳古城有着两千多年的历史，因其所处的地理位置显要，为兵家必争之地，每当朝代更迭、战争动乱之时，总要受到兵燹破坏。当地的官民为了自身的居住安全，为了能在战争中谋求生存保障，对城池进行了周而复始的修葺，并且充分发挥自身的聪明才智，在城池的修筑过程中，因地制宜地建立起一套独具匠心、形态迥异的城池防御体系——"梅花城"。1986年，南阳被国务院命名为历史文化名城。

（一）历史沿革

在两千多年的历史长河中，南阳古城经历了两汉时期的大小双城，唐宋时期的小城，明代的唐王府城以及清代初期的府城等时期。其中，汉代的双城因城池规模最为显著，为后代城址演变奠定了基础。隋唐时期郡治迁移，南阳城的城池规模与前代相比大为缩小，南宋、金元之际，这里处在南宋与金、元军事对峙区域的争锋地带，多次遭受战争毁坏。元代复设南阳府，治南阳，对南阳城进行重建，但规模远不如前。明承元制，实行布政使司（省）、府（州）、县三级的行政区划，设南阳府，府治南阳县，明初在元代城池的基础上重建了南阳府城。

明清南阳城城池自"洪武三年（1370年），南阳卫指挥郭云因元之旧，甃以砖石"，至清咸丰元年（1851年）已有近五百年的历史了，其间经历了明末李自成的两次破城，损坏严重，清代以来虽在顺治、康熙、乾隆年间屡有修复，但由于南阳地处内陆，太平日久，兵事较少，这种修复基本上是在明代传承下来的城池上的局部修修补补，并没有进行较大规模的重建和扩建。

（二）规模形态

明初修筑的南阳城周长约为六里二十七步，规模甚小，为河南布政司下属八座府城中城池规模最小的一座，与卫辉府城相当，甚至小于明代南阳卫指挥郭云于明洪武三年（1370年）同时修筑的裕州以及后来扩建的邓州、内乡县的城池规模。然而就是这座城池，在明清五百年间的历史进程中，经历了多次毁坏与重修，城池的范围基本没有大的改变。

直至清末，清同治二年（1863年）知府傅寿彤环城池修筑了四圩，状若梅萼，称为"梅花城"。其中的内城基本就是明初所修的城池，由此可知明代南阳城的东西长约700米（合明代1里79步），南北长约1100米（合明代1里330步），面积约1267亩（按明代一亩约608

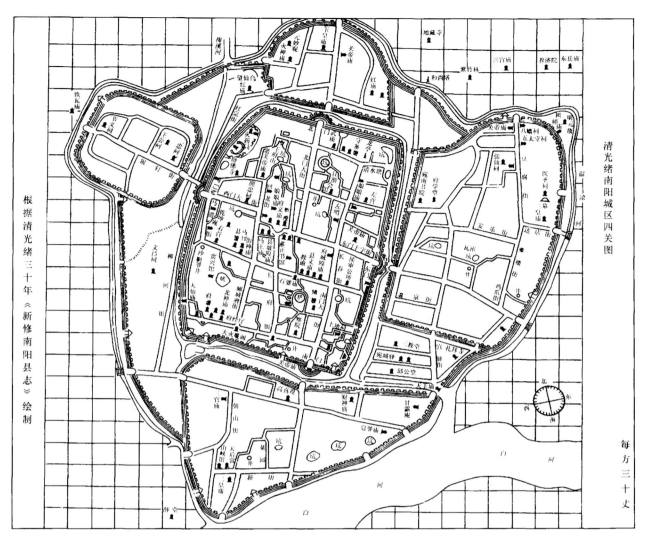

图3-3-6 南阳梅花城图（来源：清光绪《新修南阳县志》）

平方米）。由于内城规模偏小，随着经济人口的发展而形成的城市关厢地带，每个城厢在内城通向周边城市的主要道路上。受以城市东南部白河水运码头为契机的商业因素影响，城关四寨的发展出现了明显的不均衡性，南关、东关的城市规模大大超过了北关、西关。从城寨的外围形态上，西、北二寨为传统的矩形，东、南二寨则沿白河及支流温凉河的河流走向呈自然不规则形，呈现"沿路生长"的态势。东、南二关的城市外部形态与周边地河流融为一体，表现出"以河为界、沿河扩张"的自身特色。四个城寨的规模，西关"永安寨"周长约1500米，与北关"人和寨"周长约1800米，规模相当；南关"淯阳寨"周长约2700米，与东关"万安寨"周长约2900米，规模相当。总体上东、南二寨的规模约是西、北二寨的两倍（图3-3-6）。

（三）空间格局

南阳梅花城内城的前身是明代的唐王府城，城市的主要府署、街巷的空间格局基本都延续了明代的风貌，明代唐王府城的空间结构特点很好地展现了南阳古城的历史内涵。

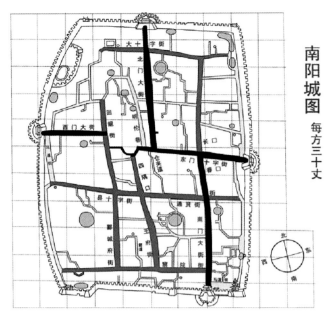
图3-3-7 梅花城内主要街道（来源：李炎 绘）

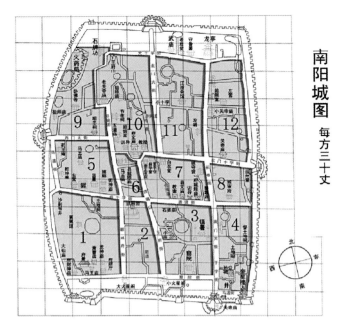
图3-3-8 梅花城内街区（来源：李炎 绘）

1. 空间结构

南阳城内城位于整座城市的中部微偏西，呈北偏东的矩形。四横三纵街道将其分为不规则的12个方块，内部各组成结构呈棋盘形。东西门相对稍错开，南门偏东，北门偏西。

南阳作为历代军事要地，除了修筑城池等外围防御设施外，内部的道路设置同样体现了防御兵患的考虑，梅花城内城的四个城门相互错开，其对应的城市主要道路互不连通，而且东西两门相互错开的距离仅一路之宽，几乎在一条直线上，更能体现出其军事防御的初衷，所以可以认为内城以城门为主导地的四条主要道路除满足日程城市运作的交通要求外充分体现了军事防御这一主要目的。与此同时，内城的道路体系，还受到历史长期演变和城内复杂功能组成的影响，除了上述城门主导的主干道路以外，辅助增加有部分南北向和东西向主干道路，如鄢城府街、察院街、通贤街、王府街，这些道路由于历史原因大都没有贯穿整个城池，而且走向并非直来直去，都存在着转折弯曲的倾向，总体呈现出"四经四纬"的网格结构（图3-3-7）。南北向主要街道有南门大街、北门大街、王府街、鄢城府街四条，东西向主要街道有察院街、通贤街、东门十字大街、大十字街四条，共同构成了整个内城的主干道路系统。这些街道将整个城市内部划分为12个主要街区（图3-3-8），每个街区的尺度大约在100～300米不等。

2. 布局特点

1）街区空间形态规整、大小不一

内城十二个街区的平面形态大都以矩形为主，较为规整，体现了传统封建礼制的城市规划思想。街区尺度虽由于历史原因并不整齐划一，尺度在100～300米的范围内，存在一定的差距。规模最大的街区为镇署街区，占地约7.9公顷，最小的街区为县城隍庙街区，占地面积约2公顷，其差别可能与道路的倾斜变形有一定关系，并且规模较大街区多为官署、府邸所占据。

2）以"坑塘"为中心的街区空间

十二个街区内部的街巷布置较为凌乱，既有南北贯穿的，也有东西贯穿的，更有双向十字交叉的，没有固定的规律，可能与长时期的历史变革、居民自发的营建有一定关系。但十二街区中有八个街区都在区内部中心地带设置有"坑塘"，并与街区内部的主要街巷紧密联系在一起，这种在街区中心沿街设置的坑塘也正是为了更有利于区内的排水、蓄水。

3）以府县两级官署为主的街区功能空间

十二个街区内部主要功能的设置上，有十个街区内部都有官署、驻兵的设置，其中府衙街区、县衙街区几乎整个街区被官署、府邸所占用，其余街区则是官署、民居相混杂的功能使用状态，只有县城隍庙街区、马坊坑街区南北城墙附近主要为居住功能，体现出内城以官署、府邸为主要功能的空间布局。

庙宇、祠堂数量较多、分布较广，几乎每个街区都有分布，官属的府县两级文庙、城隍庙、府财神庙、衙神庙等居于城市的中心地带或布置在官署周边。一般民间祠堂、庙宇较为均匀地分布在各个街区内，与居住空间存在着密切联系。

3. 功能分区

内城西南部为政治功能区。南阳府治、县治均在此处。府衙在最西南部，位于县十字街以南和鄎城府街以西所围成的区域内；县衙在府衙以北，坐落在县十字街以北、西门大街以南、回龙街向南以西所围成的区域内。

内城东南部为军事和监察区。主要在察院街以北、通贤街以南、王府街以东所围成的区域内，察院在南，靠北的是南阳镇总兵署、左营都司署、城守千总署等。

商业街区主要集中于东部和南部。东南部的长春街至南门大街一带是最繁华的商业街，长春街—南门大街为直通南门外湝水码头的干道，故商业非常兴盛。城东北部北门大街以东、东门十字街以北也是繁华的商业区。这里有江浙会馆，为江浙商人的总会所在。清代南阳城内最大的粮食交易市场也在此处，即今天的粮行街，为清代的粮行所在。东门内以南还有当铺，其资本雄厚，经营范围广，生意非常兴隆。

教育文化区分布在内城的中部。在东门十字街以南、长春街以西、通贤街以北、四隅口以东所围成的区域。最西的是崇正书院，书院东是县学堂，学堂以东是县文庙、教谕、训导等教育机构。府教育机构位于学堂的西北方向的街区，在明伦街和回龙街之间，有府文庙、教谕、训导等。府学、县学和书院学堂等，展现了其发达的教育事业。

祭祀区主要位于西北部。在北门大街以西、西门大街以北所构成的区域，有祖师庙、卧佛寺、昭忠祠、老关帝庙、孝节祠等。除此之外，南阳城内还有许多祠坛寺庙，散布于城内各处，如娘娘堂、关帝庙、小关帝庙分布在城东北部；土地祠、公孙祠分布在城东南隅；龙神庙、马王庙、财神庙分布在府衙附近；药王庙、衙神庙分布在县衙附近。众多的祠坛寺庙丰富着人们的日常文化生活。

三、河南府——华夏源头，河洛圣地

河南府即今洛阳市。洛阳位于河南省西部，地处中原，山川纵横，因地处古洛水之阳而得名"洛阳"。洛阳都市的诞生，与中国国家的起源同步。以往洛阳素称"九朝古都"，而经过历年的考古发掘和大量翔实的历史文献验证，先后有夏、商、西周、东周、东汉、曹魏、西晋、北魏、隋、唐、后梁、后唐、后晋等十三个朝代在洛阳建都，时间长达1500多年。此外，还有八个朝代以洛阳为陪都。因此，洛阳是中国七大古都中建都年代最早，朝代最多，都居帝王最多，时间最长，都城遗址也最多的"天下名都"。1982年，洛阳以其悠久的历史和保存的完整性被国务院命名为历史文化名城。

(一)历史沿革

史料记载,早在夏代洛阳即为都城,此后共有十三个朝代在洛阳建都,并有八个朝代以洛阳为陪都。沿洛河一字排开的夏都二里头、偃师商城、东周王城、汉魏故城、隋唐洛阳城五大都城遗址举世罕见。(图3-3-9)

今洛阳老城,是金兴定元年(1217)以宋"河南府"为主体建城,历经明清时期而形成的城池,其规模和建筑延续到中华人民共和国成立前夕,是洛阳仅存的唯一古城,也是现代洛阳城市建设的雏形。

北宋灭亡,洛阳开始归属金朝统治。由于在宋、金争夺洛阳的战争中,洛阳城毁殆尽。金王朝便在隋唐洛阳皇城之东、洛水以北的东城区和里坊区恢复了一座面积约2平方公里的小城。城垣是土筑的,城内有官署和里坊格局。

金升洛阳为中京后,加强了对洛阳城的建设,但金洛阳城为土城,其城周仅8里345步,约为唐东都城的二十分之一,规模大大缩减。金代洛阳城历代承袭,奠定了今天洛阳老城的基础。

元代以行省划分政区,行省下设府、路,其中河南江北行省下辖河南府路,自此始有河南府路的建制(图3-3-10)。元明清时期,洛阳建置级别逐次下降,河南府是洛阳建置的最高级,辖域包括整个豫西地区。洛阳盆地内的巩县(今为巩义市)、洛阳南面门户登封县(今为登封市)以及陕州所领诸县均在其内。辖县中洛阳县居于核心地位,因此洛阳一直是府城所在地(图3-3-11)。

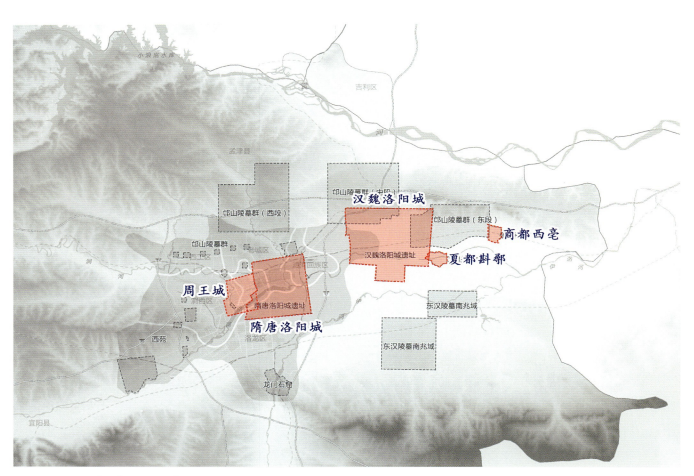

图3-3-9 洛阳五大都城位置示意图(来源:宁宁 绘)

图3-3-10 元代河南江北行省示意图

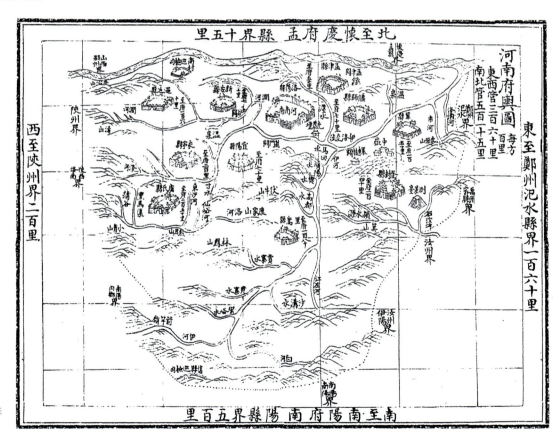

图3-3-11 河南府舆图(来源:四库全书河南通志)

明清洛阳城是在金元洛阳城基础上的重建。明洪武六年（1373年），重修河南府城，规模略大于宋河南府城。作为河南府、洛阳县（今为洛阳市）的治所，洛阳此时虽然失去了全国都城地位，但仍有"九州八府数洛阳"的美誉。明朝时洛阳也先后为伊王、福王的封邑，所以在城市建设规格上往往高于其他城市。

清代洛阳沿袭明代规模，历任知府、知县不断对城郭街衢有所修葺，但已无新扩项目。清顺治元年（1644年），在洛阳设立河南提督府，清康熙年间裁撤提督府，将提督府东迁至开封，遂在洛阳设立河南府。

作为豫西商业经济重镇，洛阳凭借其"天下之中"的重要地理位置，长期承担着南输北运、西通东达的商业使命。这一时期，尽管洛阳的政治地位已经辉煌不再，但城市经济繁荣，城市建设也有一定程度的发展。

（二）规模形制

洛阳老城在金元时期还是土城，平面为正方形，宽约1400米，周长约5600米，墙高4丈，壕深5丈，阔3丈。四面各设一门：东曰建春，西名丽景，南称长夏，北为安喜。四门上均建阙楼，外筑月城，环城设39座敌台，形势险固壮观。明成化、弘治、正德和万历年间，对城池加以修整。明洪武六年（1373年），明威将军陆龄将土城墙改为大青砖护砌的城墙，挖掘城壕。明万历初年，河南守道杨俊民又改四门名称为东"长春"、西"瑞光"、南"熏风"、北"拱辰"。明末复在城外筑拦马墙，高1.30丈，宽1丈，延绵整个城郭。明崇祯十四年（1641年），李自成率农民起义军攻克洛阳，城池毁于战火。

清顺治二年（1645年）至清顺治六年（1649年），知府金本重捐俸修城墙，使用拆除福王府的残垣废砖，修砌加固四城墙，建城楼八座。清康熙四十四年（1705年）重修南门月城，建瞭望楼于上，又改东门额曰"迎恩"。清康熙六十一年（1722年）重修西门，额曰"万安"。重修北门，建城楼，额曰"长庆"。清雍正六年（1728年）重修南门，额曰"望涂"。

（三）空间格局

明清洛阳城池整体呈正方形，城内东西、南北两条主干大街交叉贯通全城，连通正东、西、南、北四门，把整个城市分为西北、东北、东南、西南四块。官署区、居民区、文化、宗教区、商业区就分布在这四隅街巷内，没有明显的功能区界限。城区街坊设置有东南隅三街坊，西南隅二街坊，东北隅三街坊，西北隅三街坊，东关四街坊，西关一街坊，南关二街坊。西关、南关的管辖范畴划分一直延续至今（图3-3-12）。

（1）街巷空间

古城由东西大街、南北大街形成的"十"字街为当时城市的主干道。东、西、南大街形成于金正大元年（1224年）。清朝初年，城内街道仍以东西、南北大街为主干道。

古城道路有"九街十八巷七十二胡同"之说。古之"九"为最大阳数，这里的"九""十八""七十二"

图3-3-12 河南府城卫星图（1970年）（来源：美国地质调查局网站）

正是九的倍数,可见街巷之多。"九街"指东、西、南和北大街、县前街、马路街、马市街、凤化街、东关大街等城中繁华车马大道;"十八巷"多指贴廓巷、东和巷、西和巷、中和巷、东通巷、西通巷、中通巷等。巷一般窄于街,可供车马通行。"七十二胡同"乃泛指背街小巷之多,胡同短且窄,一般不通车马。

（2）政治空间

钟鼓楼为老城的中心坐标,东西大街穿钟鼓楼而过。十字大街分成的四个区域中,西北隅的核心机构是理刑县治,东北隅的核心机构是福王府和县治,东南隅的核心机构是府文庙,西南隅的核心机构是河南府治,其他机构围绕其分布。

由于明清时期河南府和洛阳县均设在老城,既是府治又是县治,官署区建筑就有着双重身份的意义。明清两代除了府署和县衙布局位置不同,其他与县衙配套的管制机构和军事检察机构位置并没有大的变化。旧府是明朝河南府治所在地,清代河南府治向东北方向迁移,建造在福王府遗址上,位于城市东大街路北,西临南北向主干道,洛阳县衙则移到城沿东北部（图3-3-13）。

（3）宗教、教育空间

洛阳城文化底蕴浓厚,书院建设长久不衰。元代洛阳书院逐渐官学化,延至明初正德、嘉靖之际,书院讲学辩论之风大兴。明清时期洛阳城东南隅建有府文庙（图3-3-14）,东北隅建有县学。明崇祯十七年（1644年）在十字街西建有天中书院。清初,书院曾增至10所。书院、社学、私塾遍及城内外。

（4）经济、文化空间

金元故城在隋唐时期是隋唐洛阳城的东市。金元时期,故城为交通枢纽、商贾云集、商业繁华之地,其商贸活动经久不衰。史书记载"丰都市周八里,通门十二,其内一百二十行,三千余肆,榆柳交阴,通渠相注,市四壁四百余店,重楼延阁,五相临映,招致商旅,珍奇山积"。

老城外道路四通八达,居民聚集在街道两侧,形成了密集的居住区。随着清朝初期社会经济的发展,郭城郊区成为商业区、居住区。濒临洛河、瀍河的东关、南关,一直是洛阳物资中转站。据史料记载,明清时期,南关和南大街是洛阳商业的繁华之地。明清及民国时期,商业行店多集中开设在东、西、南、北四条大街和南关。特别是南关,既有洛水航运之便,又是山陕地区通往豫东官道（驿站）所经之处,洛阳较大的商铺多集中在这里,是洛阳城最繁华的商业区。仅山西、陕西两省商人在这里开设的行店就有五六百家,并兴建了东西两座会馆。一座是位于南关菜市东街由山西、陕西两省商人于清康熙五十年（1711年）兴建的山陕会馆（称西会馆）（图3-3-15）;另外一座是在老城东关西街由山西潞安府（长治）和泽州府（晋城）商人于清乾隆年间建造的潞泽会馆（又名关帝庙,称东会馆）（图3-3-16）。

四、怀庆府——覃怀古郡,河朔名邦

怀庆府即今沁阳市,位于河南省西北部,是晋豫交通的重要门户,因故城位于沁水之北而得名。沁阳历史悠久,素有"覃怀古郡,河朔名邦,商隐故里,乐圣之乡"的美誉。夏为"覃怀"首邑,商属京畿重地,周称野王邑,汉为野王县,隋改河内县,明清两代为怀庆府府城所在地,历为豫西北重要的政治、经济、文化中心。沁阳市于1989年被河南省列为第一批省级历史文化名城。

（一）历史沿革

沁阳历史悠久,在夏朝时期属于冀州覃怀地,东周时期为"野王邑";汉高祖二年（公元前205年）改为"野王县",一直为"怀州""河内郡"所辖;晋武帝泰始元年（公元265年）,河内郡治由怀县迁到野王县;

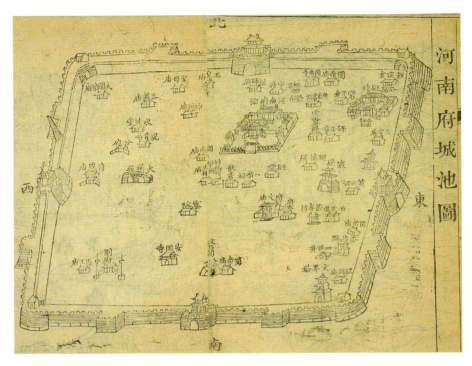

图3-3-13 河南府城池图(来源:《乾隆 河南府志》)

图3-3-14 河南府文庙(来源:宁宁 摄)

162

图3-3-15 山陕会馆鸟瞰图（来源：宁宁 摄）

图3-3-16 潞泽会馆鸟瞰图（来源：宁宁 摄）

北魏献文帝天安二年（公元467年）怀州治所设在野王；隋文帝开皇十六年（公元596年），改野王县为河内县；后隋炀帝废怀州，王世充又在济源柏崖城（今小浪底附近）重置怀州，直至唐高祖武德四年（公元621年）复迁怀州于河内县；之后，历唐、宋、金、元各代，沁阳一直为怀州与河内县治所；元仁宗延祐六年（1319年），改怀孟路为怀庆路；明太祖洪武元年（1368年），改怀庆路为怀庆府，府治还在河内县。清代沿袭明代称呼，沁阳为怀庆府治和河内县治。

（二）规模形制

野王城始筑于西周，以后历代均有修筑，元至正二十年（1360年）重筑城池，明洪武初再次重筑，并设怀庆卫守之。城围九里一百四十八步，高三丈五尺，宽二丈，壕深二丈五尺，宽五丈。修城阙四座，角楼四座，敌台6座，警铺39个。明崇祯十四年（1641年），将城墙增高五尺，加宽三尺，并易四城楼以砖，增刻门额，东谓"朝曦"、西曰"万城"、南名"朔南"、北称"拱极"，面积约1.3平方公里（图3-3-17）。

（三）空间格局

怀庆古城傍沁水之阴，沁、丹二水交汇于城东，广利河渠横贯于城南，周围是广袤的田野。在城市建筑布局上，怀庆府城集防御、交通、水系、人居为一体，形成了"四门不照、藩府居中；一水穿怀、湖塘相连；府县并列、商铺林立"的形制。（图3-3-18）。

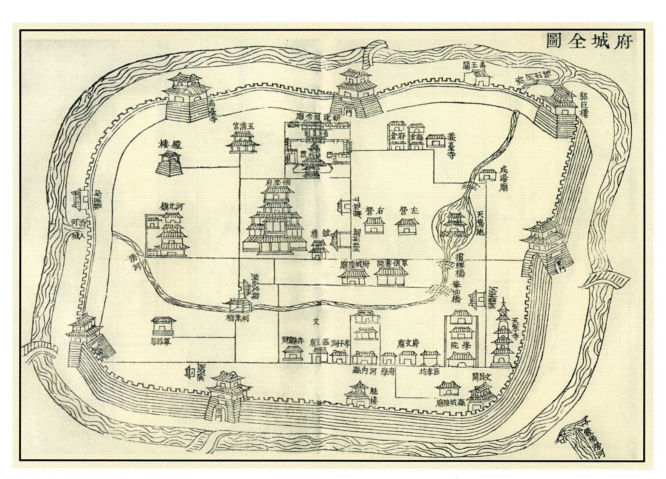

图3-3-17 怀庆府府城全图（来源：《怀庆府志》）

图3-3-18 怀庆府文物古迹分布图（来源：沁阳市文物局 提供）

1. 道路系统——四门不照、藩府居中

城内居民人口较为密集，街区巷道为棋盘状。古有"十四街七十二条胡同"之称。古城城墙上有东西南北四座城门，东、北两座城门基本上居中布置，西门靠近南侧，南门靠近西侧。主要干道直接与城门相对应，受其位置影响，结构是传统的十字路与丁字路相结合，道路基本上为横平竖直，没有斜向走势。街巷道路以建筑布局为依据，从主干道相向延伸，形成相互交错的路网结构。沁阳古城仍然沿袭了历史的街道格局，形成以南北大街和东西大街为主的大结构格局，即主要由两条东西向道路贯穿全城，两条南北向道路连系全城。东西大街之外又有短营街、北马道街、南马道街、北门街、钟楼街、仓门街、关帝庙街、合作街、莲池街、县南街、县东街等历史街巷星罗棋布。街道空间尺度，主街以北寺街最长，怀府路、覃怀路相当，北门街最短。次街以关帝庙街和仓门街为最长。

2. 水系——一水穿怀、湖塘相连

沁阳老城古代有"北方水城"的美誉，城中湖塘渠系发达，至少在汉代先民已将沁水引入城中。北魏郦道元《水经注》载之较详，如在沁河的右岸引出干渠（朱沟水），渠长160里，东南流入武陟陂湖。东南分出两大支渠：奉沟水与沙沟水。向北分出支渠入野王（沁阳）城濠，余水在城东北退入沁河。宋代又引济水入城，史称"济水穿怀"。城中湖、塘、渠、桥及闸门、涵洞经历代开挖、疏浚、修理，至明清已日益完善，开挖湖塘12个，均以渠道相连通，并设穿城水闸门各三个。城中居民还在湖塘中种莲、养鱼，每逢夏季，芳香四溢，沁人心脾。同时，通过对水的蓄泄调节，起到了减少旱涝灾害的作用。

3. 建筑布局——府县并列、商铺林立

由于怀庆府治设于河内县城中，故在行政机关设置上为双重建置。双重建制虽然使当时的怀庆府城在空间分布上呈现出多中心的特征，但内部空间的划分整体性还较强。济河从城墙西部进入城内，从城池的东北角流出城外，将整个城池的空间划分为南北不相均衡的两部分，其中北部空间稍大，南部较小。北部主要为怀庆府署所在地，怀庆府衙位于东西大街中部，明朝时期的郑藩王城坐落在府衙东边城市中心位置，同时政治、文化类的主要建筑强化轴线布置，沿主街道依次展开；南部主要为河内县所属空间，县衙坐落在东南部县前街北侧，府县学及文庙分别位于县衙两侧；城池的东北部主要为整个府城的仓储区，有府仓和县仓；西南角主要为城防区，部署有军器局等一些军事机构；商业空间主要沿东西大街布置，居民区主要位于城市南部，城中当时还建有三十多个过街牌坊，多个寺庙建筑。天宁寺、兴隆寺两个佛寺分建在西北、东南两隅，以天宁寺三圣塔为城市中心制高点。清真寺位于城中北寺街中段西侧。城内还建有府、县城隍庙、六个书院、十多个名宦祠庙、三个文昌阁、两个关帝庙，另有药王庙、玉清宫、观音阁、三官庙、圣水观等。

五、彰德府——甲骨青铜，殷商古都

彰德府即今安阳市。安阳位于豫晋冀三省交界地带，是中国八大古都之一。公元前1300年，商王盘庚迁都于殷，在此传八代十二王，历时254年。三国两晋南北朝时，先后有曹魏、后赵、冉魏、前燕、东魏、北齐等在此建都，故安阳素有"七朝古都"之称。1986年，安阳以其悠久的历史被国务院命名为历史文化名城。

1. 历史沿革

安阳历史悠久，第一个城当是商代河亶甲居相之都城，然后是盘庚迁殷之殷都城。自从秦昭襄王五十年（公元前257年）奉拔魏宁新中（今安阳城东20多公里的汤阴县故城一带），更名为安阳，公元前236年秦将王翦等又克安阳，始建安阳城。隋、唐、宋沿用相州一名。1192年（金代），升相州为彰德府，此为彰德府名称之始，明、清一直沿用。清代是彰德府城城市发展史上一个重要的时期，它继承了唐宋以来豫北军事、政治重镇的地位，并逐渐发展为豫北乃至河南最重要的区域中心城市。明清时期对彰德府城城池的修建达到历史时期的高峰,也奠定了后世安阳城市发展的基本格局。

2. 规模形制

据记载,府城筑城最早于北魏天兴元年(公元398年)修筑,宋景德三年(1006年)增筑,城周长19里。

明洪武元年(1638年)改建的彰德府城呈方形,"围九里一百一十三步,外砖内土,城墙高二丈五尺,厚二丈"。外砖内土。有四门:东曰"永和",西曰"大定",南曰"镇远",北曰"拱辰",门上各建有楼,又建4个角楼,40个敌楼,63个警铺。城外周围有护城河,阔10丈,水深2丈。

清代彰德府城的规制基本上沿用明代彰德府城的规制,并无大的改动,在明代城墙规制的基础上进行了几次修缮。据《安阳县志》,"壕阔十丈,深二丈……乾隆二年,知县陈锡格,动帑挑浚四城河,面宽五丈,底款三丈,深五尺,瓮城河宽三丈,又城北疏泄水支河,自是水得顺流,无漫溢之患"。除此之外,在彰德府城南门外还修建一方形小土城,最早出现在清乾隆三年(1738年)陈锡辂《安阳县志》之"县志图"以及清乾隆五年(1740年)的刘谦《彰德府志》卷首"郡境图"中,在南门外均有"附城"字样(图3-3-19)。

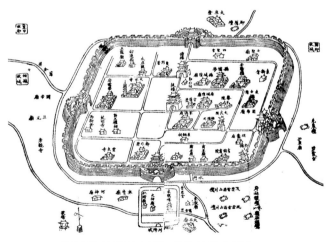

图3-3-19 清代彰德府城池图(来源:乾隆《彰德府志》)

3. 空间格局

古城面积约为2.4平方公里,地势平坦,略微呈龟背形,呈中间高四周低的地势,以鼓楼为最高处,像四面呈辐射状,逐渐降低以便排水;城池格局方整,整体呈长方形,南北方向为长边,东西方向为短边,城外有护城河,城内有马道,城内街区布局具有中国北方典型的古城风貌。

从《续安阳县志》的城池图来看,彰德府城外缘呈长方形,为传统中国城池的基本形态,东西略长,南北稍短。城内以南北大街、东西大街为主要街道,南大街—中山街—北大街贯穿南北,即从南端的镇远门经钟楼、鼓楼,北至拱辰门,为统领全城的中轴线。东门与西门则不相对,东西两条大街并非以鼓楼为中心建在一条直线上。辅之以网状的纵横交错的街巷,交通便利。街道之间,或衙门、或府邸、或民宅以南北大街为轴线,东半部面积大于西半部(图3-3-20)。

城中居住空间、商业空间、权利空间完善,商业空间集中在南、北大街,西大街等,周边民居密度较大,多为青砖灰瓦的四合院建筑;权利空间为东大街县衙;高阁寺、文峰塔、城隍庙、小白塔等古建筑分布得宜,在视线上相得益彰;城内大小坑塘十多个,分布在城内各处,在暗处与护城河相连,解决城内排水问题。

(1)街巷空间

城内主街道为东西南北四条大街。大街小巷,纵横交错,密如蛛网,号称"九府""十八巷""七十二胡同"。以南北大街为界,九府十八巷形成了"东府西巷"的分布排列格局,称"府"者大部分在南北大街以东,称"巷"者大部分在南北大街以西。

此外,又有"十八罗汉街"和"龙凤街"之说。所谓"十八罗汉街"是指以南北大街为界,在它的东西两侧各有九个街口,相传每个街口曾各设石雕罗汉像一尊,用来护卫各街道的安全。所谓"龙凤街",是指甜水井街和仓巷街。这两条街的房屋整齐,结构较好,大

图3-3-20 彰德府城1970年卫星图（来源：美国地质调查局网站）

都是二进、三进甚至是四进，其中不乏"九门相照"的豪宅大院。

（2）政治空间

府、县两级衙署及其附属机构主要位于城市东部，位于城市南北大街东侧，占据有利的位置，与府、县相匹配的机构亦在城东部布局，彰德卫等军事机构也主要位城东。城东主要分布政治军事机构衙署、官僚府邸。

府署原在城东永和门内一里，大明洪熙元年（1425年），改为赵府，移府治于西百武厅，重新修建，原府署改为赵王府；税课司在府治北华林坊；邺城驿在府治西南，明永乐十三年（1415年）建；崇盈仓在府治东北，阴阳学、医学俱在府治北；申明亭、旌善亭俱在府治前；行署布政分司在府治东北，东为按察分司，西为府署。

清代彰德府的行政机构也基本沿袭明代，只是在部分职能机构上有所变化。清代主要的变化为赵王府已经坍毁，仅存大士阁一处遗迹，彰德卫、中军守备署、布政分司、按察分司在清代均已裁废，并且在安阳城东部形成两个行政中心，围绕县署，西为县儒学、县城隍庙、县丞署、主簿署、典吏署等县级行政机构。围绕府署，北为守备署，东北为府城隍庙，而东为察院，府东为经历司等府级行政机构。

（3）商业空间

安阳的商业历史悠久，因处于中原腹地，物产富饶，水路交通便利，始终是四方争趋的理想商埠。明清时期，安阳成为豫北最大的物资集散地，药材行有"七行八栈"之称，棉花行数十家，与粮行、菜行形成四大闹市；山货行、杂货行、绸缎布匹庄则以鼓楼为轴心，鳞次栉比，辐辏于城隍庙、西华门及东西南北各大街，成为繁华一时的商业区。

图3-3-21　天宁寺鸟瞰图（来源：张文豪 摄）

（4）教育空间

教育机构有书院、儒学、县学、文庙等附属机构，主要分布在行政机构周围。在彰德府城东南以昼锦书院为中心，聚集了大量的文人士大夫的宅邸。在清代彰德府城的文化区以城市内的安阳县学，昼锦书院等为中心，形成了以儒学、县学、书院为中心的文教区。

（5）祭祀空间

"国之大事，在祀与戎"，祭祀为古代社会国家重要的仪式，是取得政权合法性的重要途径，同时也作为"国家"在地方存在的重要标志，清代彰德府祭祀主要有官方祭祀、半官方半民间祭祀以及民间"淫祀"，三种祭祀形式在时间、空间分布格局既联系紧密、又相互区别。

清代彰德府城市的总体格局为"东府西巷"，城市东部主要为政治军事机构所在，而城市西部主要为民众居住城所，与普通民众生活息息相关的寺庙，如灵泉寺、乾明寺、天宁寺（图3-3-21）、五龙庙、太虚观等都位于城西，而与政治息息相关的祠祀机构，如城隍庙（图3-3-22）、关帝庙、商王庙、韩王庙、崔铣祠等位于城东部。

图3-3-22　彰德府城隍庙（来源：黄华 摄）

第四节 传统县城格局

县作为明清时期最基层的政权单位，掌管一座县城的各种事物。县城作为县的治所所在地，是一座县城经济、教育、文化、军事、商业等方面最集中的反映。县城的选址、规模、建设水平在一定程度上代表了县城的重要性和发达程度。本节选取了淮阳县、密县、郏县、浚县、禹县五个县城为代表进行分析。

一、淮阳县——豫东水城，羲皇故都

淮阳古称"宛丘""陈""陈州"，历史悠久。淮阳县城在西周至春秋年代为陈国都城，战国末期又为楚国都城。淮阳县于1989年被河南省列为第一批省级历史文化名城。由陈楚故城、太昊陵、龙湖围城的古城区是淮阳历史文化名城的核心组成部分。

1. 历史沿革

淮阳县发掘最早的城市为平粮台遗址，距今约4600年。平粮台古城消亡后，于公元前11世纪的西周时期，周武王以元女太姬配舜之后代妫满，封妫满于陈，建陈国，并修筑陈国都城，城址向西迁移至今淮阳县城处，后楚灭陈，夷陈为县，再筑陈城。公元前278年，楚国郢都被秦攻破，楚顷襄王迁都来陈，称"郢陈"，复大筑陈城，故称陈楚故城。陈楚故城即今淮阳城址。

秦置陈郡，西汉初以陈在淮水之北，置淮阳郡，北周改为陈州，此陈州之始。宋宣和初升陈州为淮宁府，金复为陈州。元、明及清初皆沿用陈州，清雍正十二年升为陈州府，置淮宁县。民国初废府复县，改淮宁县为淮阳县。

2. 规模形制

陈楚故城是一方形城市，分内外两城，外城周长15公里，内城周长4.5公里，外城的周围有万亩城湖环抱，在内外城之间又有内河，犹如一座水上牢关，是一座典型的古战争时期的城市，易守难攻。由于此城市形态非常适应当时的战争形势，因此该城延续使用3000多年。明朝后战乱频繁，城墙多次坍塌，几经修复，但规模并没有扩大。

经发掘考证，叠压在最下面的城墙为春秋时所筑。城垣残高2米至5米不等，最宽处20米，系夯土筑成。故城为方形，分内外两城，外城周长15公里，内城周长4.5公里。该城延续使用的3000多年间曾多次修筑，增修层次明显。

清道光六年（1826年）《淮宁县志》载："明洪武辛亥，指挥陈亨易砖垣，延袤七里有奇，高三丈，址广五丈五尺。四门各增瓮城，四隅各为角楼，敌台四十九，堞计二千七百，池深一丈五尺，广二丈有奇"。明朝后因战乱频繁，城墙多次坍塌，几经修复。清末，内城城垣周长为4.5公里，高8米，堞计2211个。城墙上每隔90米建5米见方的敌台（由青砖垒砌），共有敌台49座。

3. 空间格局

1）布局形制

淮阳古城是中国北方府城的典型形制。城内路网呈整齐的棋盘式布局，东西向、南北向各有一条主要道路通达四座城门。与一般府城不同的是，淮阳古城又遗留了都城的典型轴线布局，最重要的轴线北端坐落着人祖伏羲的陵墓太昊陵（图3-4-1）。太昊陵兴建于春秋时

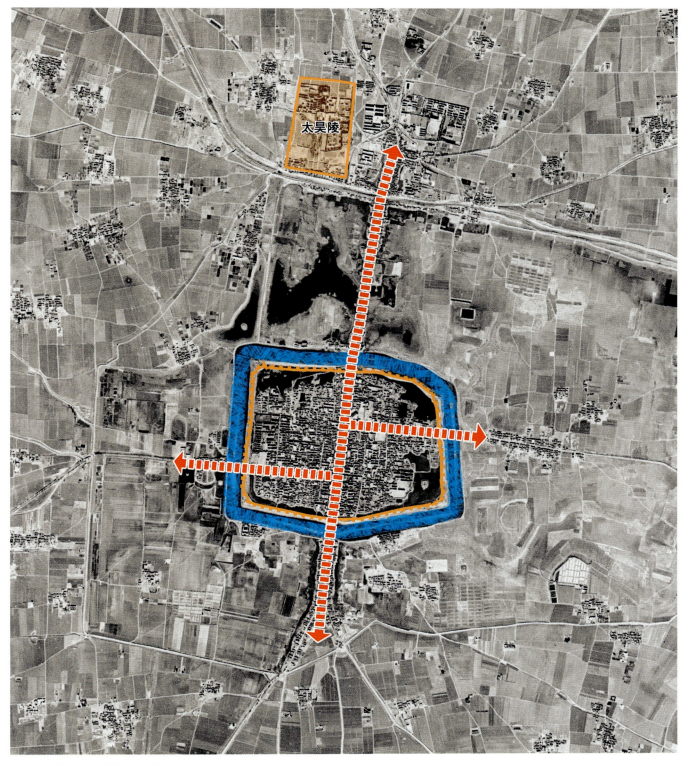

图3-4-1 淮阳古城空间格局（来源：宁宁 绘）

图3-4-2 太昊陵鸟瞰图（来源：宁宁 摄）

代，在唐朝之后历代均有增建，一直是豫东地区重要的祭祀场所。太昊陵呈轴向纵深布局，在长达1.5公里的轴线上布置着午门、大殿、陵墓等重要建筑。太昊陵前广场对着浩渺的城湖，遥望湖心半岛和神龙桥，饱览龙湖美景。陵墓、广场与水面在这里形成序列，湖心岛构成陵前影壁，堪称人居环境的典范。（图3-4-2）

淮阳古城的城市交通系统可以分为主干道、一般街道、巷道和胡同。主干道和城门直接相连，一般街道将古城划分为若干个街坊，巷道与胡同位于街坊内。路网结构层级分明，规整严谨，在城市形态上深刻地反映出古代封建社会政体的等级制度。淮阳古城的四向城门，南北相对，东西相错，形成双"丁"字形道路布局，道路系统四通八达、曲折幽深，具有较强的防守性，空间尺度宜人，生活气息浓厚，同时也印证了中国道家"阴阳五行"观念。

2）空间形态

我国大多数古城都建有具有防御和消防功能的环城沟渠，其与城内的河渠、坑塘、湖泊及城外的河流相互联通，并通过涵洞、水闸等设施连接，共同组成了古城水系。淮阳古城环城湖是在护城河的基础上演变而来的，早期出于城市防御需要，在都城周围都布置壕沟，伴随着黄河水患的来临，洪水退后大量泥沙聚集城外，

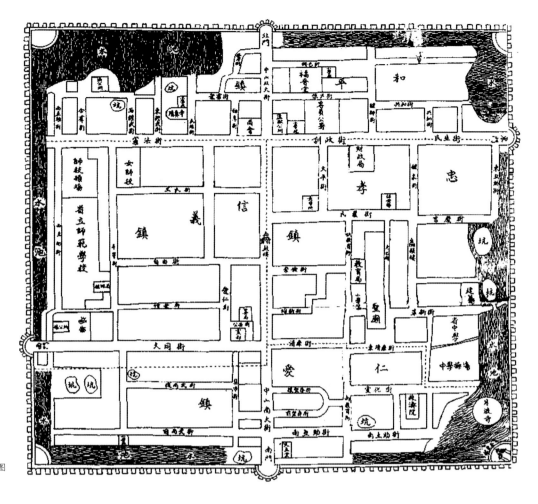

图3-4-3 民国时期淮阳古城平面图
(来源：民国《淮阳县志》)

人们得疏通壕沟，日复一日，壕沟逐渐演变成环城湖。
（图3-4-3）

淮阳古城的平面形态呈现"外圆内方"的特点。淮阳古城地处黄泛平原区，在古城内部和周边分布着不同规模的水体，这些水体往往以湖面或者坑塘形式存在，不同于江南城市的河道水网。更突出的特征是城墙外围都会加筑护城堤，往往随着湖泊的边界最终呈现为圆形，圆形的边界可以抵御黄河水患的冲击，缓解外来水的作用力，提高城市防御效果。而城墙多建造为方形，方形利于施工和建造，所以二者就形成古城"外圆内方"的独特结构。

二、密县——千年县衙，密境之城

密县即今新密市，位于郑州市西南部。在西周灭商之后是密国和郐国所在地。密国是以密山为名，密山以"密"为名，是因为这里山的形状像座宏大的殿堂，古代山形如堂者称为"密"。后来郑国灭掉了郐国，并将原来的密国故城更名为新密邑。韩国灭郑后，拥有此地。从春秋战国到秦朝灭亡，一直沿用"密"这个地名。新密古城建于隋大业十二年（公元616年），千余年来，是密县的兵防要地和政治、经济、文化的中心。

1. 历史沿革

密县古城自隋朝建成至年，虽然历经朝代更迭，城池经数次损毁和修复，但古城城址未经改变，城池范围也变化很小。

隋朝大业十二年（公元161年），县城由大騩镇迁址法桥堡（今老县城），所建城池为夯土建筑，东、西、南、北各设一道城门。

唐武德三年（公元620年），撤密县，置密州，四年复置密县，属郑州，县城仍在今新密市老城。

元至正二年（1342年），密县改为密云县。

明洪武元年（1368年）改密云县为密县，县城仍在今新密市老城。洪武四年（1371年），县衙西建城隍庙。

清顺治二年（1645年），重修城门，复建城墙、城垛及城内外的护城设施。顺治六年（1649年），重修城楼、角楼，并补葺四城墙垣，浚治壕堑。顺治十二年（1655年），大雨连下月余，城墙及护城设施倒塌过半，重加修筑。康熙二十四年（1685年），重修城池。后城池历清雍正、乾隆、嘉庆、道光四代百余年无续修。城四门外的瓮城，从明末毁坏后，未再重建。

2. 规模形制

新密古代城池基本形态为方形城，北城墙沿老龙潭沟边修建，全城东部比西部略长，呈略向东北倾斜的形态，是古代"因地制宜，以险制寨"建城思想的反映。明洪武三年（1370年），城墙围七里，高两丈五尺，墙宽二丈，城壕宽一丈，深七尺，有东、西、北、南四个城门。新密古城城池经过明清历代修复，到清末时期，依然崇墉巍然，雉堞完好。城墙周长3.5公里，高8.3米，宽6.7米，城池设四城门，东为仁育门，西为文正门，南为礼节门，北为乐和门，城外设东西南北四关，城外有护城壕环绕，深和宽均为5米（图3-4-4）。

图3-4-4 密县古城平面图（来源：新密市住建局 提供）

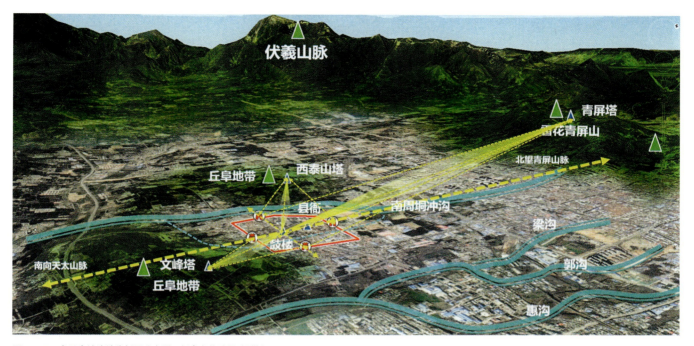

图3-4-5 密县古城选址分析图（来源：新密市住建局 提供）

3. 空间格局

新密古城是在传统空间格局和礼制的基础上规划形成的，顺应地形，形成了近似方形的平面形态，内部以县衙为中心，为"卜"形道路骨架，棋盘式街巷格局，有着严整有序的城市布局和结构形态。

1）环山为障，据壑为屏的城市选址

密县古城选址背靠青屏山，南朝天太山，西南依靠丘阜；取两沟高地营城，借沟壑为天然屏障，是古城最佳的选址方位。

以青屏、天太山脉为轴线，在东西两岗建有文峰塔，青屏山建有屏风塔。三座宝塔是密县古城营建的重要地标，古城内的重要视点空间均能望到三座宝塔。

新密古城所在地势东北高西南低，古城的营造也因地就势，选址于平缓地带，功能布局符合城市安全，重要的公共建筑集中分布在十字街以北高处。同时将上游城北沟河的水系由北城门引入城内，修葺岸线以供居民生活用水（图3-4-5）。

2）中轴方正，格局规整的古城格局

古城在布局上，根据地势和地形，依"千尺为势，百尺为形"的布城原则，以县衙中轴线上的建筑群为正穴，向周围展开，确定城郭面积。作为一座传统古城，新密古城的整体布局在一定程度上遵循了必要的礼制和秩序。

以县衙—十字街—钟鼓楼为轴，形成棋盘式的街巷肌理。新密古城的街道呈棋盘式方格网布局，主要街道十字相交，其他街道多为丁字相交。古城的核心区域街巷延续了"街道—巷道—院落"的传统布局。

城池以县衙为中心，在城市空间中官方建筑的主导因素明确，县衙位于"十"字形道路北端，其他道路交叉多为"丁"字形。古城内的公共建筑分布较为集中，主要分布在古城的重要历史街道东西大街、南大街两侧和县衙周围的中心区域，城市核心空间突出。城隍庙位于县衙西部，文庙位于县衙东部，符合"左文右武"的布局原则。

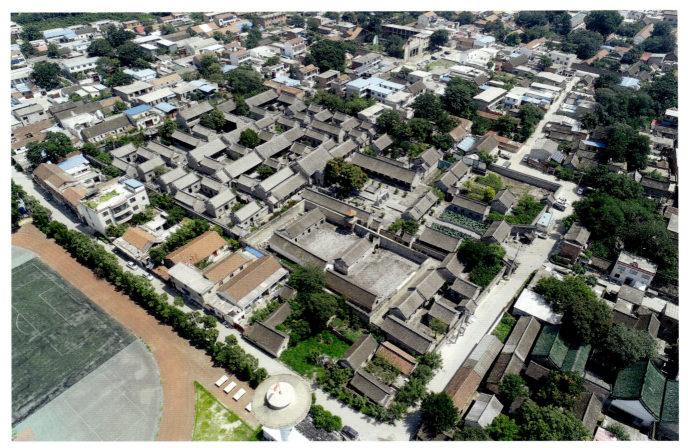

图3-4-6 新密县衙（来源：宁宁 摄）

街巷交叉口处均有牌坊门楼等地标，景观序列清晰。明平时期牌坊共有44座，城外27座，城内17座，其中过街牌坊8座，一直保存到1958年，是中原地区牌坊最多的县城之一。为了迎接乾隆皇帝进城，过街牌坊均少一角。

一般钟鼓楼常见于府、州级城池，县城设钟鼓楼较少，设钟鼓楼的中原县城仅见滑县、新野县、宁陵县、扶沟县。密县古城钟鼓楼合一，且位于南北中轴线，这在中原八府一州74个古县城则是孤例。

3）规制完整、延续千年的县衙遗存

沿用最长：沿用1342年，是中原乃至全国现存历史最悠久、沿用时间最长的县衙。密县县衙监狱沿用至2003年搬迁新址，历时1400年，是目前已知沿用时间最长的监狱。

规模最大：密县县衙占地面积紧2.5万平方米，内线县衙8500平方米，叶县县衙战地1.6万平方米，是中原地区现存规模最大的县衙。

大门甬道两侧有一个长方形莲池，是中原地区的唯一样本。在县衙之中还有四通八达的地道，从县衙内通向城外。密县县衙遵循坐北朝南、左文右武、前朝后寝、监狱房居南的传统礼制思想，密县县衙建筑群规制保存完整，整个县衙五进院落，中轴线上建有钟鼓楼、照壁、大门、仪门、戒石坊、丹台、卷棚、大堂、二堂、三堂、大仙楼等（图3-4-6）。格局独具特色：大门楼后通道两侧各有一个长方形莲池，密县县衙是已知的中原地区唯一建有莲池的县衙。

三、郏县——茶路节点，千年古县

1. 历史沿革

郏为古国名，历史悠久，春秋时属楚，名郏邑。郏邑原是郏敖的封地，又是郏敖的埋葬地，因此以"郏"为名。战国归韩；秦始置县，隶属颍川郡；北魏太和十七年（公元493年）改为龙山县，属顺阳郡；隋开皇元年（公元581年）改为汝南县，开皇十八年（公元598年）改为辅城县，大业初年（公元605年）改为郏城县。元大德八年（1304年）复置郏县，隶汝州；明成化十二年（1476年）改隶汝州直隶州；清代沿明制。

2. 规模形制

郏县老城是在明清郏县城的基础上保留下来的古城，从现有的城墙遗迹可见其规模约4平方公里。清同治三年《郏县志》记载：郏故土城也周十里有奇。纵观明清河南各个府县，郏县古城规模之大在河南所有县城中居首位。除开封府外城"周围二十里一百九十步"，超过了其他所有府城的规模（图3-4-7）。

据明万历二十六年（1596年）《汝州志》记载：郏县周围八里有奇，高一丈五尺，池深一丈本。明隆庆三年（1569年），改土垣为砖石，至明万历五年（1577年）告成，周长2308丈。明崇祯十五年（1642年）毁于战事。

清顺治十二年（1652年）重修郏县城，周长2360丈，城垛1684个，月城4座，城楼、瞭望台、敌台16座，环以城壕，宽3丈3尺，深1丈5尺。据清同治三年《郏县志》记载：郏故土城也周十里有奇，高一丈五尺，广八尺三寸，基广一丈二尺，女墙高五尺，岁久倾圮成化中知县王公尔政筑拓其址十二里，有奇辟五门，东曰迎恩，西曰望嵩，南曰临汝，北曰拱辰，东南曰便耕，历七十余年复就圮。池周地十三里有奇，阔三丈三尺，深一丈五尺（图3-4-8）。

民国二十八年（1939年）被毁。郏县解放时，已为残垣颓壁，城区近方形，面积约4平方公里，街道狭窄，跨街牌坊鳞次栉比。

3. 空间格局

郏县古城的选址位于汝水之北的高地，城内有"三山不显"之说。三山之一为古城十字街中心，为古城的高点，形似龟背，向其四周均有漫长缓坡，让人感觉不到山的存在，故曰"不显"。龟背形地形使城内地面出现高差，营造出利于排水的地面坡度，这对城内排水的组织提供了有利条件，同时由城门、护城河也构成了古城的排水系统，利用地势的高差将城内涝水汇聚径流到城外。

明清时期郏县古城整体格局变化不大，东南西三面城墙呈直线，北面城墙形态不规则，整体呈现出"东西相对，南北不照"的形态。东门西门通过东大街和西大街连成一条直线，南城门和北城门则不在一条直线上，而是分别以丁字路口的形式相交于东西大街。由于城南有汝河之险，且外出南门没有桥梁可渡汝河，因此郏县古城对外联系的道路主要通过东、西、北三门，东西大街对外连接洛蔡古道，因此尤为繁华。东西大街位于古城偏北的位置，加之北侧城墙不规则，由此造成郏县古城重心偏北，南部面积约为北部面积的两倍。

东南西北四条主干道将古城分为四个区域。四条主干道两边多为沿街商业。古城的政治中心位于西北隅，衙署、捕厅、兵营、粮仓均位于该区域。衙署西侧还有龙山书院、城隍庙等重要的公共建筑。东北隅以崇正书院为核心，崇正书院位于城北一块高地上，加之又为筑台而建，台高三丈，前有台阶30多个，远远望去很有气势，是郏县的文山所在。

4. 建筑遗产

1）文庙

郏县文庙位于老城南街中部东侧，创建年代久远、

图3-4-7 郏县古城1970年卫星图（来源：美国地质调查局网站）

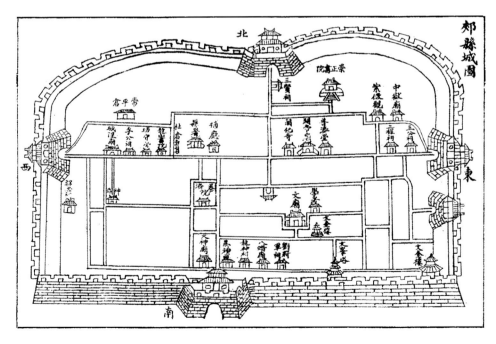

图3-4-8 郏县城图（来源：同治《郏县志》）

图3-4-9　郏县文庙大成殿（来源：宁宁 摄）

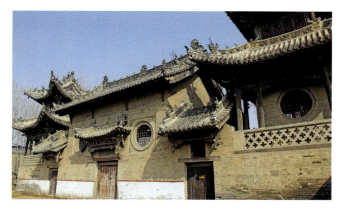
图3-4-10　郏县山陕会馆（来源：郑东军 提供）

规模宏大且保存完好。郏县文庙坐北朝南，整体布局由东、中、西一主两次三条南北轴线贯穿，中轴线以大成殿为主体建筑。在规模、建制、保存完好程度等方面，除了山东曲阜孔庙、南京夫子庙以外，超过了全国各县的文庙。

大成殿面阔五间，进深三间，单檐歇山式建筑，绿色琉璃瓦覆顶。檐下大额枋与平板枋透雕日月云气、人物车马、桥梁房舍、花鸟山水、卧榻桌椅等精美木雕图案。前檐四根木檐柱柱头均浮雕形象生动的虎首。柱身的通体柱面透雕盘龙云气，雕刻精湛，栩栩如生。特别是四根巨大的木质檐柱上的盘龙云气，在全国并不多见，尤其在河南仅此一例，可谓清代木雕龙柱的佼佼者。大成殿外檐斗栱、檩枋等处保留的部分原构彩画，独具浓郁的中原地方特征，在全国现存的文庙中堪称一绝，是地方建筑彩画艺术的珍品。在大成殿月台前有一块保存完好的龙陛石，雕刻精美、造型独特，尤为罕见。（图3-4-9）

2）山陕会馆

郏县山陕会馆创建于清康熙三十二年（1693年），已有三百二十余年历史。其南有北汝河，西有青龙河，水陆交通极为便利。因此，在明清时期，山陕二省客商因借郏县古邑良好地势，在此设置了办事机构，后由二十一名商人捐资置地兴建郏县山陕会馆，逐渐形成了集拢聚两省乡人、共议商事和崇祀关公、福佑财源功能于一体的"庙馆合一"形式的会馆建筑。（图3-4-10）

郏县山陕会馆体现了中国古建筑的礼制规范中的"北屋为尊，倒座为宾，两厢为次，杂屋为附"，戏楼的建造遵照于此，位于照壁正北面的中轴线上。郏县山陕会馆体现了"无木不雕，无石不琢"的艺术风格，这些雕刻艺术具有明显的晋中风格，不仅展现了工匠的极高雕刻水平，而且在选材立意、视觉效果方面，都具有很高的研究价值和欣赏价值。

四、浚县——左右伾浮，襟带淇卫

浚县历史悠久，浚县商代称黎，西汉置县，明初改称浚县至今。浚县文化底蕴厚重，人文资源丰富，民俗文化和民间艺术源远流长，社火庙会，自明末盛行，至今延续不衰，正月古庙会有"华北第一大古庙会"之称，被国务院批准列入国家级非物质文化遗产代表性项目名录。1994年，浚县被国务院命名批准为国家级历史文化名城，是河南省唯一一座县级国家历史文化名城。

1. 历史沿革

现存浚县古城的空间格局演变从明洪武二年（1369

年）开始，建城初期，仅设置了东、南、北三面夯土的城墙，并在城内西北部设置县署，东侧设立学官。明弘治十年（1497年）重修城墙之时在四大城门之上修筑门楼，并在城墙的四个角修筑镇角楼。明正德三年（1508年）才修筑西边的城墙，使城墙四面围合，随后有修筑了西门外的云溪桥。明嘉靖十一年（1532年）为了利于整体防御，县城向西南扩张，通过沿着浮丘山外侧修筑城墙而将其纳入县城，同时又以砖石堆砌原本的夯土城墙。明嘉靖二十九年（1550年）又通过在浮丘山上修筑城墙而将浮丘山的西南部分划出县城。全城共设置大小城门共7个，全部城墙以砖石砌筑，开挖绕城一周的护城河，并在东、南、北城门外构建石桥。而后县城格局基本固定并逐渐修筑完备形成如今的格局（图3-4-11）。

2. 规模形制

据清嘉庆六年（1801年）《浚县志》记载，弘治十年，知县刘台重修浚县城，周长七里一百五十步，高二丈八尺，池深二尺（疑为丈），宽二丈五尺，修四门之崇楼翼廊，四隅增警舍。根据资料显示，浚县城墙周长约4.2公里。

古城原设有东、南、西、北四座大城门，横额上分别书"东望澶云""西瞻行翠""南控黄流""北迎紫极"。正门上各建两层高楼，东曰"长春"、西曰"长清"、南曰"叠翠"、北曰"拱极"，南北两门用青条石砌成，各城门外设置半径约35米的瓮城。西北有"观澜门"与"允淑门"两个便门。南门城楼最为壮观，东侧150米处城墙上立有"告天笔"（即文峰塔）一座，高12米。古城四角在城墙之上各建镇角楼一座，城门两边各有突出的马面。古城有四面环有护城河，四大城门外也都各建有一座石桥。其中西城门外的云溪桥横跨卫河，是古代县境内卫河上唯一桥梁（图3-4-12）。桥始建于明正德三年（1508年），嘉靖三十三年（1554年）坍塌，嘉靖四十四年（1565年）重建。此后，清康熙、道光、光绪、民国年间又数次修葺。

3. 空间格局

1）宏观格局

浚县古城的整体格局的发展变化都是与卫河、浮丘山之间发生的关系。首先依托卫河为自然屏障，而不包含浮丘山；随后修筑完整的四面城墙将卫河隔于城外；后又将浮丘山完整纳入城内；最终形成纳入部分浮丘山的整体格局。浚县古城经历了640多年的发展变迁，但古城整体仍保持着"两架青山一溪水，十里城池半入山"的空间格局。

浚县完整的城墙始建于明洪武年间，浚州改为浚县之时，当时并不是城市的四周都有城墙，而是北、东、南三面城墙，西侧依靠卫河为天然屏障。后来为了加强防御，县城向西发展，在浮丘山上增修城墙，把浮丘山一分为二，一半在县城内部，一半在城外，形成了独特

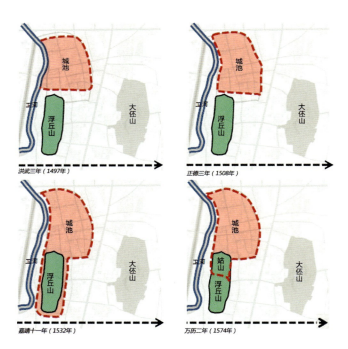

图3-4-11 明代城池格局变迁示意图（来源：《浚县古城保护与旅游发展规划》）

图3-4-12　浚县古城西门与卫河之上云溪桥（来源：王晓丰 摄）

的城市格局。西边有卫河作为天然屏障，其他三面以卫河为基础，开挖护城河，引卫河水，从南、东、北三面保卫浚县县城，南边有浮丘山为阻。因此，整个浚县古城呈南北略长、东西略短，向西微微倾斜的不规则形态（图3-4-13）。

2) 微观格局

浚县古城城平面的形态具有独特的风格，从防御、防洪的角度出发，因地制宜。浚县古城所处的地理位置，在军事上十分重要。由于社会动荡、战争频繁，自魏、晋、南北朝以来，为历代兵家必争之地。古城采取了完善的军事防御措施，城墙从西门向南沿山崖而筑，背山面水，地势险要，内稍平而外陡峭，易守难攻。由于北门偏西，西门偏南，因而古城四座大门并不相对，有"四门不照"之说，这也使得浚县古城整体格局并不严格对称。

古城以文治阁为中心，向外辐射的四条主要街（即东大街、南大街、西大街、北大街）为主要结构骨架（图3-4-14）。再通过8条小街及36条小巷的组

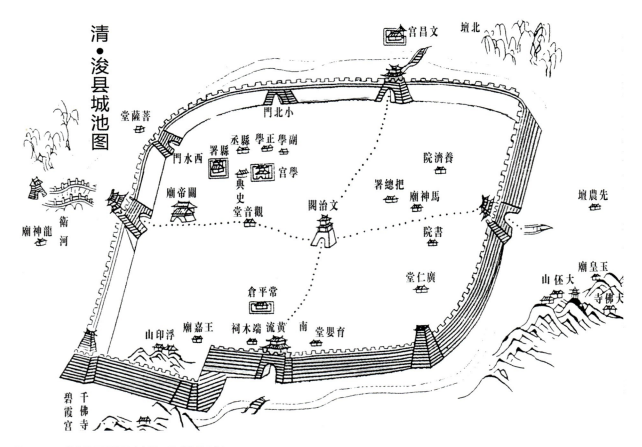

图3-4-13 清代浚县城池图（来源：清《浚县志》）

图3-4-14 文治阁与十字街（来源：王晓丰 摄）

合，形成功能完备、层次分明、布局清晰的整体空间格局。

四条主街中北大街最长，东大街、南大街长度相当，西大街最短。次街以关帝庙街和南山街为最长。四条主街商业集中，其中东西大街最为繁华。西大街直通城外的运河、码头，也因此在西大街集中了更多的服务功能。西大街北侧的南小西门里街集中了县衙、文庙两大古城重点建筑群，在靠近卫河的城墙单独设置了便门，道路尺度较小，突出了传统政治礼制的氛围。

在东、西、南、北四条大街上设有许多规则的直角相交的大街、小巷，住宅区均分布在巷道内，采用临街设店的规则结构，形成横平竖直的棋盘式道路网格局。城内巷道纵横交错，数不清的亭台楼阁以及庙宇点缀其间，具有传统的城市空间格局特征。

3）建筑布局

浚县古城的建筑布局遵循了"礼制"，以中心阁为中心，这是全城的中心，位于东、西、南、北大街的交叉点县署设在距中心阁二百余米处的西北位置，位于小西门里街，文庙位于县衙的东侧，符合"左文右武"的布局原则，周边集中布置有观音堂、学宫、小北城门城东南处有育婴堂、广仁堂，城的东北部有把总署、马神庙、养济院、书院，西城的南半部有常平仓、端木祠、王嘉庙，西城的北半部有关帝庙。建筑形制均是方形合院式，规模大小有所不同。

五、禹县——大禹故里，钧瓷之都

禹县即今禹州市，位于河南省中部，地处伏牛山余脉与豫东平原的过渡地带，颍河从西至东横贯全境。禹州市被誉为"华夏第一都"，以钧瓷文化、大禹文化、中医药文化著称。禹州市于1989年被河南省列为第一批省级历史文化名城。

1. 历史沿革

禹境称"夏邑"或"夏国"，亦称"虞国"。舜时期，禹在此受封为夏伯。禹的儿子启又于此创建了第一个奴隶制王朝，并大飨诸侯于钧台。商朝置历国仍为夏邑，商汤曾将夏禹的后裔封于此。西周以此地为历邑，周武王时，封武王之弟于康。禹州在春秋时，为郑国别都栎邑。

东汉年间，道教兴起，阳翟（禹州）城奉旨在西南隅建造了规模巨大、有皇家气派万寿宫。

三国至元朝，由于没有志书等流传，且禹州古城历经战乱遗留下的且可考证的历史遗存极少。只有北魏时期所建的天宁寺至今仍在。唐朝钧瓷逐渐兴起，发展到宋朝时期，禹州已经成为北方制瓷业的中心。元朝后，钧瓷产业逐渐衰落，但是禹州仍作为地区的经济中心。

进入明朝，钧（禹）州迎来了建设发展的高潮。作为亲王封地的禹州也在这个时期对城市的防御工事做了较大修整，古城改土城墙为砖石城墙，一改禹州古城的千年土城之貌。

清光绪年间，禹州出现了诸多实业，如陶瓷制造、煤矿开采等，也出现了大量的教育机构，很多的宫观寺庙被改为了西式学堂，如万寿宫、长春观等。

2. 规模形制

禹州古城最早建于汉代，时为土城，绕城一周筑以城壕、城雉，框定了古城的规模和格局。古城基本成方形，东北角因颍河的缘故，有明显的缺角。古代禹州城一直为土城，直至明朝才以砖石修葺，城墙外设有城壕和城郭。古城北面依托颍河的河湾为城壕，其余三面为人工壕沟。城壕从西北角引入颍河水，沿人工壕沟绕城一周，再入颍河。城内雨水也从城壕排出。禹州城郭在城墙和城壕之间的空地上。古城城垣略成方形，东南西北各开一个城门。城门之上各建有一个重檐五间歇山式城楼。城门外设有月城。明朝时期城内增设重门，形成瓮城。清晚期为方便城内排水，在城东南隅城垣下部开一水门。砖城一周共2240丈，城内面积亦约2.5平方公里。

3. 空间格局

明朝期间，禹州古城在原有的土城基础上修筑了的砖石城墙和城门。城内道路骨架明晰、呈网格状，明朝时期形成"五条街、九条巷、三个口"的架构。清末年间，随着经济和人口的增加，清朝时期禹州城内街巷的数量逐渐发展成"六街、十巷、八口"，形成了现代禹州城街道的雏形。古城内东西向主干道由澄清街和宣化街组成；南北向主干道为凤集街和迎恩街组成，这两条主干道相互平行，并与东西干道分别呈丁字相交。其他街巷各自与主干道相连，呈十字和丁字相交（图3-4-15）。

随着城市发展，古城由城门向外延伸的道路周边逐渐聚集了住户、商铺等。尤其是到了清朝时期，由于经济的快速上升发展，古城周边住户、商铺数量更多，并集中在城门外主道路周边，并逐渐向外扩散。

随着人口的不断增加，古城东、南、西、北四面共形成了四个城厢。城厢的功能主要是商业和居住，其中以南关厢和西关厢最为繁荣，并且建有寨墙。北关厢和东关厢由于紧邻颍河，受用地和交通的局限，规模较小（图3-4-16）。

清康熙年间起，禹州药业逐渐繁盛，药材交易品种多达千余种。药市从南街迁入西街后，药材市场主要集中在西大街及其南部片区，成为城内药材交易中心，西大街、三官庙街、四角堂街、洪山庙街等的主要街巷都成为药商店铺的集中之地。随着药商的繁荣，城内兴建了许多药帮会馆。药帮会馆是禹州药业民间组织管理机构。药帮会馆往往规模较大、装饰华丽，是禹州城的重要建筑标志。明清时期，禹州城内共有山西会馆、十三帮会馆、怀邦会馆、江西会馆四处，其中以怀邦会馆规模最大，占地面积约有1公顷，在建筑艺术上也居众会馆之首。

此外，还有一些街道衍生出专门为药材交易服务的商铺。商业服务中心商业服务主要集中在古城中部，以奎楼为中心的十字街道及其周边集中了古城内工商业、服务业。

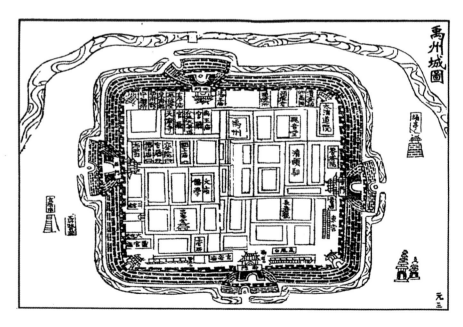

图3-4-15 清顺治八年（1651年）禹州城区图
（来源：顺治《禹州志》）

图3-4-16 禹州古城1970卫星图（来源：美国地质调查局网站）

第五节 传统乡镇格局

乡镇的形成与所处的地理位置和交通条件有着巨大的关系。在交通便利之处，尤其是在古代陆路运输受到诸多限制的情况下，水运发达的地区往往容易形成有影响力的乡镇，甚至有些乡镇的影响力会超过所在县的县城。这些影响力体现在文化、商业、军事方面等方面。因此，本节将乡镇分为文化古镇、商贸古镇和军事古镇三种类型。但实际上每个古镇并不只是具有单一的文化功能、商贸功能或军事功能，往往是这几种功能的混合。

一、文化古镇

（一）朱仙镇——板画之乡，中州名镇

朱仙镇位于开封县城西南部，贾鲁河穿镇而过，因而具备了水、陆两种交通运输条件，这便成为它兴起、发展和繁荣的重要条件。便捷的交通条件使省内外商帮之间的信息交流更加频繁、商业联系更加紧密。因此，这里便成为商人们聚集的活动场地，从而更加促进了朱仙镇商业、经济的繁荣。

1. 历史沿革

朱仙镇位于开封西南20余公里处，以战国时期魏国朱亥故里而得名，因南宋岳飞于朱仙镇大破金兵而名闻一时。元代以来，随着贾鲁治河，朱仙镇乘势而逐渐发展起来。贾鲁治河，将汴河、沙河、涡河、汝河、颖河连接起来，沟通了黄河与淮河的水陆交通，朱仙镇正是该河流上的重要据点，可以说，贾鲁治河为明清两代朱仙镇的崛起奠定了基础。明代以后，随着汴河、蔡河的淤塞，开封城失去了对外联系的水路通道，朱仙镇成为开封通过水路对外联系的重要通道，因而在明代后期及清代前期发展迅速，成为与广东佛山镇、江西景德镇、湖北汉口镇齐名的天下四大镇之一。

2. 空间格局

朱仙镇被贾鲁河分为东西两部分，通过横跨贾鲁河上的五座石桥相连接。从城镇布局来看，整个朱仙镇以贾鲁河为中心，纵横交织、横平竖直，形成了棋盘式的格局（图3-5-1）。北宋是朱仙镇发展的空前鼎盛时期，当时整个城镇共有72条街道，成为闻名一方的商业重镇，来自山西、陕西、甘肃及福建等地的商人纷纷在朱仙镇开设各种商铺。其中，晋商的实力最强，在朱仙镇开设票号、修建关帝庙，可以说在当时掌握了朱仙镇的经济命脉。陕西、甘肃的商人多经营山货皮毛，安徽的商人擅长经营茶业、典当等，福建的商人多经营米糖等日常杂货。朱仙镇的传统街巷多根据经营行业来命名。例如，贾鲁河东侧的主要街道有杂货街、油篓街、曲米街等，可以推测贾鲁河东侧多为福建商人经营；贾鲁河西侧主要街道有西大街、顺河街、估衣街、京货街、铜坊街等，从其街道名称可以推断出商铺经营的行业性质。

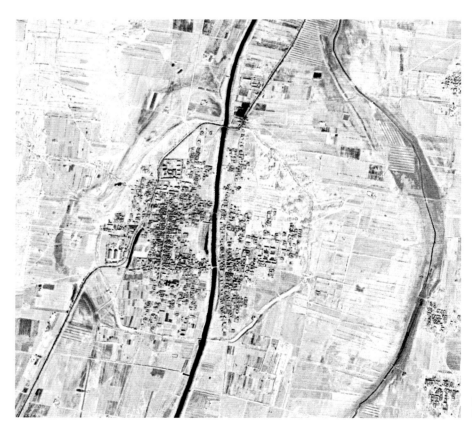

图3-5-1　朱仙镇1970卫星图（来源：美国地质调查局网站）

3. 文化遗产

朱仙镇独具特色的乡村民俗文化源于其悠久的历史，包括朱仙镇木版年画、庙会等，是中原淳朴民风的典范。

朱仙镇木版年画继承了汉唐壁画的特点并加以发扬，具有很高的艺术学、美学和社会学价值，反映出独特的地方文化特色和淳朴的中原乡土风格。朱仙镇木版年画内容大多来源于广大农民的生产劳动，如《灶神》年画对一年二十四节气都有规定，是农事活动的日程表，灶神下面往往刻画"聚宝盆""摇钱树"等寓意吉祥、祈求五谷丰登的图案（图3-5-2）。从民间宗教信仰上来看，朱仙镇年画体现了自然崇拜、英雄崇拜、家宅六神崇拜等民间信仰，具有强大的民族凝聚力和精神感召力。

庙会又称庙市，是我国传统的集市贸易活动。庙会期间除了有商品交易之外，还有各种娱乐活动，如戏剧、说书和杂技等各类表演，各种商贸活动、娱乐活动与宗教活动融为一体，是传统民间文化的重要组成部分。朱仙镇庙会是开封庙会的一个缩影。在朱仙镇，岳飞、杨家将、包公等都是戏剧颂扬的对象，说明戏剧是民俗文化的特有产物。祥符调来源于民间，扎根于民俗文化，具有浓郁的地方特色和乡土气息。

（二）神垕镇——老街遗韵，钧瓷古镇

神垕位于禹、郑、汝三县市交界处，因钧瓷而繁荣驰名，被称为"中国钧瓷之都"。神垕古镇，历史上曾被四次皇封。因千年窑火不熄，且至今仍盛产各种陶瓷，被誉为全国唯一活着的古镇。

1. 历史沿革

神垕镇历史悠久。钧瓷兴于唐朝，至今有1300多年的历史，据《禹州志》记载："州（即禹州）西南六十里，乱山之中有镇曰神垕。有土焉，可陶为磁。"。自唐代出现钧瓷以来，逐步发展成为中国北方陶瓷中心之一。宋时称神垕店，明代开始称神垕镇，属鸿畅都，清时属文风里。

2. 空间格局

神垕古镇北侧为乾明山，南侧为大刘山，东侧为凤翅山，古镇处于"三山一凹"的地势当中，居民自发的生活基本围绕着古镇内部各级路网街巷进行（图3-5-3）。神垕镇街巷空间充分体现了与当地自然山水相结合的特点，外围路网沿着山体环绕，内部道路向心性自然生长起来，形成了外围主干路放射，内部次干路串联，各级巷路衔接的结构形态。镇区建筑布局呈现中心汇聚，外围分散的形式。古镇所呈现的肌理形态一方面由于城镇最初选址考虑到人为生活以及钧瓷生产的用水需求，城镇居民多选择临水而居。另一方面是古镇核心片区肖河两侧地势平坦，适宜建筑建设的原因导致。

到晚清时期，钧瓷开始衰退，由于战乱灾荒，镇区开始修筑寨墙碉楼，以防战乱匪患，从而形成了"一河连五寨、组团式拥河发展"的防御为主的城镇格局（图3-5-4）。

图3-5-2　天地三界与上官下财木板年画（来源：《古韵新风——河南朱仙镇木板年画特展》）

图3-5-3 神垕镇空间格局（来源：宁宁 绘）

3. 文化遗产

神垕因钧瓷而繁荣驰名。早在唐代神垕就已烧制出多彩的花瓷和钧瓷，到了北宋徽宗年间，钧瓷生产达到了登峰造极的地步，被定为"宫廷御用珍品"。官府在钧台附近设置官窑，为宫廷烧造贡瓷，实现了钧瓷生产由民窑向官窑的转变，位居中国五大名瓷之首。古有"进入神垕山，七里长街观。七十二座窑，烟火遮边天。客商遍地走，日进斗金钱"的诗句美誉。

神垕是钧瓷的主产地，因煤、瓷土、釉土资源蕴藏丰富而名闻中原。神垕得天独厚的自然和物质条件，促进了神垕陶瓷生产与商贸经济的发展，加之钧釉开陶瓷铜红釉的先河，更有窑变"入窑一色，出窑万彩"之特色，所以有"家有万贯，不抵钧瓷一片"的珍贵价值（图3-5-5）。

由于地理位置的重要性，神垕成了陕西、山西进入河南的通道。商贾云集，道路畅通，经济的繁荣也造成了文化的繁荣。现在老街上还保存着两座古戏楼（图3-5-6），两座戏楼紧挨着，有交易或者庙会的日子，两场大戏同时上演，争取着观众，观众多的一方自然高兴，观众少的一方会更加卖力。这就是当地特殊文化习俗"飙戏"。

（三）告成镇——天地之中，观星圣迹

告成镇，原为古阳城，位于河南省登封市东南11公里处，嵩山和箕山之间，颍河横贯腹地。清乾隆县志载："阳城和太室，都居九州中心，位置非常重要。"武则天登嵩山，封中岳，到达古阳城，说道："大功告成。"从此，改名为告成镇。

1. 历史沿革

自夏至周，延至盛唐，这里都是政治与文化的发达地区。告成古称阳城，春秋时代称郑邑，秦朝置县，武

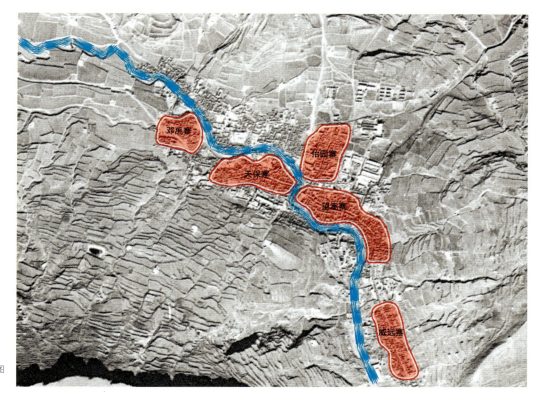

图3-5-4 神垕镇1970卫星图
（来源：宁宁 绘）

图3-5-5 钧瓷

图3-5-6 神垕镇戏楼（来源：郑东军 摄）

则天封禅嵩山之后更名告成，沿用至今。

周称颍邑。秦为阳城县治，北魏为阳城郡治，唐为告成县和阳邑县治。《元和郡县志》："则天因封中岳，改名告成。"今镇仍以告成为名。

2. 空间格局

告成镇南临颍河，呈椭圆形分布，东西长约700米，南北宽约300米，四周环以城墙。城内道路结构为一横两纵。向北至卢店镇，向西至大金店镇和登封县城（今登封市）。在告成镇正北约300米是我国现存时代最早的观星台。

3. 文化遗产

观星台（图3-5-7）是世界文化遗产天地之中历史建筑群组成部分，第一批全国重点文物保护单位，是我国现存时代最早、保护较好的天文台，在世界上也属最早的天文建筑之一，也是世界上最著名的天文科学建筑物之一，在世界天文史、建筑史上都有很高的价值。

观星台位于登封市城东南15公里的告成镇北高地上。观星台现为一座保存完整的中小型古建筑群。1961年国务院公布为第一批全国重点文物保护单位。建筑群坐北朝南，现中轴线上的建筑依次有照壁、大门、戟门、周公测景台、周公祠、观星台、帝尧殿等。现地面上保存的建筑，都整齐有序地排列在中轴线上，房屋建筑均坐北朝南，只有观星台坐南向北，以便观测日景。经过1975年的全面维修，现有古台、殿宇、石刻等均保持完好。

图3-5-7 观星台（来源：郑东军 摄）

二、商贸古镇

有道是：因商成镇。河南因地处中原，交通便利，商贾云集，历史上形成众多著名的集镇，其中朱仙镇、赊旗镇、周家口镇、道口镇为（清代）河南的四大商业名镇。

（一）赊店镇——茶路节点，水陆重镇

赊店是中国四大商业贸易名镇之一，位于豫西南地区南阳盆地东北部，北倚伏牛山脉，汉水支流唐河自北向南过境。赊店历史悠久，文化灿烂。明清时期，赊店借环镇之潘、赵河交汇唐河入汉水，直达长江，因水运之便，商业贸易随之兴盛，成为北通汴洛之动脉，南达襄汉之津渡，东衢闽越之喉塞，西连山陕之要道。南船北马，总集百货，豫南重镇应运而生。

1. 历史沿革

赊店古镇始于东汉，盛于明清，至今已有1900多年的历史。由汉南阳人光武帝刘秀曾在此地赊酒起兵而得名，民间俗称赊店。当地流传着一首民谣："赊店古镇千年传，三河四水围中间。七十二街有规划，三十六行行占先"，较形象地概括了赊店镇的历史、地理与商业发展状况。

古镇的商业兴盛期当属明万历年间至清末民初，300余年长盛不衰，清乾、嘉年间达到鼎盛。因潘河、赵河在此交汇，赊店赵河南码头的日渐繁荣，看准商机的各地商人在此越聚越多，南来的商船日日爆满，从而多转向赵河北岸停泊，日渐形成了赵河北岸码头，并逐渐形成新的街市，由此形成了老街、关帝庙街、石门街、启文街四条街巷形成的商业街区。

2. 空间布局
1）整体形态

赊店古镇地处冲积平原，三面环河，城墙形态呈现不规则形。古镇先因商业发展而形成内部的街道格局，

后因安全防御才建筑的城墙、城门，所以街道的形成也对城墙形态起到了一定的影响和限定。

赊店古镇寨墙依河道及镇周地势而修建，与临城的潘、赵河水相通，形成一道水系防护屏障。赊店古镇设有9座城门，这与过去只有皇城才能建9座城门的体制相违背，传说是因为东汉光武帝刘秀亲封之故。赊店古镇的城门既是古镇的入口，又是与商户、民居以及连通镇内街巷路网相联系的重要防御设施。通常设在古镇周边主要的街道入口处，有几处城门靠近码头的区域，以方便货物的集散和运输。古镇的9座城门，连接古镇内主要的条街道，象征着对古镇个方向的把守和关卡，在当地又被称为"九门九关"。

城墙与河道一起构成不规则的封闭环境，其围合形态在当时也经过精心的勘察设计，其城周外形恰似一个硕大的"金鱼"，体现了商城之特色，寓含"如鱼得水""年年有余（鱼）"之意。既有聚财之说，又有防御之效，可谓商防并重，独具匠心（图3-5-8）。

2）内部街巷

明清时期，赊店古镇的街道布局受河流的影响，随商业码头的发展需要，总体呈十字交错的棋盘式构架。商贸来往以及货物的装卸、运输使沿码头方向形成了古镇最早的四条街道，并随商业的不断发展，在垂直于四条街道的基础上不断地向周边拓展。与此同时，古镇东向的潘河经过疏通也已通航，并在沿岸兴建码头吸引船只在此停泊、装卸货物。随后，古镇街巷又沿潘河码头向镇内拓展。因赵河南岸码头兴建在前，街巷走势多以垂直或平行于沿赵河南岸码头最早形成的四条街道为主，并在南、东分货的双码头基础上，不断地成"十"字纵横交错的拓展态势，最终构建了北疏南密、西密东疏的棋盘式街巷空间。

3. 建筑遗产

清代赊店繁盛时期，镇内人口达13万之众。共有南九北七计十六省商人在此经商。各地会馆达十多处，至今保存完好的，有福建会馆及被誉为"天下第一会馆"的山陕会馆。

山陕会馆（图3-5-9）是一座巍峨壮观、金碧辉煌的古建筑群，始建于清乾隆二十一年（1756年），经嘉庆、道光、咸丰、同治至光绪十八年（1892年）落成，共经六帝136年。主体建筑自南而北沿中轴线有琉璃照壁、悬鉴楼、大拜殿和春秋楼。社旗山陕会馆建筑于中国古建筑艺术臻于完美的最后一个高潮

图3-5-8 赊店古镇平面图（来源：河南省城乡规划设计研究总院 提供）

(a)

图3-5-9 山陕会馆（来源：郑东军、王晓丰 摄）

(b)

图3-5-9 山陕会馆(来源:郑东军、王晓丰 摄影(蓝))

期，加之寓居赊店的山、陕二省商贾"盖压三江"的比富心理，以其雄厚的财力对会馆建筑倾力投入，从而使社旗山陕会馆建筑之时得以"运巨材于楚北，访名匠于天下"，其用材之优，延聘工匠之多，为斯时斯地建筑工程之冠。各地的能工巧匠汇聚于此，各展"绝活"，使社旗山陕会馆的建筑装饰艺术达到了其时的巅峰状态。同时，社旗赊店古城地处南北文化相互交流、影响的交冲要地，其建筑工艺兼收南北建筑文化之长，融北方古建筑雄浑壮观之气势和南方古建筑严谨柔美之风格于一体，成为一处风标独树的古建筑典范之作。建筑构件中的木、石、砖雕尤为精美，达到了"无木不雕、无石不刻"的境地。

在中原地区，南方会馆很少，但赊店却有保存完整的福建会馆。福建会馆是万里茶道源头福建武夷山茶商在赊店开设的同乡会馆。福建会馆位于全镇地势最高点南瓷器街南端，兴建于清嘉庆元年（1796年）。坐西朝东，其格局为集茶楼、饭庄、客房、娱乐为一体的一进二群楼庭院，整体建筑布局为"日"字形，寓意"日日高升"。形制为前店后宅，中轴对称，空间以北方院落形式为主，形成沿纵向延伸的合院空间，正房为五间两层，露脸二间，与北方四合院相比，其空间略显窄长。（图3-5-10）

除此之外，赊店古镇还保留着火神庙、瓷器街、蔚盛长票号、厘金局、广盛镖局、古码头等多处古迹。

（二）道口镇——顺河古街，滑台明珠

道口镇位于滑县西北边境的卫河之滨，据《浚县志》记载，早在金朝时期，黄河流经此处，道口为黄河左岸金堤上的一个渡口。自隋炀帝开凿永济渠、疏浚白沟、实现卫河通航以来，道口镇日益兴盛。明清时期，道口发展成为豫北重要商贸集镇之一，素有"小天津"之称。

图3-5-10 福建会馆（来源：郑东军 摄）

1. 古镇格局

道口古镇整体空间形态顺应卫河河道走向呈曲线状，南北长，东西短，是典型的"因河成镇"的商业聚落。卫河天然的航道和沿线城市的物资交流的需求是道口水运产生的基础，加之陆路交通的耗时和不安全，水运交通的重要性凸显。随着水运的兴起，分布于古镇沿河一线的码头犹如磁铁一般，紧紧吸附于古镇的东岸线上，将卫河和道口古镇紧密地联系在一起。

点状分布的码头是古镇产生的源点，还没有形成古镇主要的轴线和城镇格局，聚落形态的发展具有多种可能性，古镇在这一时期仅起到单纯的码头运输作用，服务于外界对本地物资的获取，同时也满足内部居民点物资交流需求。现存的码头是清代所建，很难推测九个码头的修建顺序，但是根据布局可以明确的是，道口聚落自有雏形之始，码头一直存在，随着聚落规模的扩大，码头数目开始增多。聚落在此开始发展，由最初的"码头—摆渡—聚落点"逐渐转变为到繁盛时期"码头—商业—古镇"的成长模式（图3-5-11）。明清时期，卫河道口码头上下数里航运繁忙。据民国二十年（1931年）的史料记载，道口河段水面宽时，6条大船可并行

通过，"船桅如林"，每日可经3000船次，基本沟通了冀、鲁、豫等省的30多个大小城镇。在流经道口不到5公里的河段上，就设立了码头10余处，水陆大宗货物汇聚到道口，临河街道店铺林立，使得道口格外繁忙。道口现存有码头9座，水闸4处，是道口商业文化和水运文化的重要组成。

随着经济的发展、周边物资交流的增加以及航运技术的提高等因素，古镇人口规模日益增加，逐渐成为小范围地域的交通节点，商业也随之发展。在水运为主的经济模式驱动下，古镇的发展依然是围绕着码头沿河发展，其结果是将点状的码头串联起来，形成线型延伸的趋势，构成了古镇的基本轴线关系：以一个或者多个码头为源点，在利于运河的基础上，依据地形特点，呈线性延伸布局。通常在沿河有开阔延伸空间的情况下，古镇选择沿河，且平行于河流线性发展，如道口的一面街就是沿河发展的"河街"，这条河街综合商业、运输、居住等多种功能于一体，但在沿河没有足够的空间供古镇发展的情况下，古镇选择以码头为源点，垂直河流发展，如大集街的出现（图3-5-12）。

总的来看，此阶段的古镇主轴基本形成，具有一定的城镇功能，但古镇形态格局单一，城镇功能简单，规模较小，经济辐射力较弱，处于依靠卫河运输自然发展的缓慢生长状态。

在一面街"河街"和垂直型街道"大集街"的基础上古镇衍生出其他街道。而后出现的街道成为古镇发展的正街，如顺河街、后大街等。各街道之间的组合据地形情况而变化，有的互相垂直，有的互相平行，有的纵横交错形成网状。总之，是一种以码头为磁头，紧紧被吸附于河流上，朝河岸平坦处延伸的面状成长态势。这样的生长一直持续至城镇经济发展达到饱和时，古镇的形态变化便开始停留在城镇内部的调整上，逐渐形成一个成熟稳定的古镇形态（图3-5-13）。

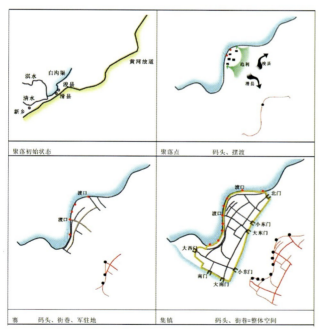

图3-5-11 道口街巷空间层级演变推测图（来源：李松松 绘）

图3-5-12 道口古镇街巷分布图（来源：李松松 绘）

图3-5-13 道口古镇鸟瞰图（来源：张文豪 摄）

2. 传统文化

"以商养民"是道口从古至今的重要生活信条。除少量的耕种外，道口经济主要来源于商业发展，繁盛时期的道口店铺类型多样，有粮行、花行、煤场、银行、杂货店、澡堂、饭店、茶馆、烧鸡铺等。其中《道口镇兴衰的历史地理考》有较为详尽的描述："鼎盛时期的道口镇内共有20多家花布行，日成交棉花将近10万斤……当时仅仅在道口镇经商的商人就有几万人，大的商号有近百处，小的店铺遍布各街……"。由此可以看出道口居民倚重商业的生活方式和商业重镇的得名原因。

道口最为突出的风俗就是祭祀文化延伸的庙会、火神会等节庆活动。例如，火神会将社会表演与火神信仰结合，并且以社火内容来命名火神会，"如军庄秧歌火神会、北辛店竹马火神会。当地火神会因表演项目的不同又有文会和武会之分"。风俗习惯的演变促进了古镇的分区和管理，也明确了各个表演团体的职责。

（三）北舞渡镇——贾湖遗迹，中州巨镇

明清时期北舞渡镇由于所处优越的地理位置，北通汝路，南联宛襄，江南山货，东方海盐，由此中转。明清两代北舞渡镇借沙河四季通航便利，成为水陆交通要道，因此成为明清时期这一地区著名的商业市镇。明清两代，北舞渡镇拥有"日进斗金，九门九关小北京"的盛名。这个时期的商号多达500余家，素有"拉不完的赊旗店，填不满的北舞渡"之称，被誉为"中州巨镇"。

1. 历史沿革

北舞渡镇历史悠久，位于河南省舞阳县北舞渡镇西南1.5公里的贾湖村，是中国新石器时代前期重要遗址，距今约公元前9000～公元前7500年。据史书记载，距这里西3公里的东不羹城为西周时的东不羹国封地，春秋末，楚灭不羹。战国至汉代改为定陵城，到东晋后燕将慕荣农讨贺耕于定陵毁弃此城，后移至现在沙、灰河交汇处的北舞渡镇。据文献记载，元代的北舞渡镇地跨沙河南北两岸。明代时，由于南镇交通条件优于北镇，故南镇逐渐繁荣扩大，北镇逐渐衰落缩小。到明清时北舞渡镇发展为以南镇为主的北舞渡镇，而北镇仅属于北舞渡镇的一条街——河北街。

2. 古镇格局

为防水患和保卫镇内的繁荣商业，北舞渡镇筑起一道坚固的寨墙。据丈量寨墙周长12里零8步，宽约8米，寨跺占据2米左右，墙体临河北面险要处，用青砖或石块包筑。寨墙周围共建寨门楼九座，晚上锁，早晨开，故称为"九门九关"。镇内大小街道纵横，每道街与街相连处都建有一个阁楼，楼上住有看门人，其任务是负责保安，这些大小阁楼总有72座，故称"七十二阁"。除大小街道外，小巷也有很多，总称为七十二过道（图3-5-14）。

北舞渡镇作为明清时期重要的商业重镇，为满足商业交易、联络友谊、住宿、娱乐等功能，拥有许多重要的公共活动空间。明清时期形成了多中心的形态布局。

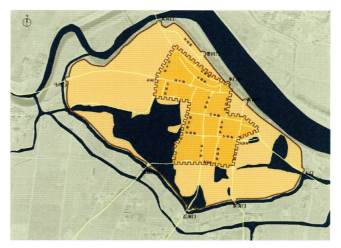

图3-5-14　北舞渡镇格局（来源：宁宁 绘）

商业中心主要集中在古镇北部。因为该区域是从赊旗镇官道入北舞渡镇和从北舞渡镇经沙河水运到达周口镇的中转地带,因此形成了"沿码头背河式"的街道空间序列。无论是从赊旗镇经官道运来的商品还是从周口南下刚从沙河卸下的商品,多在此处进行交易。因此该区域聚集了著名的"讲货台""戏楼"以及"旅馆街"。古镇东南部是北舞渡镇明清时期的政治文化中心。聚集了"山陕会馆""天爷庙""天主堂""二郎庙"等重要的宗教文化建筑。明清时期,河南境内匪患极为严重,北舞渡镇筑起了双重寨墙,外寨墙为土坯墙,内寨墙为砖包土坯墙。寨墙24小时有人把守。因此,镇内重要的公共建筑多集中要内寨墙以内。东南部就成了北舞渡镇明清时期重要的政治文化中心。而古镇中部区域聚集了两家戏楼,西部区域聚集了马王庙戏楼和饮王祠,使得这些区域都成为北舞渡镇重要的公共空间。

3. 建筑遗产

北舞渡镇作为明清时期的商业重镇,商业的繁荣带来了文化的兴盛,该时期商业建筑与宗教文化建筑数量繁多,其中最有代表性的当属山陕会馆。

北舞渡山陕会馆是清朝初期,北舞渡镇的商贸活动盛极一时,山西、陕西等地的商人云集此地,为了迎来送往、商贾联谊,两地商人合资兴建了山陕会馆。作为河南省重点保护文物,它被誉为"河南清代牌楼建筑之冠"(图3-5-15)。

现存碑刻记载,清乾隆十八年(1753年),北舞渡镇山陕会馆原有春秋楼、大花戏楼、大殿、铁旗杆、钟鼓楼等建筑,这些建筑大都被毁,建于清道光五年(1825年)的牌楼,至今保存相对完好。

彩牌楼面朝正南方向,是三间五楼六柱、柱不出头式牌楼建筑。彩牌楼楼身的中柱和边柱均为圆形,柱下放置有垫鼓形桑墩(柱础),每根柱上都有制作规整的抱鼓石,中柱正面的抱鼓石上是一个昂首张口蹲

图3-5-15　山陕会馆木牌楼

卧的石狮,背面抱鼓石上是一个变形的石狮。柱子排成工字形,边柱斜出,边柱与中柱成三角形,使两边的次楼成斜出的歇山顶。主次楼都用灰色板瓦覆盖,主楼正脊用八节透雕花卉的脊筒组成,楼阁两边是造型逼真、栩栩如生的驼珠、奔狮。整个楼顶屋面曲线缓和,层层叠叠,翼角高高升起,婀娜多姿,翩翩欲飞。主楼正中宽大的龙凤板中央悬挂着"浩气英风"匾额。

此外,北舞渡镇还有天爷庙、关帝庙、老君庙、二郎庙、三官庙、马王庙等宗教建筑和当铺、戏楼等众多公共建筑。

三、军事古镇

(一)函谷关镇——两京故道,雄关要塞

函谷关镇是以地形地貌特点命名的雄关要塞。函谷关位于豫秦晋三省交界的古桃林塞,距离今灵宝市区东北15公里,是古代通洛阳、达长安、连京都、接帝畿的咽喉要道,历来就是兵家必争之地,这不仅是因为其"一夫当关,万夫莫克"的战略地位,更重要的还是因为它是古代丝绸之路上一处重要的交通枢纽。因此,历史上为帝为王者,无不把它看作天险并以重兵把守,以

求江山稳固、经济繁荣和天下太平。函谷关镇在2012年被评为河南省历史文化名镇。

1. 历史沿革

古代函谷关几经历史变迁，位置也几经变化，又有新旧函谷关之称。灵宝函谷关最早，被称为"秦函谷关"或旧函谷关，几乎所有与函谷关相联系的典故都发生在这里。汉武帝元鼎三年，楼船将军杨仆家住宜阳，数有大功，耻为关外民，上书皇帝请求将函谷关迁到新安县，得到批准。此函谷关建于新安县城东约1公里处，称"汉函谷关"，亦称新函谷关。东汉末年，曹操率兵西征张鲁，沿黄河修筑运粮大道，在灵宝老城西南一公里处重建函谷关，称"东汉函谷关"或"魏函谷关"（图3-5-16）。

秦函谷关建关之前，此地在春秋时期是晋国的关隘——桃林塞。到战国时期，秦改桃林塞为函谷关。唐《括地志》载"关在谷中，深险如函，因名。"《灵宝县志》载"周克殷归，放牛于此，置关于函谷，设令以守。后令尹喜遇老子著道德五千言。"北宋《太平寰宇记》载"灵宝县，本秦桃林县，汉为弘农县北。按汉县在今县西南十一里，函谷故关城是也。"

2. 军事地位

函谷关为有着数千年历史的军事要地和文化古镇，是古代通洛阳、达长安、连京都、接京畿的咽喉要道，历来为兵家必争之地，历经重大战役，经历200多次著名战史。同时还是古道驿站，是古代丝绸之路上一处重要的交通枢纽。

秦函谷关位于河南省灵宝市北15公里处的王垛村，是中国历史上建置最早的雄关要塞。秦函谷关是秦国的东大门，起到了屏障关中的作用，函谷关以西称关西、关中或关内，是秦的京畿地区。秦关地处"两京古道"，是洛阳到长安的必经之地（图3-5-17）。这条古道东西长7.5公里，位于涧谷之中，沿途绝岸壁立，道路狭窄，来往车辆仅得通过，易守难攻。秦函谷关在军事上居有重要的地位。战国时，战国七雄除秦以外的其余六国曾联合对抗秦国，但秦国在函谷关成功抵御住六国联军的攻势。"刘邦守关拒项羽"、"安史之乱"的唐军与叛军的"桃林大战"等诸多历史上重要的大战，都是在这里进行的。

魏函谷关位于灵宝市东北20公里，距秦关北5公里处。关城的险要和秦函谷关雷同。它本为曹操运输粮草的官道，魏正始初年弘农太守孟康在运粮道的入口修建

图3-5-16　秦汉函谷关位置关系示意图

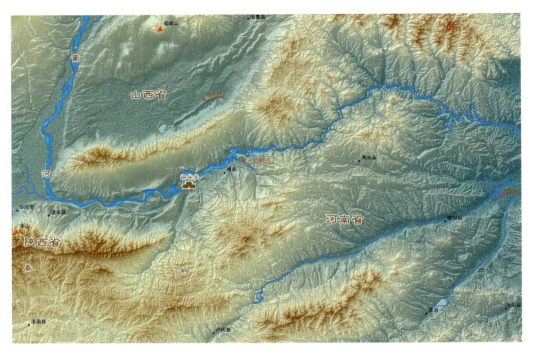

图3-5-17 函谷关地理位置示意图

关楼,后来成为东达洛阳,西接长安的重要交通干线。这个关城建立后,曹操西征韩遂、马超,途径这里;安史集团进出长安经过这里;哥舒翰军与安史集团潼关大战的主战场在这一带;李自成军从北京返回,进关中途经这里。《元和郡县志》云:"今历二处而至河潼",讲的是经秦函谷关和东汉函谷关两条路可达潼关。可见,此关城仍然是军事要地。

3. 城镇建设

古代城关一体,有"关"的地方就又"城",镇守边关也暗含了镇守边城这重意思。但古代的"城"又不同于现代的"城",论其规模也不过如同现代的"镇",那时的"城"和"镇"是一回事,桃林古塞上的古城也曾经关城高耸,往来店铺林立,这些在一些古代文献中都有所记载,如北宋乐史·《太平寰宇记》记载:"灵宝县,本秦桃林县,汉为弘农县北。按汉县在今县西南十一里,函谷故关城是也。"引晋《地道记》云:"汉弘农本函谷关……其城北带河,南依山,周回五里四十步,高二丈。"说明函谷关古时确有其城,而且这座城镇还具有一定的规模。作为关城,古函谷关在历史上起过重要的军事作用,但更重要的还是作为官府管理地方事物的行政功能以及作为官府治所之时促进这里政治、经济、文化发展的作用。因为发展军事的最终目的还是为了政治、经济、文化的发展,因此"关"和"城"唇齿相依、情同手足、骨肉相连。南朝宋范晔编撰的《后汉书》记述:"弘农,故秦函谷关。"唐李吉甫著写的《元和郡县志》也说"秦函谷关城,汉弘农县也。"前面所言,"汉元鼎四年,在函谷关置弘农郡,与弘农县合治,领十一县。"这一切无不说明函谷关除了防御功能,曾经还是历史上权及十余县的郡县制所。据此推断,作为曾经的省城,函谷关有过非常宏大的城郭建设。

(二)荆紫关镇——鸡鸣三省,豫之屏障

荆紫关镇,隶属于河南省南阳市淅川县,位于淅川县西北部,地处豫、鄂、陕三省接合部,素有"鸡鸣三

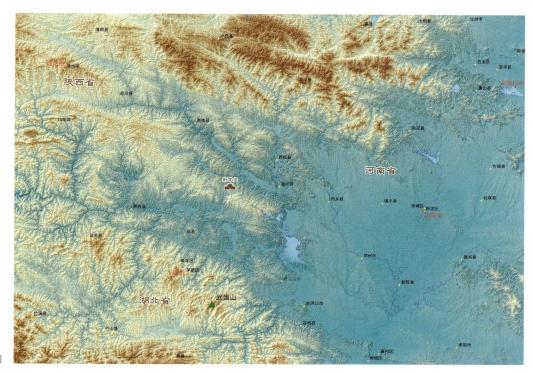

图3-5-18 荆紫关地理位置示意图

省荆紫关"之称。荆紫关古镇历史悠久,有着丰厚的商业文化和绚丽的古建文化遗存。自古水陆并通,为南北交通之要塞,古时水运有"丹江通道",陆运有"商於古道",明清时期商业高度繁荣,有"小上海"之称。

1. 历史沿革

荆紫关镇有着悠久的历史和文化。春秋时期已有建制,隶属郡国。秦汉时称"草桥关",隶属丹水县,这时的草桥关已成为丹江上游的一个码头集镇。唐朝后期,这里又形成了商业古镇。宋元时期,因当地盛产荆条和荆籽而改名"荆籽关"。明朝称"荆籽口关",后称"荆子保"。清初称"荆子关",后又改为"荆紫关",从此荆紫关一名沿用至今。

2. 军事地位

荆紫关处于豫、鄂、陕三省交界地带,地势极其优越,周围群山环抱,外面丹江环绕,山势险峻,扼三省交通之咽喉(图3-5-18)。

荆紫关镇自古是兵家必争之地。古镇面向丹江,临江而建,其最初形成首先得益于军事原因,因其地地势奇特且紧要。荆紫关镇西北面是一个被当地居民叫作"月亮湾"的地方,月亮湾处在两山之间,形成了一座天然的关口,南阳盆地与渭河平原分居关口内外,因此地势险要的荆紫关便成为历代兵家必争之地,并在此驻兵镇守。从战国时期的秦楚丹淅之战,就有楚国公子在此镇守。到西汉刘邦进军咸阳、东汉刘秀征战,多以这里为行军必经之地。《金史》中有:"八年十一月,大元兵涉襄汉,合达、蒲阿驻邓州,(武)仙由荆子口会邓州军",《元史》中有:"七年,宋兵侵边,权引兵趋荆子口,大破之,帝赐白金五百两,权悉以分劳士卒"和"天历元年秋,文宗入承大统……裕州哈剌鲁、邓州孙万户两军,以备武关、荆子口"的记载。明末李自成的农民起义军从陕西商洛山突围后亦在此休整。荆紫关镇的战略地位可见一斑。从作战地点和屯军之多可反映出当时荆紫关的军事作用与统治者对荆紫关的重视。

3. 空间格局

荆紫关镇在清代中后期已成为一个商业重镇。荆襄沪杭商人争相到此，使这里由原来的一个水路码头发展为上、中、下三个码头，丹江上常有大批船只从这里中转南下或者北上。在荆紫关镇，平行于河街形成一条南北向商业街，这里逐渐成为豫、鄂、陕等地的商贾云集之地。

古镇的空间布局形式主要是受地形限制和商业的发展需求决定的。镇外群山环抱，前有丹水环绕而过，镇内街巷横陈，整个镇区呈南北延伸的带状空间格局。荆紫关镇是以丹江为依托，沿河逐步发展起来的，丹江以自然方式影响着荆紫关镇的空间布局，古镇街随河建，丹江是整个古镇空间发展的基准轴，它确定了整个荆紫关镇的空间走向，可以简要概括为"山、河、城、街"。镇区格局以荆紫关老街和泰安街为主，共同组织镇内的街巷、建筑布局。（图3-5-19、图3-5-20）

荆紫关古镇至今完好地保存了明清建筑群和古街风貌，古街全长2.5公里，南北走向，分南街、中街、北街三段，古街两侧有700余间板门店铺，古街现今保存着山陕会馆、禹王宫、万寿宫、平浪宫等会馆建筑和陈家大院、刘家大院等富商住宅和店铺（图3-5-21）。

（三）任村镇——太行险境，豫北门户

任村镇位于林州市北部，是林州市的北大门，西依太行山与山西相邻，南与姚村镇、石板岩乡相连，北与河北省涉县隔漳河相望，素有"鸡鸣闻三省"之称。

据《任村志》记载，任村始建于元代至正五年（1345年），当时有任氏兄弟从河北邯郸迁到此地落户，明正德十一年（1516年）设立集镇。因交通便利，

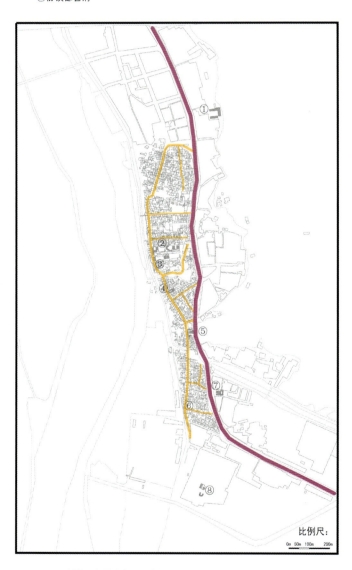

图3-5-19 荆紫关街巷分布图（来源：宁宁 绘）

图3-5-20 荆紫关1970年卫星图（来源：美国地质调查局网站）

图3-5-21 荆紫关古街及平浪宫（来源：郑东军 摄）

商贾云集，历史上就有"卫弃之而弱，晋有之而霸"的战略位置，至今留有许多文化古迹和遗址。

1. 军事地位

太行山被称为"天下之脊"。陡峭的太行山犹如一道屏障，隔绝了黄土高原与华北平原。古往今来，从太行山南端的黄河岸边到北部的燕山脚下，分布有轵关陉、太行陉、白陉、口陉、井陉、飞狐陉、蒲阴陉、军都陉等八条著名的"陉"道，古称太行八陉。太行八陉自南而北，分别以各自相近的形式穿越太行山，成为贯通古代晋冀豫三省穿越太行山相互往来的8条咽喉通道，是三省边界的重要军事关隘所在之地。

任村镇所处位置在太行八陉之一滏口陉沿线（图3-5-22），据河北涉县直线距离仅30公里。任村镇地处三省交界处，是扼守豫北的重要门户，自古以来发生过多次大小战役。1938年，它就成为八路军开辟的抗日根据地。1940年秋，中共北方局决定，在此成立了八路军总部豫北办事处。办事处的主要任务是担任前总情报处的交通联络任务，开辟豫北一带敌伪占区的统一战线工作，开辟通往晋冀豫和冀南抗日根据地的秘密交通线，护送来往干部，转运军用物资等。豫北办事处，建立了以任村为中枢，西通辽县（左权县）麻田，东达内黄井店的北路、中路、南路三条地下交通线。任村的军事地位可见一斑。

2. 城镇格局

任村的选址与布局很有特色。《宅经》里说："宅以形式为骨体，以泉水为血脉，以土地为皮肉，以草木为

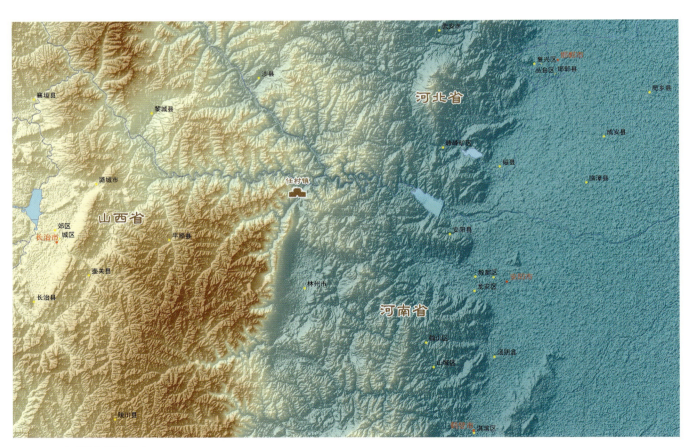

图3-5-22　任村镇地理位置示意图

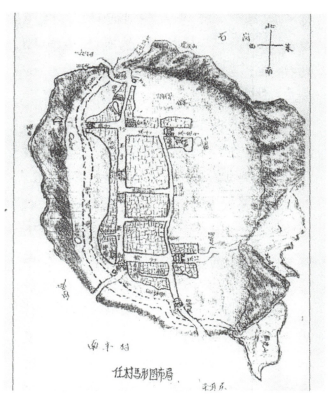

图3-5-23 任村马形布局图（来源：任村镇政府 提供）

图3-5-24 任村券门（来源：郑东军 摄）

毛发。"任村的选址正符合这样的特点。任村位于一个呈直角曲尺形的盆地，四面环山，漳河水自村北环绕村东而过。整个村落平面按照祖先的愿望规划为马形，街道、建筑、景观均按一定的布局设立。宅院、庙宇、街巷构成马头、马脖子、马嘴、马身、马背以及马腿；马头冲北，马尾冲南，水塘位于马眼的位置。整个规划布局比例恰当，独特有趣（图3-5-23）。

任村是一个完整的堡寨式乡村聚落，村内现存西券、南券门、张鸿逵大院、昊天观等众多高质量的古建筑遗存。南大街以商业功能为主，古时店铺林立，设有棉花、布匹、药店、山货、粮行等货栈，是晋、冀、豫三省交会地区的商品集散地。西大街以明清民居为主，规模最大者当属张鸿逵庄园，现存六个套院，38个大院，分踞西大街两侧，占地约1.6公顷，蔚为壮观。现在两街均保存着寨门，当地人称为西券和南券（图3-5-24）。

3. 传统文化

宗教信仰与风水文化对于任村的营建影响深远。村内有多座佛教、道教建筑，如昊天观、泰山庙、伽蓝庙等，村西北不远处还有一座法济寺。昊天观位于任村的北端，是一处供奉祭祀玉皇大帝的道教活动场所，由戏楼、拜殿、玉皇殿三大主建筑构成。院落呈长方形，占地1350平方米。豫晋古道从戏楼一层的明间穿过。昊天观的入口前设有一圆形水塘，是进入庙宇的前导空间，除了营造一种凝重肃穆的气氛之外，还可以作为疏导人群之用。从空间格局来分析，昊天观东、西、北三面皆为山，前设水池，其位置与理想的空间模式相吻合，是生气聚合之地；而村北又是入水口的位置，所以水塘又象征聚宝盆，明堂聚财，在传统环境文化中是优越之地。

第四章

乡村聚落空间形态

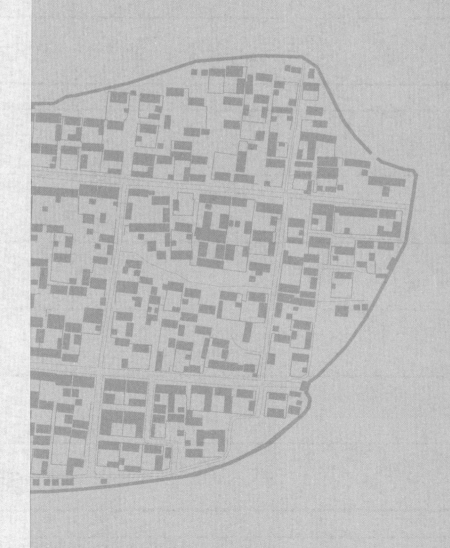

第一节　乡村聚落类型

乡村聚落类型的划分有不同的依据，如按聚落所处的环境，可分为山地村落、平原村落、河谷村落、生土村落等，按聚落功能划分是更宏观的方式，可分为农耕村落、农贸村落和军事堡寨村落等主要类型。

一、农耕村落

历经千年农耕文明的浸润，中国古代经济、政治、文化、社会、生态都被打上了深深的农业文明烙印。在中国古代"重农抑商"的主流统治思想下，农耕村落自然成为最基本的乡村聚落类型。河南境内黄河、淮河两大河流流域分布，同时拥有华北平原广袤的土地资源，农耕村落自然成为地区分布最广泛的村落类型，是农民生活生产、聚居和繁衍的场所。

（一）选址特征

农耕传统村落选址主要考虑气候、水源、土地、生物资源等多方面因素。首先，农耕村落以耕地为基础，耕地条件是选址的首要考虑因素，它的资源状况和承载能力决定了一个村落的规模，若耕地不足以承载人口，人们便会另觅新址。平原地区土地肥沃，建设用地充足，成为农耕型村落择址的首选之地。首先，在相对贫瘠的山地地区，为满足粮食的基本需求，通常将大面积肥沃的土地让给耕地，在相对贫瘠、不适宜耕种的地方建设房屋。其次，农业生产生活对水的依赖特别强。大多数传统村落都与自然水体有紧密联系，或流经村落，或穿村而过，村民也会有意识地对河流进行改造，用于生活饮用和田地灌溉。豫南村落的村前水塘、豫北村落中众多的水井、豫东平原村落四周的寨河都是农耕村落储水、用水的典型实例。

（二）类型特征

传统农耕村落的营建综合考虑农业生产所需要的各方面资源条件，不同区域的资源条件受地形地貌的直接影响，使村落表现出较大差异。河南省地形地貌复杂多样，境内分布平原、山地、丘陵和黄土台塬等多种地貌类型。根据农耕村落所处的地形地貌特征，可将河南省传统农耕村落划分为平原农耕村落、山地农耕村落、黄土台塬农耕村落。

1. 平原农耕村落

华北平原气候适宜、四季分明，境内众多河流、降水充足，耕地资源富足，原生农作物资源丰富、适宜播种的农作物品种多样，地区交通便利、易于农耕与村落营建，农耕村落广泛分布在这些区域。河南省平原农耕村落主要分布在豫中、豫东、豫北的华北平原上，这里历来是中国重要的粮食主产区之一。豫东地处黄河中下游地区，历史上豫东发生过多次洪水泛滥，商丘、开封、周口一代最为严重，传统村落及乡土建筑遗存较少。平原地区无自然险阻可守，传统平原农耕村落有明显的防御特征，平面形态方正，许多村落开挖寨河、构筑寨墙，一方面抵御兵荒匪乱与野兽入侵，另一方面阻挡洪水侵入，同时寨河还作储蓄水资源之用。寨墙内四角处一般开挖坑塘，同样作为村落内部调蓄雨水、防止洪涝灾害之用。

2. 山地农耕村落

河南境内分布有太行山、大别山、伏牛山等山区，其中分布的村落大多仍以农耕村落为主，形成山地农耕村落。山地农耕村落多选址在山谷台地上或背山面水的浅山缓坡地带。山谷台地上的农耕村落有较强的隐蔽性，一般选在山谷中较平缓、背靠山体面对山谷冲沟，村落通常沿道路或水系呈带状或散点状分布，规模组织自由，村落内部由同一条主要道路连接。浅山区背山面水缓坡地带的农耕村落多选址在朝阳缓坡或小台地处，村落依据山势形呈带状或扇状布局，村落分层筑台，民居依山而建、错落有致。山地农耕村落多结合村落选址的整体周边环境，将村落营建在多石、地形复杂的区域，而将周边地形坡度较为平缓、土质适宜、便于引水灌溉的地块开垦成为农田，耕地边缘种植树木防止水土流失。

3. 黄土台塬农耕村落

黄土台塬农耕村落位于河南西部，大多历史悠久，例如陕州庙上村、陕州南沟村等，旧石器时代已有人类生息繁衍。河南省境内黄土台塬主要分布在以三门峡、洛阳市、巩义市为中心的周边地区，其中以巩义市郊区、洛阳市郊区、孟津县、新安县、陕州区等地最为集中。

黄土高原地区村落选址可分为三种：

面积广阔的黄土塬台地上。利用顶部平坦的黄土塬，向下开挖，形成地坑院落，并以此为单元形成村落，我们称这种类型的村落为下沉式窑洞村落，下沉式窑洞为地坑窑，主要集中陕县、灵宝一带，如庙上村、刘寺村。处于地面时，看不到房屋，人的视野很开阔，只有在窑洞院落中间有足够的空地，在不影响窑洞民居的地方种植树木，家家户户掩于地下，是黄土高原上独特的地下村落，形成"进村不见人、见树不见村"的地坑院环境特色。下沉式窑洞村落，窑洞布置比较密集，村落形态较规整。

小块黄土塬上。这类村落建在黄土塬的表面上，利用塬与周围巨大的落差，形成天然的防御屏障。如城村，村落东、南、北三个方向由深沟围护，利用几十米高差的沟壑形成村落的防御体系，由于建设面积有限，村落呈集中型紧凑布置。

黄土塬向平原过渡的冲沟内。村落整体靠山，村前为开阔的冲沟和流水。各家院落沿等高线建造，以向阳的靠崖窑为主体建筑，两侧配以厢房，前面建临街房形成四合院或者窑前直接为一片空地，既作为院子，也作为打谷场。连接各院落的道路是这类村落村民的交往场所，户与户之间联系方便，但民居与耕地间的交通通常较不便。

（三）典型实例

1. 平原农耕村落——郏县张店村

1）村落选址

张店村位于河南省中部偏西，伏牛山北部向平原地区的过渡地带。芝河、泥河绕村而过，拥有山高而不险，水深而不恶的秀美环境。远古时期，这里是一片水域，新石器时代这里已有人类活动，春秋战国时期，张良父祖五世相韩，祖居在此，以张良的名字命名村落，名"张店村"，又称留侯祠。张店村地处中原，村落规模较大，现有居民3485户，其中张姓占80%多，这里的张姓都是张良的后人。张店村随张姓家族的兴衰而发展延续着，随着朝代的更替，张店村的规模不断变化。

2）整体格局

张店村是一个典型的平原型传统村落。村落地势平坦，无险可守，为了保护村落不受外族入侵，历史时期，环绕张店村周围修筑寨墙和寨河，并有五处寨门。20世纪80年代之前，村落在寨墙内呈团状紧凑布置，如今这些防御构建防已经破坏，村落发展不受寨墙限制，沿道路发散布置。张店村路网结构为"十字形"，是平原型村落相常见的路网结构。以东西大街为中心布局，东西大街长约1公里，村落的古建筑全部分布在东西大街两侧。东西大街不仅是

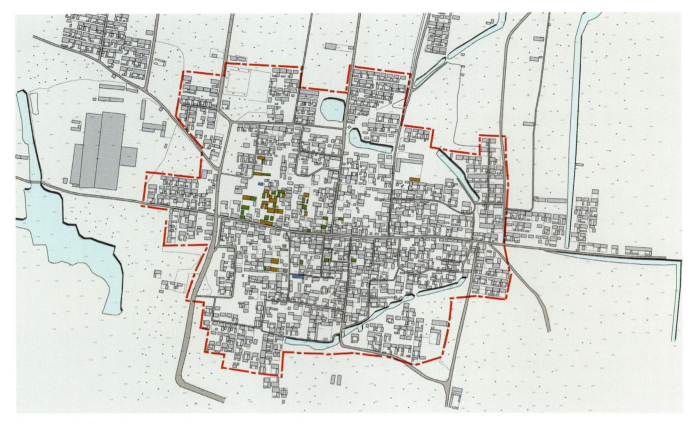

图4-1-1　郏县张店村总平面图（来源：郑州大学城市规划设计院有限公司 提供）

村落的主要商业街，也是村落与外部联系的主要通道（图4-1-1）。

3）建筑特征

合院式院落是张店村内主要的院落形式。整体布置沿袭清乾隆年间的布局形式，保持中轴线左右对称。大多数院落坐北朝南，采用堂屋加单侧厢房的布局形式，少数采用堂屋无厢房式，极少数采用两侧厢房式，有的有倒座和棚屋。张店村东西大街，北侧院落采用坐北朝南的格局，南侧的一些院落则坐南朝北，这样街道两侧院落大门面向大街，街道空间界面开放，形成了一定的商业氛围。

张店村现保存了多处明清时期建筑，现存的主要民居院落有"提督府"东西两"官宅"、南北"义和"、"西酉盛"和"花门楼"等七座面积占寨内总面积的40%，共有房舍2000多间，造型端庄大方，雕刻工艺精巧（图4-1-2）。

2. 山地农耕村落——辉县张泗沟村

1）村落概况

张泗沟村位于辉县北30公里处，处于辉县、林州、卫辉三地交界处。该村隶属于新乡市辉县拍石头乡，辖前张泗沟村、后张泗沟村、松树沟村3个自然村。张泗沟村地处太行山脉，海拔700余米，地势西、北高，东、南低，是典型的温带大陆性季风气候，村域内有古河道横穿而过，四面环山。

元朝末年，战乱四起，农民起义不断，林州罗圈村大片土地荒芜。明朝初年，山西壶关县河澄村张氏家族迁徙到林州罗圈村，繁衍生息。由于村中先祖排行第

210

图4-1-2 郏县张店村典型官宅建筑——"提督府"、西关宅、西酉盛宅院（来源：郑东军 摄）

四，村旁又有古河道，所以村子被称为"张泗沟"。

2）整体格局

张泗沟村整体形态依山就势，坐北朝南，南侧有古河道，北侧有皇上脑河东山体如巨龙盘踞，河西山势如猛虎横卧，象征着"龙虎把门，藏风聚气"，其符合"背山面水""负阴抱阳"的传统文化理念。

张泗沟村整体形成了一河、一带、两村、三山的空间结构形式。其中一河为村南侧古河道；一带是聚落沿着古河道呈条带状分布；两村分别为前、后张泗沟村；三山为皇上脑、虎山、龙山。聚落内道路结构为鱼骨形，主要道路宽4米，与等高线平行，贯穿前、后张泗沟村。次要道路为泥土或碎石路面（图4-1-3）。

3）建筑特征

张泗沟村中传统民居有200多处，院落大多数为四合院，以一层建筑为主，二层建筑为倒座。建筑材料以当地石材为主，外墙使用毛石砌块（图4-1-4）。

其中最具代表性的是张秀才宅院，位于古建筑群中心位置，建于清末，为两进四合院，共六座建筑，都有二层阁楼。后院东厢房门额石雕刻有"多文为富"字样，阁楼窗户牌匾刻有"忠""仁"等字样，正房屋檐装饰有易经八卦、佛教标志、莲花等图案。院内门楼开间2.2米，进深1.8米，高3.2米，石木结构。

3. 黄土台塬农耕村落——陕州南沟村

1）村落概况

南沟村隶属于陕州区西张村镇，南沟村大体呈西高东低，总体呈"一沟七塬"的台塬地形。其自然生态环境是典型的黄土台塬地貌，聚落位于塬面，且在南侧紧

图4-1-3 辉县张泗沟村总平面图
（来源：Google Earth）

（a）民居群落

（b）民居倒座

（c）民居内院

图4-1-4 辉县张泗沟村传统建筑

邻一条水流冲击沟壑——"槐花沟",方便聚落中生活及灌溉用水,是典型的团状地坑院聚落。

2)整体格局

南沟村坐落在因流水冲刷而形成的高地—陕塬上,整个地坑院聚落地形地貌有山地、台塬、沟壑等。聚落选址处地势平坦,南部有沟谷,沟谷南部有较高台塬。在南沟村有句诗词来描绘地坑院聚落的传统风貌:"唯有树木不见村,风送炊烟缭绕飞,待看地坑如天井,嬉笑源于穴居人"形象概括了村庄古槐翠绿遮阴,地坑院摆布成局,村民享乐无穷的生活气息(图4-1-5)。

3)建筑特征

南沟村内传统建筑物主要为地坑院、靠崖院等传统民居建筑,现存总计99座,其中地坑院84座,靠崖院15座。

南沟村地坑院按照地坑形状确定为长方形院落。聚落内地坑院有84座,凿窑14孔。聚落内长方形地坑院共凿8~14孔,其中长方形8孔地坑院有32座,长方

图4-1-5 陕州南沟村总平面图(来源:张文豪 摄)

图4-1-6 陕州南沟村地坑院民居（来源：张文豪 摄）

形9孔地坑院有3座，长方形10孔地坑院44座，长方形14孔地坑院5座。南沟村长方形院落尺寸基本可划分为10.5米×9.5米（70座）、11.8米×15.2米（7座），其余为11.1米×12.8米（1座）、11.1米×12.8米（1座）、8.2米×10米（1座）、14米×23.7米（1座）、11.6米×15.2米（1座）、14.7米×18.7米（1座）、16.1米×20米（1座）。

无论是几孔的地坑院，都要拿出1孔窑作为出入口使用，洞底设置双扇门，即宅院大门。出入口窑一般设在角上（也有设在中间的特例），由此洞向外开挖斜道直至地面。根据地形设置窑洞入口布置方式，从平面布置上可分为直进型、曲尺型两种。有的农家还把梯段两边加上坡道，以便于自行车和人力架子车的上下。宅门前厅之外的沟道有一条重要讲究，即由外到内逐渐变宽，亦为"聚财"（图4-1-6）。

二、农贸村落

传统农贸村落是因特殊地理区位而兴起的以农耕与贸易为主要经济方式的村落。中原地区商路四通八达，河南境内分布多条商贸古道，包括"宛洛古道""茶马古道""豫晋古道""漳卫漕运""蓝河漕运"等。商道沿途村落在自身农耕活动之外，参与来往商贸活动并获得经济上的快速发展。传统农贸村落多以往来交通要道为村落主要道路骨架，两侧店铺聚集，多形成前店后宅的民居形式。贸易活动频繁，村落内庙宇、戏台等公共建筑作为重要的人员流动汇集，规模远大于普通农耕村落的公共建筑。

（一）选址特征

农贸村落以商业功能为主导，这类村落主要依附于水运码头、商道而存在，对土地的依赖减少。居民耕地的同时经营着各种贸易类型，如饮食、手工业制品、农产品贸易等基本的商业产品，依靠来往的客商对物品的购买来获取收入，也通过其他的商品买卖来贴补家用，以商业为导的村落非常有活力，形成了较为特殊的村落形态。农贸村落选址特点可总结为"巧于因借"，借助的媒介主要有交通要道和河流水系两种。

（二）形成与演进

部分农贸村落先有村落后因商贸道路经过为满足商旅休憩、居住而形成市场。这类村落通常靠近水系、码头或商道，因地位便利而发展兴盛起来。中原地区水陆交通体系发展完备，沿着这些交通要道逐渐形成一些以商业贸易为经济方式的村落，有些村落逐渐发展商业集镇，如赊旗镇、道口镇、半扎镇、冢头镇、陈留镇、汝南埠镇等，有些虽未发展成镇，却也成为区域的重要农贸中心。

部分村落先形成村落内部交易需要，而吸引周边贸易活动逐渐聚集形成市场。这类村落通常位于区域的地理中心，是周边村落进行商品交易的集中地。如平顶山市郏县冢头镇西寨村，因村内供养需求，在冢头的南边西寨村兴起集市，居民因此逐渐增多，西寨村规模随之变大。

另有村落因先有市场贸易，后人口不断增加而逐渐形成村落。这类村落通常位于商道、官道的沿途，村落的主要道路与商道、官道合二为一。如平顶山汝州县蟒川镇半扎村，是晋鄂古道在平顶山地区三个重要的站点之一，商人行路，需要天黑前找到歇脚的地方，以便能够防劫匪和让牲口歇脚，半扎人依此优势，纷纷建起旅馆、饭店，过往客商在天黑前到半扎歇脚，逐渐形成半扎村。修武县东陵后村，白径古道川村而过，村内设有茶棚，豫晋通衢之驿站，为过往商客提供服务，久而久之形成村落。

（三）典型实例

1. 郏县西寨村

1）村落概况

西寨村地处伏牛山北部余脉向豫东平原过渡的地带。宛禹汴古道由西向东、蓝河自北向南穿境而过。西寨村东临蓝河，村落与蓝河形成环抱之势。村落地势环境以平原为主，周边大部分为基本农田，农作物以烟叶、玉米为主，部分林地多种植洋槐、榆树等林木，形成水系依傍、农田环绕、绿树掩映，水、房、林、田浑然一体，人与自然和谐共存的村落格局。

2）整体格局

西寨村村落整体呈集中式布局，村落周围为农田。西寨村地处中原，地势平坦，村落发展不受地形限制，因此村落面积较大。院落为中原地区典型的合院式布局，多为三合院，建筑以一层为主，西寨大街两侧建筑为两层，底层为商业，二层为居住，典型的"下店上宅"模式。西寨村主街宽3~4米，其余内部道路主要由巷道和乡间小路构成，以步行交通为主，部分巷道可通行摩托和小型农用机动车，可满足的交通量较小。巷道顺应地形，高低起伏，路面宽度不等，约为2~4米，多为土路，村落传统街巷格局和风貌保存完整。乡间小路宽1~2米，为泥土路面（图4-1-7）。

3）建筑特征

西寨村传统建筑分布在西寨大街道路两侧，建筑格局以四合院为主，以两进和三进院落形式居多，前有门楼，中有过厅，后有堂楼，有东西配房。建筑多为砖木小青瓦房，在建筑材料上，房屋墙体采用"里生外熟"的砌筑方法，里为土坯，外为青砖，中连跛石，坚固一体。沿街两侧为一层商业建筑，或底层是商铺的二层建筑，是清末民初典型的商业建筑，与北街共同形成冢头镇老街的传统风貌和地域建筑特色（图4-1-8）。

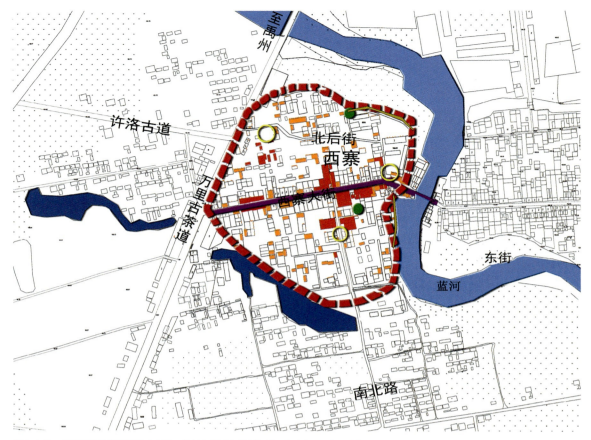

图4-1-7　郏县西寨村总平面图（来源：郑州大学城市规划设计研究院有限公司 提供）

图4-1-8　郏县西寨典型民居建筑（来源：黄华 摄）

2. 汝州半扎村

1）村落概况

半扎村历史上又称半扎万泉寨，因寨南侧有万泉河得名。明代时期商业经济快速发展，形成了贯通东南和西北的古商道，称晋鄂古道。半扎历史悠久，是晋鄂古道上的重要驿站，半扎人依天时地利人和之优势，纷纷建起旅店、饭馆，又筑起高寨墙，安全和居住条件均有保障，在这里歇脚住店的商人随之增多，逐渐形成半扎村。

2）整体格局

半扎村所在区域属山地丘陵地带，半扎村村落布局呈东西向呈带状分布，半扎村北侧北小河，南侧万泉河。南北两条河道为天然屏障。向北约1公里的东西走向的大土岭是半扎的主要农耕区。南北万泉河、北小河水系环绕，是外地入侵的第一道天然屏障。半扎村所在地为石龙岭，村落选址山水环绕，整个村落形态如"舟楫"顺水而下，山体、系尽收眼底，俗称五宝地。

半扎村自东向西地势逐渐降低，村落形态依据地势、河流走向呈"舟楫状"。村落四周寨墙环绕、南北枕水、傍山，因其历史地理位置优越，两百多年前曾是晋鄂古道上的重镇，襄洛古道上的驿站。半扎村沿晋鄂古道整体呈"鱼骨形"道路结构。村落内东西向商业街长达3公里，街道西高东低，相对高差达10多米。因先沿河形成古道，而后沿古道形成商业古街，因此商业街沿街建筑只有半边，村内现有保存较好的商业街区，两侧古商业店铺林立，衬托出昔日半扎寨的繁盛光景。

半扎村是"前街后巷"的街巷格局。"前街"：即沿万泉河、古寨墙而建的东西向古商业街道，历史上沿商业街分布有商业、餐饮、客栈、会馆等公共设施，是村落内商业繁盛、公共活动集中的带状区域。"后巷"指后街，沿后街分布较为集中的民居，是村落内相对"静"的生活空间。前街后巷的街巷布局体现了村落功能动静分区、主次有别的空间划分层次（图4-1-9）。

图4-1-9 汝州半扎村总平面图（来源：雅虎地图）

3）建筑特征

半扎村多为合院式的院落空间，其中三合院、四合院居多，局部有两进四合院，一些豪门大院如戴公馆院落可深入为三进。民居建筑一般为一层，山陕会馆为局部两层。村中山陕会馆位于村落东侧，两条东西向道路交汇处，是半扎村最重要的公共建筑。会馆始建于1762年，是万泉古寨繁盛时期过往富商休闲娱乐、议会的场所。现有保存完好的戏楼、拜殿、关公殿，院落内有古柏树、槐树、梧桐树各一棵（4-1-10）。

三、堡寨村落

堡寨，又称堡砦、圩寨、围寨、寨堡、砦。按《辞源》解释："堡，指一种坚固的或设有防御工事的防守

（a）关帝庙鸟瞰图

（b）文昌阁

（c）关帝庙内戏台

（d）主街商业建筑

图4-1-10　汝州半扎村典型传统建筑（来源：郑东军　李广伟　摄）

用构筑物。而寨通常指本村本寨，即四周有栅栏或围墙的村子，或指山寨。"村落是人群聚居的地方，因为防御性的需要，一般多设寨墙或沟壕等，以防战火、盗贼和水患。所以，堡寨是一种集防御与居住为一体的聚落。堡寨作为一种防御性聚落在河南有较长的历史，并与河南地区聚落的发展、城镇的形成有密切联系。

传统堡寨村落是具有外围堡墙等防御设施或天然险要地势为村落防御特征，并以防御为主要目的的村落。村落长期发展的演进过程中，不可避免地受到外部自然环境和人类社会的各种破坏因素影响，为了长远发展和自身安全需要，将防御意识蕴含在村落整体形态、内部空间布局等诸方面，通过强调自身防御能力，保障安全居住环境，形成"住防合一"的村落特征。

（一）选址特征

村落为了提高整体防御效能，达到"易守难攻"的防卫意图，村落选址倾向于"择险而居"的防卫要求，依靠基址环境自身的防卫优势产生整体防卫的环境氛围，取得较好的防御效能。"以守待攻"的属性以及村落自身的农耕文化，使防御中自给自足的食物供给与农耕活动同样成为堡寨村落选址的考量因素。河南堡寨村落多选址在平原高地、山体屏障地或悬崖险地等拥有易守难攻、资源充沛的地区。

（二）形成原因

河南堡寨村落形成的原因主要有三个方面。

首先是应对自然侵扰。自然灾害、气候变化、野兽侵扰是聚落最初受到的外部干扰，也始终伴随着传统村落的发展，是促使聚落形成防御性的最初原因。河南处在黄河中下游地区，黄河呈地上悬河的状态，历史上多次改道，村落居于高地、修筑寨墙、挖设寨壕都成为必要的防御自然侵扰的措施。

其次是抵御战乱匪患。河南地处中原，历史上兵匪战祸频繁，无论平原还是山地，许多村子都建设寨墙，形成堡寨，以防乱世。寨墙多以黄土夯筑而成，部分寨墙外部以砖石包裹，进村主要通道处设寨门。尤其是明清时期各地普遍修建堡寨，对河南村落布局和形制产生重要影响。现存许多村庄通名仍为"寨""堡""台""营"等，虽大多村庄寨墙无存，但从其方整格局和沟壕仍可看出当年堡寨的防御性特征。

再次是社会礼制需要。村落体现整个社会体系中的社会关系、组织结构、法律制度、行为准则等方面对建筑的影响，聚落的建设成为人的身份、角色、社群、团体或机构的延伸表达，是社会关系的物化。以地缘、血缘关系为基础的聚落组成是社会礼制的核心，堡寨的修筑增强内部成员组织的内聚力，并对外表现出强烈的排他性，从社会礼制层面强化村落居民的领属意识。

（三）空间构成特征

几千年"农业文明"的历史与以"冷兵器"为主的时代特征下，单体居住建筑防御能力与效果极其有限，只有依靠单体的集聚才能形成整体的防御能力。堡寨村落在空间构成上，采用集居或密居的方式，以获得实际运作与心理慰藉方面的安全保障。统一规划营造的堡寨有很高的密度组合，内部紧凑的形态提高了整体防御体系的经济性与可操作性。村落以天然屏障与人工防御设施为空间构成的核心要素，山崖、山冈、堡墙、寨河、望楼等形成防御体系，防御战乱、匪患、野兽等侵扰，并具有一定的防御自然灾害能力。

（四）社会组成特征

不论民间自主聚集或官督民办，堡寨村落建设的成员组成都以地缘或血缘关系扩展而成。河南历史上战乱较为频繁，长期的战乱在某种程度上削弱了以血缘关系为主的村落形成方式，地缘意识逐渐在村落的形成中增强，并与血缘关系共同在村落集聚中发挥作用。因此，河南的堡寨村落成员组成上多以一姓为主，或以二三个姓氏为主发展而成。这种聚落成员的组成方式，对内共同血缘的家族成员间具有强烈的内聚力，对外各姓氏族群之间亦能紧密团结共同御外。村落内部组织结构按血缘亲疏关系进行等级分布的空间构成，外部建筑形态注重围合，这样的村落空间组织与我国古代社会具有排他性的血缘亲族团体有着文化心理上的渊源传承。

（五）类型特征

传统村落都具有防御功能，依据其防御目的可将河南省传统村落分为军事防御型村落和生活防御型村落。

1. 军事防御型村落

军事防御型村落是指官督民建，以军事防御为主导功能的村落，河南现存军事防御聚落主要为清代圩寨村落。清代咸丰、同治年间，政府提出"坚壁清野"政策以对付太平军和捻军，命令全国修筑圩寨，以加强防御，保村庄安全。河南境内许多村落修筑堡寨村落，东起夏邑、永城，西达卢氏，北至安阳、内黄、南乐，南到信阳，几乎遍及河南全境。圩寨村落防御类型多样，有联村修建、凭险修建和聚组而建等多种手段。现存众多村落仍保留寨墙、寨河等防御设施，印证了社会变迁。

2. 生活防御型村落

生活防御型村落是指村落为防止匪患及自然灾害，从村落选址到村落建设表现出较强防御性能的村落。为躲避外族和匪患，村落依据所处地理位置和环境要素，形成大小不一、形式不同的防御设施，如筑寨墙、挖寨壕、设吊桥、专设守卫。古代社会技术水平较低，利用自然环境的同时也防御自然灾害。传统村落选址时多靠近河流、水源，同时为防备洪水灾患和防止野兽的侵袭，聚落营建选择在较高地带，且利用一定坡度的自然沟壑以排洪，避开较大的冲沟以防水患。豫中平原地区许多村落都建有寨墙及寨河，寨墙内四角处一般建有坑塘，作为平原村落内部调序雨水防止洪涝灾害之用。豫东地区一马平川，无险可守，修建寨墙和寨河一方面可以抵御兵荒废乱和野兽入侵，另一方面可以阻挡洪水的侵入，寨河同时还起来雨时蓄水的功能。

（六）典型实例

1. 卫辉小店河村

1）村落概况

小店河村位于卫辉市狮豹头乡，选址在南太行山脉伸向豫北黄河冲积扇的山路外缘，由阎氏祖辈于清乾隆十三年（1748年）始建，因在沧河边建一座小店铺而得名。村址所在地形别具特色，从远处眺望犹如一只巨大的神龟匍匐在沧河南岸，山下一土包又恍如乌龟探头欲饮沧河之水，被人们取意为"神龟探水"。建筑群坐落在龟背上，寓意"万事永固"。山坡下沿着沧河是一条连通晋豫两省的古代咽喉驿道，交通便利。周围山水环境格局构成了"三山一水"环抱之势。天然屏障使得村落防御特征十分突出。

2）整体格局

清代咸丰年间，小店河村闫氏家族响应当时的政府号召，建设圩寨。圩寨外形像城，有寨墙、寨门。小店河村西侧后山上仍保留一段寨墙，高2米有余，每段寨墙中间有通往内外的寨门，在寨门外设有望台，以防歹人的侵袭。村子北侧的寨门在古时是入村的唯一通道，晚上禁闭，设专人看管，与寨墙相连，形成防御的屏障，维护寨子安全。村落顺应地形，传统民居建筑多坐西向东，由高向低呈阶梯式分布，且层次分明，错落有致（图4-1-11）。

(a) 卫星照片（来源：雅虎地图）

(b) 总平面图（来源：郑州大学城市规划设计研究院有限公司 提供）

图4-1-11 辉县小店河

3) 建筑特征

小店河民居，用寨墙围和成了一个内部封闭的空间。院落均采用纵向扩展、院落并联的形式，互不干扰，但彼此之间又能巧妙相连。布局主次分明，前后呼应，具有封建时代家族的凝聚力。民居建筑群平面基本为梯形，占地5万平方米，院落十座，分为一进、两进、三进、四进不等。前堂后寝，中轴对称。院内布置按长幼尊卑，布局分明。院落相套，形制规整。通常，正房由于良好的朝向和位置，供家中老人居住，而院内的厢房则由晚辈居住，是中国传统礼教的物质形态表现。西侧传统建筑群以四合院为主，分为九路院落，每路院落又分为二进、三进、四进、五进不等，既互为整体，封闭独立，又各有其道，四通八达，院落之间的小巷极其狭窄，宽度在70~100厘米，仅供一人通行，两侧是3米多的围墙，防御性极强（图4-1-12）。

（a）明清民居建筑群

（b）寨门

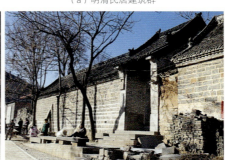

（c）临街倒座

（d）临街民居

图4-1-12　辉县小店河典型传统建筑（来源：郑东军 摄）

2. 郏县临沣寨

1）村落概况

临沣寨位于郏县堂街镇，原名水田村，因沣溪、柏水绕村而得名，是现今保存最为完好的中原古寨。据《水经注·河水》记载："柏水经城北复南，沣溪自香山东北流入郏境，至水田村，一由村南而北，一由村北而东，环村一周，复东北至石桥入汝"。因村在"二水"之间，故曰"水田"。1851年，太平天国起义爆发，官府要求各地"抵抗乱军，村村筑寨"。清同治元年（1862年）由盐运司知事朱紫峰倡建，于"壬戌季春上浣"，即1862年农历三月上旬竣工落成，寨名"临沣"。

临沣寨在选址布局、街巷空间、建筑细部上都经过十分考究的设计与建造。寨内明清建筑100余栋、400多间，保存完整的四合院11处，包含寨墙、寨门、寨河、寨桥、寺庙、祠堂、古井、古树等，规模宏大、布局严谨、类型齐全，是典型的堡寨村落（图4-1-13）。

2）整体格局

临沣寨平面呈椭圆形，寨墙为纯一色红石砌筑，故也被当地人称为"红石寨"。寨墙白灰勾缝，周长约1100米，高约7米，墙宽3～5米不等，建有垛子"八百"，哨楼五座，寨墙上置有土炮，寨外有约10～20米宽的护寨河。该寨设东、西、南三座寨门，分别命名为"溥滨""临沣""来曛"。

寨内的纵向交通以南大街、北大街为主，其中南大街东西长280米，宽6～8米，寨内的横向交通主要有东街、中街和西街，东、西、南、北四条主街呈"井"字形交错。大街之间还有一些胡同，这些主次分明、纵横交错的道路系统，联系着寨内的每个角落。寨墙内侧留有一圈马道，为寨墙的管理、维护及夜巡打更提供了方便。两条东西大街原来都是红色条石铺成，历史悠久，地面抬升，红条石古街道被掩埋地下。南大街正对着溥滨门，北大街斜对临沣门，来曛门对着西侧的马道，在马道内侧紧邻寨墙有一小型的关帝庙。这些纵横向的道路，把整个村落的民居划为大大小小的组团，使村落的空间有了封闭与开敞的对比，也起到一定的防火与排水分区的作用。以纵向交通为主的道路系统布置，也便于布置坐南朝北的住宅院落，是该地区常见的村落街道布置形式（图4-1-14）。

3）建筑特征

寨内不同时期，不同材料修建的传统民居矗立在大街小巷，与古老的红石寨墙一起点缀着这片古韵绵长的苍翠大地。这些古民居多为硬山式单层或两层青瓦房。

在数量众多的古民居中，能够代表临沣寨建筑特色的，是清代中晚期修建的朱氏兄弟的三处宅院。朱紫贵与朱紫峰的宅院在南大街西段路北，坐北朝南的四路的宅院，西边两路为朱紫贵宅院，东边两路是朱紫峰宅院。朱紫峰宅院东侧是一座寨内最老的用红石砌筑的三间"凹"字形平面的房屋。这些院落连为一片，为方便家族内的联系，各路院内都开有偏门。宅院纵深直达北大街，故宅院分为前后两部分，前院三进是供主人全家居住的院落，宅院朝向南大街开有正门，是家庭成员及外来宾客的出入口。后院为车马院和供仆役人员的居住与家庭劳作的院落，朝向北大街开有宽达1.8米的大车门，用坡道代替台阶，为车马通行。朱紫云的宅院位于北大街的中段，由于坐南朝北，故该宅院的布局及具体做法与其他几处宅院有些不同。三处宅院建筑工艺精良，风格成熟，院内主要建筑的风格与构造做法基本相同（图4-1-15）。

3. 项城袁寨

袁寨原名石腰庄，是明末世宦石氏的一家庄园。袁寨原有建筑规模宏大，总占地18万平方米，楼瓦房500余间，分设住宅、学校、兵营、花园等。其中住宅占地3万余平方米，楼房266间。为了加强庄园的安全防卫，抵御外来入侵，袁氏家族在院落四周建造高丈余的

图4-1-13 郏县临沣寨航拍鸟瞰（来源：张文豪 摄）

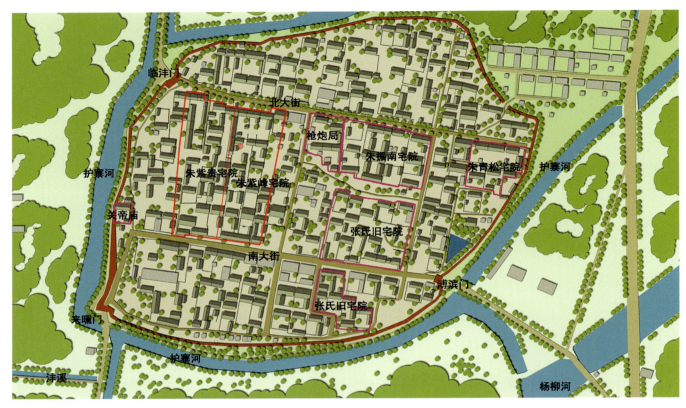

图4-1-14 郏县临沣寨总平面图（来源：郑州大学城市规划设计研究院有限公司 提供）

图4-1-15 郏县临沣寨朱紫峰宅院（来源：郑东军 摄）

226

寨墙，寨墙墙外开挖两道寨河，四角各建有炮楼，凌空于护城河水面。东西两面设有寨门，寨门前两道护河吊桥高悬。整个庄园如铜墙铁壁，坚不可破，是一座典型的堡寨村落（图4-1-16）。

袁世凯故居位于袁寨正中。1859年袁世凯出生于此，袁世凯降生后，其父袁保中对庄园进行了一番精心改造与营建，形成了一组别具一格、集住宅与城堡于一身的建筑群体。袁氏故居共占地50余亩，整体布局成方形，自东向西依次并列有三组院落，每组院落按中国传统建筑布局，分前、中、后三进四合院。中轴线上为主体建筑，厢房立于两侧，三组院落共有单体建筑60余座。故居西侧另建有花园一座，内有假山、长廊、瀑布、小桥流水，别有韵味。故居南侧建有几组四合院布局的客房及长工住房（图4-1-17）。

图4-1-16 项城袁寨复原效果（来源：河南省文物建筑保护设计研究中心 提供）

图4-1-17 袁世凯故居（来源：王晓丰 摄）

图4-1-17 袁世凯故居（来源：王晓丰 摄）（续）

第二节 聚落空间构成

河南传统聚落空间的构成要素分为外部空间构成要素、内部空间构成要素。其聚落外部空间构成要素又分为自然要素、人工要素。

一、外部空间构成要素

（一）自然要素

河南传统乡村聚落外部空间的自然要素是由地形、河流水系、树木共同构成的，它们常常用来界定自然环境。

"地形"：是村落环境的基本骨架，它限制了村落的整体格局，同时它对聚落起到了保护作用。传统村落的地形要素主要包括平原、山地、黄土台塬等多种地形环境要素，传统村落以地形为依托逐渐发展形成聚落格局。

"河流水系"：是聚落村民生存的关键因素，它可以为人、畜提供生活用水；可以灌溉农田，使得村落周边地区的土壤肥沃，可以持续生产。同时，有些聚落的河流还兼具交通运输的功能。"地形"与"水系"还与古人聚落选址密切相关，聚落与山、水之间常形成背山面水、藏风纳水等关系。

"树木"在聚落空间中起到生态涵养的重要作用。成片的树木形成山林，为村民收集物资、狩猎提供了场所，改善了村民的生活。

（二）人工要素

河南传统乡村聚落外部空间的人工要素主要集中

在生产生活方面，最主要的是农田，其次还有道路、桥、谷场、坟地、水坝。其中，"农田"是聚落生存的首要关键因素。为了解决生存问题，传统村落选址时，首先就是考虑选择适合农民耕种的土地。平原地区农田平整、广袤，山区农田多顺应坡地形成阶梯布局。临河村落人工要素还包括桥梁，其多用当地的石材。村外的道路多是通向农田、河流或者通向外界。打谷场是农民翻晒粮食及脱离谷皮的地方，一般都是村内较为平坦的用地。平原地区的坟地多位于农田之中，而山地的坟地多位于背山面水的坡面上。

二、内部空间构成要素

村落为村民提供了生活、居住的场所，传统村落的内部空间构成要素可以解析为街巷、界面、民居与公共建筑、公共空间、标志物。它们不是孤立存在的，而是有规律地互相穿插与叠合。

（一）结构骨架：街巷

街巷是聚落内部结构骨架的体现。街巷既是观察者、使用者的行动路线，也是聚落空间展开的秩序。传统村落中的街巷是指聚落中人们生产、活动的路线。平原地区，平坦地势形成了横平竖直的街巷空间，多变现"十"字或"井"字的街巷骨架，街巷会经常根据不同的功能来限制其空间的通达性和节点，街巷内部往往畅通性和防御性相结合，通过增加许多节点性的空间，增加村落外部空间的复杂性和转折性。山地地区，受地形限制村落中的街巷大多盘旋曲折，街巷总体上是总分的结构形态，以一条主要街巷为主，其余次要街巷、小巷呈树枝状分布。

（二）空间分隔：界面

界面是一种线性连续的空间要素，它具有界定两个不同空间之间各自领域的作用，是一种分界线。界面有无形的、有形的两种，对应着心理界限、物理界限。河南传统村落内部空间中的界面，一方面是指聚落与外部环境之间的界限，另一方面则指聚落内的特殊地形、寨墙、桥、穿过聚落内部的河流、院落围墙等。它们界定出了不同的聚落空间，同时也明确了空间的归属。传统村落中最为普遍的是利用院落围墙去划分空间。

（三）基本构成：民居与公共建筑

民居是传统聚落内最基本的构成单位，它的形态、组织结构就决定了聚落的整体风貌。民居与街巷之间是相互促进的作用，民居的增加会使街巷不断地延伸，而街巷又会促使民居沿着街巷分布。河南传统村落中，民居以院落形式为主，自由灵活，充分利用地理环境。村落中的公共建筑主要有庙宇、祠堂、寨墙等。

（四）交流节点：公共空间

公共空间是传统村落中村民交流、活动的场所，它大多位于村民日常生活的必经之地，是聚落内空间结构的节点。河南传统村落中的公共空间有村口或村中广场、庙前广场、村委会广场；村中或各家各户门前的休息空间；村内有石磨的地方，既是劳动空间也是村民交流的空间；有些河流或水渠穿过村中的聚落，其桥梁上的休息空间以及河边浣洗的空间都是村内重要的场所。

（五）熟知标志：构筑物

构筑物是不具备、不包含或不提供人类居住功能的人工建筑物，它是一种参考点，经常是许多因素中最突出的一个物体。聚落中的构筑物经常作为村民判断边界的依据，往往具有独特性，被村民所熟知，有突出的获得心理上领属意识的作用。河南传统村落中的典型构筑物有：牌坊、村口标志、池塘、碑刻、水井、石磨、石盘等。

第三节 聚落空间形态

"形态"是指事物在一定条件下的表现形式和内在结构。聚落的空间形态包含了两个方面。一是外部形态，二是内部结构。

首先，聚落是在一定的生产方式下通过人与自然环境，特别是人与土地发生关联而建立的一种以生存为前提的人地关系的空间表达，它会受到地形地势、水系等自然因素的影响从而形成不同的外部形态。

其次，在聚落内部的空间组织上由于受到人类生产、生活方式，社会组织结构以及文化的影响而表现出了一定的空间结构，这里既有物质的，也有精神的。在聚落的形成过程中，外与内是相互依存，相互影响的，外部特征因为内部结构而展现，内部结构又因为外部因素而存在。因此，在这些因素的共同作用下，在协调与适应的过程中，它们共同建构了聚落的空间形态。

一、外部形态

一般而言，地形地貌的差异是影响村落空间形态特征最主要的外在因素。传统村落是聚落中分布最为广泛的一种基本类型，规模灵活多变，能够适应各种外部环境，河南境内传统村落分布在山地、平原、黄土台塬等各种地形，因而呈现出丰富的布局形态（表4-3-1）。

河南乡村聚落整体形态　　　　　　　　　　　　　　　表4-3-1

类型	形态	特征	实例
团状		村落边界通常很清晰，村落常修筑寨墙、寨河，一般近似圆形或椭圆形，内部结构较清晰，道路一般比较规整，村落中心性较强	郏县张店村、郏县小张庄村、宝丰程庄村、山城区大胡村
带状		一般地域跨度比较大，沿线性要素延续较长，格局受环境限制明显，村落中心不明确	商城新店村、光山东岳村、辉县张泗沟村、淇县纣王殿村

续表

类型	形态	特征	实例
环状		与山体、水塘边界清晰，沿边界环抱开展，村落随地形特征布局，以山体或水塘为中心	商城四楼湾村、新县丁李湾村、光山黄涂湾村、光山龚冲村
散点状		多存在于在丘陵地区，住户散落于半山，没有明显的规律，建筑随地形自由布置，没有固定的空间形态	新安寺坡山村、唐河前庄村

（来源：王晓丰 绘制）

（一）团状

团状是平原地区较常见的村落形态。平原地区地势平坦，村落紧凑发展受外界影响因素较小，因此村落多呈团状形态，张店村、程庄村、小张村和大胡村等都是这种形态类型的村落。团状形态村落边界通常很清晰。平原地区没有山体等天然防御体系，又常常经受洪水灾害，村落通常都修筑寨墙和寨河，村落被限定在寨墙内，寨墙与寨河是村落的边界，一般近似圆形或椭圆形，村落内部结构较清晰。道路一般比较规整，多以"十"字中街为依托，在街道两侧以"井"字间隔布局，最终发展成为棋盘格局的道路结构。这类村落通常由有血缘宗亲的家族组合而成，村落中心性较强，以宗祠或庙宇等为中心向四周布局，形成紧凑发展的团状形态。

（二）带状

带状的外部形态是沿道路或河流等某种线性要素呈带状布局的村落，常见于山谷地区。山地地区带状形村落，一般地域跨度比较大大，沿着道路或河流等线性要素可绵延数百米。村落空间格局受地貌环境限制明显，而且村落中心不明确，如新店村、东岳村、张泗沟村、纣王店村等。豫北太行山一带有很多带状村落，例如石板岩乡一带村落沿山前道路呈带状延展。

（三）环状

村落沿着山体和河流中间的平缓地带环绕展开，形成背山面水的格局。这类村落常见于豫南浅山区，四楼湾村、丁李湾村便是这样的村落形态。环状村落与山体、水塘形成清晰的边界，并沿着边界环抱开展。村落会随着地形地貌特征布局。通常村落环抱的山体或者水塘会成为人们心中的中心，如四楼湾村，村落在位于山体和水塘中间平缓地带展开布置，并沿着山体呈环抱之势。

（四）散点状

多存在于在丘陵地区，三五成组的住户散落于半山上，没有明显的规律，各户朝向各不相同，建筑随地形变化自由布置，没有固定的空间形态，如寺坡山村、前庄村等。前庄村下辖七、八个自然村落，村落沿着一条沟呈散落状分布，村落规模都不大，小至王家场、麒麟沟的一户两户，大至大河沟的40户，大多呈散点状分布。

二、内部结构

村落的空间结构是聚落用地组织和功能分布的几何特征，是各功能空间的有机串联方式，表现村落内空间的联系与内部层次的递进关系（表4-3-2）。

（一）十字型

十字型是平原地区传统村落较常出现的空间结构形态，相互垂直的东西大街和南北大街共同构成村落的空间骨架，是联系村内外的主要道路，道路尽头是寨门。这种类型的村落中心感较强，十字街的交叉点不仅是村落地理位置的中心点，也是村民心中的中心，从中心沿十字街布置村落的公共设施。如斐城村、小张村、张店村以及高皇庙村等均是"十"字形空间结构。裴城村是平原地区"十"字形村落结构的典型代表。选址在方圆数公里的最高处，且村落十字街中心为村子的最高点。南北街连接节孝坊和北门，东西大街为古官道的一部分，沿十字街两侧沿线布置村落的重要建筑。

（二）网状型

网状型是平原地区最常见的空间结构形态，平原地区地势平坦，村落发展不用考虑地形限制，村落采用最易于组织、最高效便捷的网格式结构来组织村落内部体系。以"井"字形的主街巷均匀划分村落，形成大小相近的街坊，在街坊内部组织次街和巷道。这种类型的村落空间层次丰富，在村落中穿梭很容易感受到空间的宽窄变化。北朱村、山头赵村、渣园村、临沣寨都属于网状形空间结构。以山头赵村为例，村落街巷布局规整呈"井"字形，东西主巷连通村里重要公共设施，支巷纵向联系主巷，同时街巷走向因地制宜，整体呈一定偏角，顺应地形地势，利于排水灌溉。村落空间层次丰富，从主街—次街—巷道—宅院等空间呈递进模式。

（三）一字型

一字型处于山谷中的村落通常是这种空间结构，一条主街贯穿村落始终，主街串联村落的各功能要素，院落沿着主街单侧或两侧院落紧凑布置，如新店村、东岳村、九渡村和山顶村等。通常村落中主街的产生和发展受历史环境和地形地貌环境的共同作用，如一斗水村"一"字形空间结构影响受白径古道的影响，前庄村"一"字形空间结构受水系影响。

（四）鱼骨型

一条主街串联各个组团单元，从主街向两侧辐射多条支巷，支巷连接着各个院落空间。张泗沟村、双庙村和丁李湾村等村落均为此种结构类型。鱼骨形村落的特点是主次系统完整且明确，主街为道路结构主体，支撑村落道路组织骨架，支巷成为联系主街和院落的通道，形成"主街—支巷—院落空间"的层级系统，此种路网多是自然形成。以张泗沟为例，一条南北向主街连接前后张泗沟村，主街走向顺应等高线。与主要道路相连的次级小路，根据地势高低变化或宽或窄，有些地方砌筑台阶，有些地方处理成沟坡，连通各宅院空间。

（五）放射型

放射型村落结构道路以交点中心沿地形走势和环境要素呈放射性布局。以吴垭村为例，村前入口广场为村落的公共空间，从广场外四周延伸多条道路分别通向院落、田地、坟茔及村外。

（六）自由型

自由型村落结构见于黄土台塬上的下沉式村落，塬面上没有固定的路网结构，所有空地均可供人们自由行走，并逐渐形成形态自由的固定路径。

河南乡村聚落整体形态　　　　　　表4-3-2

类型	形态	形态	类型	形态	形态
十字型		村落中心感较强，十字街交叉点不仅是村落地理位置中心点，也是村民心理认知中心	鱼骨型		主街串联各组团单元，从主街向两侧辐射多条支巷，支巷连接各院落空间，村落空间层级鲜明
网状型		交通易于组织、高效便捷，主街巷均匀划分村落，村落空间层次丰富	放射型		以交点中心沿地形走势和环境要素呈放射性布局
一字型		一条主街贯穿，主街串联各功能要素，院落沿主街单侧或两侧紧凑布置	自由型		没有固定路网结构，所有空地均可供人们自由行走

第五章

聚落建筑与空间构成

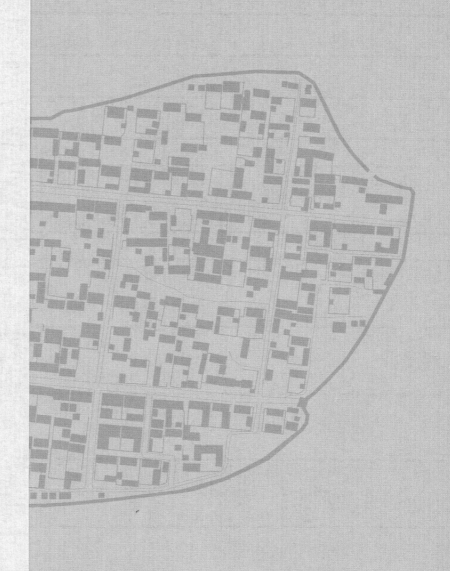

第一节 聚落街巷与院落空间

聚落建筑主要指民居建筑、公共建筑和构筑物。聚落建筑通过不同的组合、布局、限定和分割，结合自然环境条件形成院落空间、街巷空间、公共空间等生产、生活、交往、防御等空间组织和场所，构成了聚落空间的虚与实，图与底的不同体系。

一、街巷组织

街巷组织形成聚落的空间结构。河南传统聚落的空间形态受自然条件影响，山地聚落街巷组织随地理地形多呈带状，聚落为自然的空间形态。浅山平原地区传统聚落受地理地形约束较少，街巷组织整体规整，中心发散的空间格局突出。

（一）集镇聚落

因商成镇，集镇聚落街巷组织由主街、次街、小巷共同组成。主街成为集镇的商业中心，又称为老街或中心街、十字街。次街与主街多垂直相交，构成十字或丁字路口，次街与次街之间有小巷联通。主街、次街、小巷三者相互穿插，构成完整的"网格形"道路体系。浅山平原集镇聚落多以两条相互交叉的"十"字形主街形成聚落街巷的基本构架，向外联通南北、东西。山地集镇聚落多在山谷重要交通线路节点上，沿山势形成的主路形成聚落，向外联通山区内外。主街成为聚落商业活动最为集中的地点。古时货物多以马车、板车之类的交通工具运输，商业街道通常较宽阔，宽度可达6~8米。集镇的形成过程带有自发性，并未经过严谨的规划，所以街道并不像城市那样整齐排列而成棋盘格的形式。局部街道可随弯就势地曲折，街与街之间并不完全保持相互的平行关系（图5-1-1）。

信阳明港镇素来是信北重镇、中原名邑。西绕群山，东临淮河，南通荆楚，北屏中原，是南北的咽喉，也是古楚地的门户。明港商贸活动历史久远，始于唐、宋，兴于明朝。明万历年间，途经明港的驿

（a）浅山平原集镇街巷组织——任村镇

（b）山地集镇街巷组织——荆紫关镇

图5-1-1 集镇聚落街巷组织（来源：王晓丰 绘制）

道修通,并在此设立驿站,置驿丞管理,商业、服务业因南北通衢而渐兴,商贩沿明河两岸、沿驿道两侧摆摊设点,进行商品交易。至清同治年间,明港已是"申北重镇,驿道粮车,昼夜不绝,明河船桅如林"。光绪二十八年(1902年),平汉铁路修通后,明港设立了火车站、邮政所,晋、陕、冀、鄂、浙、苏等省商贾纷纷至此立栈设埠,贩货经商,有行业百余种。

到1938年,明港设有"陕西会馆""湖北会馆""月台栈""天宝栈""天胜酒楼""平汉酒楼"、粮行、染坊、酒坊、盐坊、医药、烟草、杂货、果店、转运站等行、店、站,生产兴隆,买卖便利。中华人民共和国成立时,明港已成为信阳县(今信阳市)第一大镇,是地区重要商贸中心、农林牧副渔业产品、工业产品的集散地(图5-1-2)。

图5-1-2 信阳明港镇

（a）十字交叉形主街——荥阳油坊村

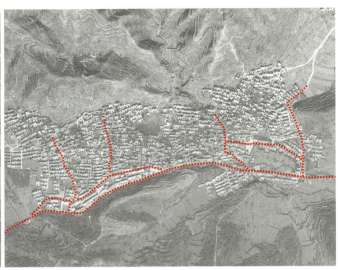
（b）"一"字形主街——林州卢寨村

（c）荥阳油坊村赶会实景　　　　　　　　　　　　（d）荥阳油坊村赶会实景

图5-1-3　中心农贸村落（来源：王晓丰　绘制）

（二）中心农贸村落

中心农贸村落是因区位和规模交通而形成的中心村或有庙宇的村落，有的多是临时性的交易会，即赶会或庙会，是农村地区常见的商品交易方式，大多占道经营，有的形成固定的营业服务点或两者的结合。所以，这类聚落空间结构一般比较紧凑，相比集镇聚落建设环境宽松。街巷组织整体规整，道路平直。以十字交叉形主街或一条"L"形或"一"字形主街贯穿全村，其他街巷多垂直于主街道，构成丁字路口。聚落常以庙宇、宗祠、戏楼等公共建筑作为中心或重要节点，聚落空间表现出较强的向心性。街巷以连续围墙或倒座、门楼构成空间界面（图5-1-3）。

（三）带状村落

带形村落是聚落空间组织最常见的形式，因顺应道路发展或沿河流展开而形成，其街巷组织简单明

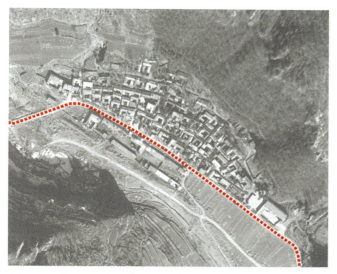

图5-1-4 带形村落街巷组织——林州马家岩村（来源：王晓丰 绘制）

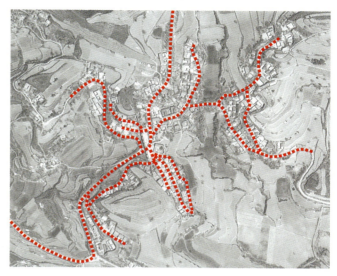

图5-1-5 团簇状村落街巷组织——济源杨树岭村（来源：王晓丰 绘制）

晰，一条主街道贯穿全村，其他小巷由主街道延伸至各家各户宅前。主街道结合地形环境，顺应河道或山地等高线走势，呈折线或曲线状，主街两侧的房屋并排展开。小巷由坡路和踏步构成。聚落街道景观境除取决于建筑形态外，还与聚落的朝向有关。大多数的聚落朝向东南面，住宅面向主街，街巷立面由民居的正、背立面构成（图5-1-4）。

（四）团簇状村落

团簇状村落是聚落空间组织的常见形态，一般平原地区以集镇或中心村为中心，形成围绕中心相对集中的聚落组团或多聚落组合。而在山区，这类聚落通常空间层次丰富，街巷组织结合地形形成三维立体的交通网络。道路随地势起伏曲折变化，迂回折转，没有固定的方向，狭窄陡峭处以踏步替代；沟坎错综处设石桥平补高差；平缓开阔处扩大成为空地。各条道路不仅宽窄不一，互不平行，随地形变化多样，由道路的宽窄及与外部交通的联系紧密程度区分主次，街道间可呈任意角度相交（图5-1-5）。

二、院落组合

（一）传统民居合院

坐北朝南、封闭内向单院或多重院落组合的传统合院民居是河南民居中最普遍的院落组合形式，通常也是构成各类聚落的基本单元。院落空间作为聚落整体肌理的直接构成元素，直接影响聚落空间与街巷的组织。传统民居合院四面围合，以院落作为空间组织的形式分布在河南大部分地区，其中又以四合院、三合院居多。街巷组织与地理地形成为决定建筑坐向的重要因素，院落在布局上讲究对称关系，院落间的组合也讲究一定的主次关系（图5-1-6）。

传统城镇、村落中通常有富贾、乡绅或官员府邸，这些民居是合院民居中的精品，形制普遍较高，通过复杂的纵深与面阔的多重组合，形成更大的规模和尺度，以多路毗邻的"九门相照"院形成气势恢宏的民居建筑群，建筑装饰也更加繁复奢华，使部分聚落空间的整体构架围绕聚落中的核心院落群布局（图5-1-7）。豫中的康百万庄园、豫东的叶氏庄园、豫南的丁李湾民居、豫北的马氏庄园都是河南民居院落组合的典型代表（图5-1-8）。

图5-1-6 传统民居合院的院落组合（来源：王晓丰 摄）

图5-1-7 康南村以康百万庄园为中心展开的总体平面布局（来源：王晓丰 摄）

（a）康百万庄园

（b）叶氏庄园

（c）丁李湾民居

（d）马氏庄园

图5-1-8　河南大规模民居院落实例（来源：王晓丰 摄）

（二）商贸院落

"前店后宅"式商铺是最为典型的商贸院落形态，多存在于商贸集镇与中心农贸村落，临街的倒座或院落成为商业经营的场所。紧张的用地条件使院落多呈狭长的长方形，面阔小而进深大。纵深方向多发展为一进、二进或多进院落，部分商贸集镇中甚至有五进院落，例如郏县李渡口村主街两侧，历史中存在大量四进、五进院落。街道的方向限制了商铺的朝向，而商铺的朝向又决定了其后院落的朝向。所以，在街巷纵横交错的商业古镇中，民居正房朝向东南西北皆有可能（图5-1-9）。

图5-1-9　道口镇商贸院落

图5-1-10 山地民居的院落组合（来源：王晓丰 摄）

商贾们除了修建各式商业建筑和私宅外，往往还热心于修建寺庙、书院、寨门、粮仓和其他公共建筑。聚落内部的中心地段皆被紧密相连的商铺占据，公共建筑则一般位居其次，处在次要的街巷或靠近聚落外围的地方。

（三）山地民居

山地聚落环境多变，地形复杂，林木茂密，限制聚落空间发展。民居呈现顺应地形，自由、松散的布局状态。结合山势地形的用地条件，住宅或独立存在，或若干院落毗连，彼此高低错落。浅山丘陵或浅山沟壑中，院落基本还以传统民居的合院形式为主，民居院落顺应外部主要通道联排组织。深山区村落中，民居院落形态丰富，大小单体围绕庭院组合自由，二合院、三合院、四合院等形式灵活运用。山地民居院落组织因地制宜，朝向不拘泥于南北，在传统民居临场校察地理择址选形原理的综合考虑中确定院落的方位，形成各不相同，强调顺应自然的院落组织（图5-1-10）。

豫南山地村落还有以村内水塘为核心，因水就势、面水而聚、村前水塘的院落组合特殊实例，村落内院落以围绕水塘布局为主，顺应地形向外扩张。同时，在院落组合中突出家族聚居与防御性，一门多院、内部宅院相同的特征突出（图5-1-11）。

图5-1-11 豫南山地民居的院落组合（来源：王晓丰 摄）

第二节 公共建筑与空间肌理

传统聚落中，公共建筑是承担社会治理、文化教育、民间信仰、商贸活动、家族活动、聚落防御等公共功能的场所。乡村聚落公共建筑较少。城镇聚落社会组成复杂、人员众多、公共功能需求较多，多具有衙署、文庙、庙宇、会馆、宗祠、城墙等相对完善的公共建筑体系。乡村聚落多数由不同姓氏、经济独立的家庭所组成，聚落没有完整严密的结构，也没有形成统一的公共建筑形制，因此在公共建筑方面往往没有大的发展，通常仅拥有小型庙宇、宗祠、寨墙等公共建筑。

一、建筑造型

（一）衙署建筑

衙署建筑是传统城市聚落中最重要的公共建筑，是古代官吏办理公务的场所。《周礼》称官府，汉代

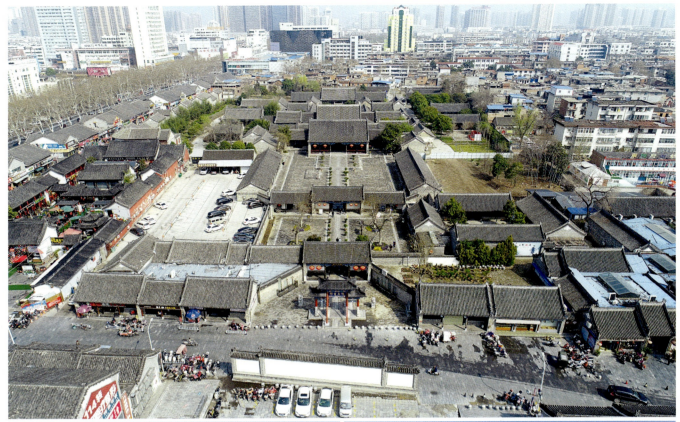

图5-2-1 南阳府衙（来源：张文豪 郑东军 摄）

称官寺，唐代以后称衙署、公署、公廨、衙门。衙署建筑大多规划集中布置，建筑规模视等级而定，内部通常包含各类办公功能以及当值主官的居住功能。空间组织上，衙署建筑均采用庭院式布局，有明确的中轴线，处于中轴线的院落对称关系严整，功能布局整体前殿后寝。河南现存的衙署建筑主要有南阳府衙（图5-2-1）、新密县衙（图5-2-2）、内乡县衙和叶县县衙（图5-2-3）等。

（二）文庙学宫

文庙，亦称孔庙或学宫，是中国富有政治意义的礼制建筑，作为儒学文化的象征和载体，是具有中国独特

244

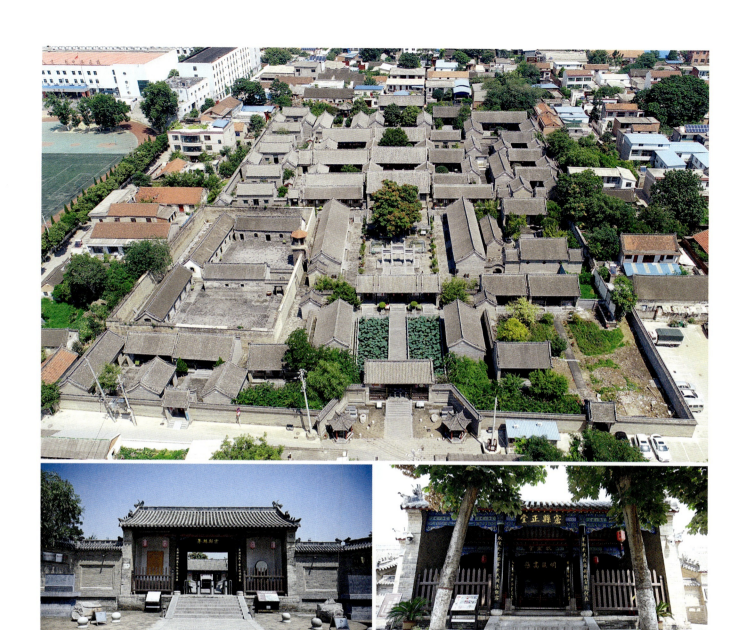

图5-2-2 新密县衙（来源：王晓丰 摄）

风格的传统建筑群，曾广泛分布于县级以上行政区域，成为一座城市的文化标志。中国历史上众多朝代推行儒家思想，文庙学宫就成为城市聚落中不可缺少的公共建筑，并拥有着较为标准的配置，多包含棂星门、泮池、戟门、大成殿、乡贤祠、名宦祠、文魁楼等。文庙建筑通常采用规格极高的官式建筑营建方式，正殿多建于较高台基之上，采用歇山顶或重檐歇山顶，并施以琉璃瓦，屋檐下采用精美复杂的斗栱并挂满表彰之匾额，前檐廊柱甚至采用复杂精美的雕龙柱。河南现存五十多处文庙建筑，如河南府文庙、安阳文庙、商丘文庙、叶县文庙、浚县文庙、郏县文庙等（图5-2-4）。

(a）内乡县衙（来源：王晓丰 摄）

(b）叶县县衙

图5-2-3 内乡县衙与叶县县衙

(a) 河南府文庙　　　　　　　　　　　　　　　　(b) 浚县文庙

(c) 郏县文庙

图5-2-4　河南现存典型文庙建筑（来源：王晓丰、张文豪 摄）

（a）传统城市聚落典型庙宇建筑——安阳城隍庙　　（b）传统城市聚落典型庙宇建筑——周口关帝庙

（c）传统村落典型庙宇建筑——平顶山山头赵村关帝庙　　（d）传统村落典型庙宇建筑——渑池赵沟村娘娘庙

图5-2-5　河南传统聚落中典型的庙宇建筑（来源：张文豪、王晓丰 摄）

（三）庙宇建筑

庙宇是河南地区传统聚落中不可或缺的重要公共建筑类型，是民间信仰的物质载体，也是重要的历史建筑类型和地方文化的体现。中国历史中以天命崇拜为核心的多元宗教信仰格局下，人们往往根据实际生活的需要设置各种敬祭供奉的场所，或作为崇敬古代名贤的纪念性场所，如城隍庙、关帝庙、火神庙、土地庙、山神庙、灶神庙、观音堂、龙王庙和岳飞庙等。庙宇建筑在传统城市聚落与传统村落中都有分布，是民间信仰的重要组成部分。庙宇的形式多种多样，有独栋的，有院落式的，也有亭阁式的。规模较大的庙宇除了承担日常供神拜佛的功能外，往往还是民众举行礼仪活动或是公共活动的场所，兼具着多种社会功能（图5-2-5）。

（四）会馆建筑

会馆的兴建是明清时期一种重要的经济社会现象。清代随着商品经济的发展和外来商贾的增多，河南境内

（a）社旗山陕会馆

（b）洛阳山陕会馆

（c）洛阳潞泽会馆

（d）禹州山西帮会馆

图5-2-6　河南传统城市聚落中典型的会馆建筑（来源：王晓丰、张文豪　摄）

也陆续建设了许多会馆建筑。作为一种商业建筑类型，会馆承载了合约、祀神、义举、公约等诸多功能，其中社旗山陕会馆、洛阳潞泽会馆、洛阳山陕会馆、禹州十三帮会馆、开封山陕会馆等都是其代表。会馆建筑为突出一方商团的实力、增强商团凝聚力，修建时多采用较高的营建规格（图5-2-6）。

（五）宗祠家庙

宗祠家庙在传统汉族文化中，是宗族或家族权力的象征，是维系同一家族内成员关系、解决家务大事的地方，起到维护宗族的存在和密切家族关系的作用，也是宗族成员"根"之所在。每逢大祭，族人就将记录都氏先祖名讳的"家堂"悬挂起来，供族人叩拜。奉先思孝的习俗一直延续至今。宗祠家庙作为宗族精神的核心，通常在聚落空间占有重要位置，并将院落正门开在正中，突出轴线与空间的仪式感（图5-2-7）。

(a) 安阳西蒋村马氏家庙　　(b) 郑州古荥镇孔氏家庙

(c) 信阳郭畈村郭氏宗祠　　(d) 荥阳油坊村秦氏家庙

图 5-2-7　河南传统聚落中典型的宗祠家庙（来源：张文豪　黄华　摄）

（六）城墙寨墙

城墙是传统城市聚落中起防御作用的公共建筑，以城墙、城门等形成复杂的组织系统。通常采用内部夯土、外部砖石砌筑的方式营建，根据城市聚落的规模与周边自然环境设置城门。城门整体尺度高大，一方面满足防御功能需求，另一方面从空间感受上增加领属感与不可侵犯的气势。河南地区保存较好的城墙有开封城墙、商丘归德府城墙、浚县城墙等，此外，在很多城市中都保存有城墙遗迹。

河南地区传统村寨多营建寨墙作为防御之用，寨墙多设有寨门作为内外分界的标志和出入村寨的主要通道。寨门是一种具有防御功能的建筑类型，与石砌、夯土围墙共同起到防御匪患的作用。村寨建立之初一般都设有多座寨门。但随着岁月的流逝和社会环境的变革，寨门的防御意义逐渐消退，反而成为聚落空间发展的阻碍，一部分原有的寨门或毁或拆，与之连接的围墙基本上难觅其踪。现存寨门多已成为村寨的标志，对地域的界定作用取代防御成为其主要功能。河南地区禹州神垕

(a) 商丘归德府城墙　　　　　　　　　　　　(b) 浚县城墙

(c) 神垕古镇寨墙　　　　　　　　　　　　(d) 郏县临沣寨寨墙

图5-2-8　河南传统聚落中典型的城墙寨墙（来源：张文豪、王晓丰 摄）

镇、禹州方山寨、郏县临沣寨、新乡小店河等村镇都保存有较完整的寨墙（图5-2-8）。

二、空间尺度

传统城镇、村庄中公共建筑通常具有突出的功能作用，通常也是重要的礼制空间，是聚落内进行行政管理、教学、祭祀、婚丧、接待宾客、节庆庆祝、宗族议事、民间信仰等活动的场所。传统城市聚落中，县衙、学宫、庙宇、城门等公共建筑多直接以官式建筑规格营建，多讲究中轴对称（图5-2-9），空间组织上以院落为主，严格讲求对称布局与主次差异，中轴线序列庭院与建筑的空间尺度远大于旁院，礼仪感突出（图5-2-10）。较大的空间尺度产生肃然起敬的空间感受，冲击力和感染力较强。

传统村落中的公共建筑多发展来源于民居建筑，建筑形制多受到传统民居建筑的影响。一般村落内多建有庙宇、祠堂、寨门等小型公共建筑，多数公共建筑在空

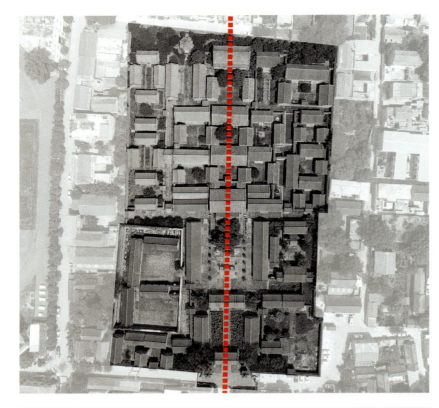

图5-2-9 新密县衙的中轴对称（来源：王晓丰 绘制）

图5-2-10 公共建筑中轴线院落与旁侧院落空间尺度的差异（来源：王晓丰 摄）

（a）中轴线上较大尺度的院落

（b）旁侧空间尺度较小的院落

间尺度上仅略大于一般民居建筑。部分小型庙宇则远小于普通民居建筑，仅为一开间，且高度远低于正常建筑，并不具备步入的建筑空间，祭祀空间为建筑前部开敞空间，并多以树或其他景观形成对称的空间布局（图5-2-11）。

三、装饰风格

公共建筑的装饰手法主要有雕刻、彩画、琉璃雕塑、山花灰塑等。城市聚落中官式的公共装饰技艺远超传统民居，传统村落中公共建筑建筑装饰技艺与传统民居建筑接近。在公共建筑的装饰中木雕、砖雕、石雕非常常见，彩画于琉璃雕塑多在官式公共建筑中使用，山花灰塑仅运用在山墙山尖。

传统公共建筑各类装饰在装饰题材上多与建筑本身的类型、功能相对应，与普通民居存在较大差异。衙署建筑中常出现龙、麒麟、虎、狮子等象征性图案（图5-2-12）；文庙学官中常以龙为装饰图案，突出古代王朝对儒教的尊崇（图5-2-13）；散布在河南各地的山陕会馆中常突出表现麒麟、龙、狮子、虎等图案，用意在于突出官商结合与增加气势，同时也会有算盘等图

图5-2-11 河南传统村落中的小型庙宇——林州翟二井西沟土地庙（来源：郑东军 摄）

案以突出自身商业文化（图5-2-14）；宗祠中常出现花卉、灵兽、蝙蝠、"福禄寿喜"文字等寓意家族吉祥的图案（图5-2-15），出现过当朝重要官员的家族中宗祠中还有影壁雕刻"麒麟贪日"以教化子孙为官之道的砖雕图案（图5-2-16）。

图5-2-12 河南传统聚落中衙署建筑的建筑装饰（来源：郑东军、王晓丰 摄）

图5-2-13 河南传统聚落中文庙学宫的建筑装饰(来源:郑东军、王晓丰 摄)

图5-2-14 河南传统聚落中会馆建筑的建筑装饰(来源:郑东军、王晓丰 摄)

图5-2-15 河南传统聚落中宗庙祠堂的建筑装饰(来源:郑东军、王晓丰 摄)

图5-2-16 郑州上街区王氏宗祠"麒麟贪日"题材影壁墙砖雕装饰
（来源：郑东军 摄）

（一）雕刻

1. 砖雕

砖雕是在青砖上进行雕刻加工的工艺技术，是传统建筑最主要的装饰手段。砖相较于木材耐侵蚀，相较于石材易雕凿，故更实用、应用更广泛。砖雕装饰主要出现在门窗周边、墀头及照壁等部位。墀头部位是砖雕装饰的重点，特别是主入口门楼以及核心位置正殿的墀头，雕刻图案简繁不一，题材丰富多样，手法多为浅浮雕（5-2-17）。

2. 木雕

河南传统聚落中公共建筑的木雕装饰远多于传统民居，且使用范围更广，雕刻技艺更为复杂精美。各类传统公共建筑中，雀替、斗栱、梁头、栱眼壁、花罩、挂落、格栅、门窗、匾额等部位都能成为木雕装饰的对象。根据雕刻题材与雕刻部位的差异，传统公共建筑的木雕多综合运用圆雕、浮雕、镂雕等多种技法，雕刻内容更加灵动（图5-2-18）。

3. 石雕

结合石材自身材料抗压、抗碱、不怕受潮、密度大的特点，河南传统公共建筑中石雕多出现在建筑下部的构建中，主要用在柱础、门枕石、抱鼓石、门口石狮、石栏杆、螭陛、台基、影壁基座、牌坊等部位。雕刻手法以高浮雕和圆雕为主，结合透雕和线雕使用，装饰效果庄严、浑厚、凝重（图5-2-19）。

（二）彩画

彩画是中国传统建筑中的重要装饰形式，但由于封建等级制度的严格约束，彩画基本上仅能在公共建筑中看见。彩画多在斗栱、梁檩、额枋等主体框架部位结合木雕装饰绘制，额枋多绘连续卷云纹；大斗的耳、腰部分绘卷云纹，斗底绘仰莲等花瓣；梁枋两侧绘行龙云气，底面绘单鳞状纹饰；檐柱与金柱油漆朱红色。官署、庙宇、会馆、学宫等官式建筑的彩画规格较高，使用红色、蓝色和少量刷金（或贴金），绘出行龙、彩画箍头和藻头中的图像，也有类似南方苏式彩画内容的花鸟、虫鱼、山水、人物和文房四宝等（图5-2-20）。

图5-2-17 河南传统聚落中公共建筑的砖雕（来源：郑东军、王晓丰、张文豪 摄）

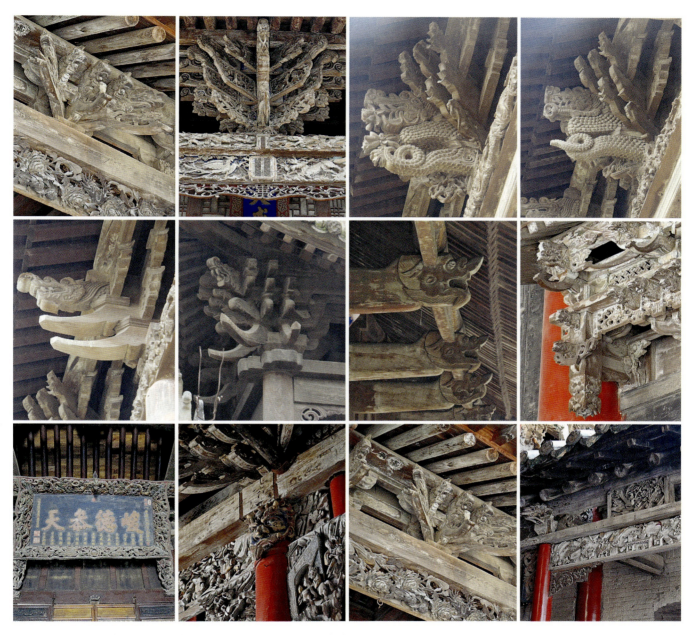

图5-2-18 河南传统聚落中公共建筑的木雕(来源:郑东军、王晓丰、张文豪 摄)

图5-2-19 河南传统聚落中公共建筑的石雕（来源：郑东军、王晓丰、张文豪 摄）

图5-2-20　河南传统聚落中公共建筑的彩画（来源：黄华、王晓丰 摄）

图5-2-21 河南传统聚落中衙署建筑的琉璃雕塑（来源：张文豪、王晓丰 摄）

图5-2-22 洛阳山陕会馆照壁上的琉璃雕塑（来源：黄华 摄）

（三）琉璃雕塑

琉璃制品由砖模施釉后经烧制而成，不仅色彩绚丽华贵，还具有良好的耐久性。河南传统公共建筑中重要的宗教建筑、学宫文庙、山陕会馆等建筑屋顶和脊饰都选用琉璃材质，琉璃构件通过色彩搭配、装饰题材选择形成丰富、精彩的建筑装饰效果，突出空间仪式感。屋顶的琉璃装饰变化万千，或覆瓦顶并以琉璃剪边装饰，或者覆板瓦作底，间或穿插琉璃筒瓦及琉璃脊饰，再或者全部使用琉璃瓦顶及脊饰。屋顶饰有大小数量不等、黄绿相间的菱形琉璃方心，将较为平板的大屋面装饰得丰富多彩（图5-2-21）。

洛阳山陕会馆照壁用绿色琉璃镶嵌而成三部分内容，中间一幅为二龙戏珠，东边一幅为猛虎下山，西边一幅为云龙戏鲤鱼。三幅画面均施以橙黄泛绿的釉色，鲜艳光璨，斑斓夺目，大大增加了建筑的装饰色彩（图5-2-22）。

（四）山花灰塑

河南地区硬山建筑有在山尖用大面积的灰塑图案装饰山墙的做法，图案一般左右对称，寓意丰富。灰塑山花的做法多是在白灰中加入麻刀直接在青砖山墙上抹出图案，做法简单却经久耐用。山花灰塑仅在硬山建筑山墙部分出现，因此多出现在传统村落带有民居建筑形式的公共建筑中（5-2-23）。

图5-2-23 河南传统聚落中公共建筑的山花（来源：郑东军 摄）

第三节 传统民居建筑与空间界面

一、门楼与倒座

"院落组合"是中国传统民居中使用最普遍的单体组合方式。传统院落不仅指单个合院的形式，还包括沿中轴线纵向或与中轴线垂直的横向展开的多个合院组合的形式。院落型的民居使门楼与倒座成为聚落的空间界面。作为中原民居中最基本的形式，传统院落式民居具有以下突出的特点和优势：

具有良好的居住功能。庭院作为单体建筑的联系纽带，使同一院内的各单体建筑与庭院空间组合在一起。这种布局既适应宗法制度下大家庭居住，也满足传统伦理道德观念的需要。尊卑长幼，各有其所。

具有良好的自防、护卫功能。庭院式布局，各栋建筑都深藏院内或面向内院，整体院落的外界面由院墙、后檐墙及山墙环绕围合，组成一道坚实的防线，大大增加了建筑群体的整体防护性能。

图5-3-1 河南传统民居门楼与倒座组成的院落空间界面（来源：王晓丰 摄）

适应性强。根据不同需要，三合院、四合院可进一步发展到多进四合院，还可以向左右发展形成跨院、并院，布局具有较大的可变性。

此外，在一些中、大型聚落中，多保留有大的官吏邸宅或大的士绅庄园式住宅。这些官邸、庄园式建筑群仍属于传统合院的格局，但规模更宏大，气势更恢宏，纵深方向上多以相连的三或四进院落形成"九门相照"，横向上多路院落毗邻，建筑形制较高，装饰也更奢华。除了用以居住的院落外，有些还配以后花园、车马院、杂物院等辅助性院落（图5-3-1）。

二、前店后宅

河南地区存在以商贸文化为背景的"前店后宅"建筑形式。这种具有商业性质的民居以商铺居多。商业发达的集镇用地紧张，要提供尽量多的商业铺面，使该地区建筑群及建筑单体面阔，规模普遍较小。这种前店后宅式民居在布局与空间组织上自由度不大，需要考虑与街道以及相邻建筑的关系，一般在纵深方向变化较多，依用地情况多处理成一至二进，三进较少。总体概括起来，其特征主要有以下几个方面：

（1）建筑沿街布置店铺，其后是住宅或作坊，充分利用前后空间；建筑常是两层，底层经商，上层存放货物或住人，充分利用上下空间。

（2）临街商业建筑以青砖灰瓦、木构木门窗的传统坡屋顶式样为主。建筑沿街底层多设置排门，早上做生意时全部打开，晚上则将其关闭。建筑开间不大，适应小型个体经商，也有连排布置。

（3）近代半殖民的社会性质在商业集镇中还衍生出一批中西混合式的砖木结构商业建筑。其建筑主体内部仍为传统木构架，墙体承重材料为砖石，沿街立面以西方折中主义风格为主，以各种造型的直线、弧线形线脚装饰，间杂以宝瓶、红星、匾额、楹联等传统装饰元素，构图讲究美观性（图5-3-2）。

图5-3-2 河南传统民居前店后宅院落的空间界面（来源：张文豪 摄）

三、前店后厂

"前店后厂"式商铺是最为典型的商业建筑形态。临街一面是开敞的商铺，其后是用于居住或加工、储存商品的院落。用地的紧张使院落多呈狭长的方形，面阔小而进深大。纵深方向多发展为一进、二进院落，三进较少。街道的方向限制了商铺的朝向，而商铺的朝向又决定了其后院落的朝向。所以，在街巷纵横交错的商业古镇中，民居正房朝向东南西北皆是有可能的。

商贾们除了修建各式商业建筑和私宅外，往往热心于修建寺庙、书院、寨门、粮仓和其他公益性工程，但规模通常不大。聚落内部中心地段皆被紧密相连的商铺占据，公共工程则一般位居其次，处在次要街巷或靠近聚落外围的地方。密集的传统商业建筑和多种类型的公共建筑是商业古镇的建筑特色（图5-3-3）。

(a) 道口古镇街巷界面　　　　　　　　　　　(b) 赊店古镇街巷界面

图5-3-3　河南传统民居前店后厂院落的空间界面（来源：张文豪、王晓丰 摄）

(a) 豫南大别山民居界面　　　　　　　　　　(b) 豫北南太行民居界面

图5-3-4　河南传统民居被山朝冲院落的空间界面（来源：王晓丰 摄）

四、背山朝冲

河南境内北有南太行，南有大别山，西南有秦岭余脉伏牛山，在这些山地环境中，传统民居建筑的空间界面明显受到地理地形的影响。山地传统聚落的民居选址一般是在山的阳面，仅少数聚落建在山的背阴面。聚落建筑朝向多是背面向山，正面向冲，享受视野开阔的自然景观的同时，可避开冬季西北到来的寒风侵袭，又能接受南向阳光。传统民居建筑被山朝冲的分布格局，使空间界面顺应山势展开（图5-3-4）。

五、面水聚居

河南大部分地区降水情况稳定，但豫南山区，受自然气候影响，降水量较多，旱涝等自然灾害的发生对传统村镇聚落的打击往往巨大。故豫南村落往往聚集在河流溪水周围，并且深挖水渠或水塘，靠天储水。村镇聚落中少则两三个水塘，多则四五个水塘。对于以农业为经济主体的村落来说，农业生产和取水是最为主要的活动，因此建筑会围绕晒坝或者人工池塘建造，建筑单体根据村前池塘的方位调整自家门屋的朝向，形成围绕水塘面水聚居的民居建筑空间界面（图5-3-5）。

图5-3-5 河南传统民居面水聚居院落的空间界面（来源：王晓丰 摄）

第六章 聚落风貌与传统民居

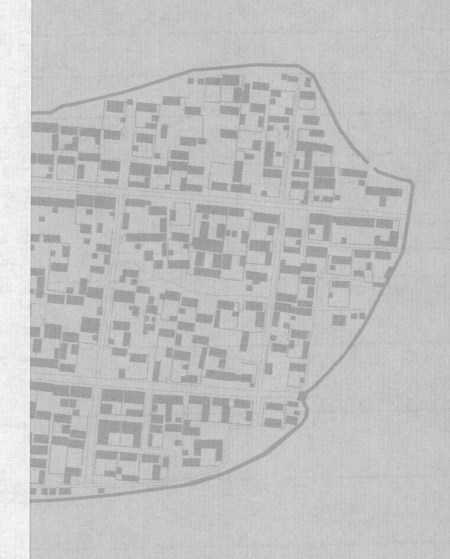

第一节　山地民居

聚落风貌是指聚落的整体特征与外貌，而民居建筑因其数量大成为聚落风貌的基本构成单元。这涉及民居建筑的平面布局、空间形态、建筑材料、构造特点和装饰风格等方面，主要分为山地民居、平原民居、窑洞民居和城市民居等类型。

一、豫北南太行民居

河南黄河以北的南太行山区是传统村落较为集中的片区，包括林州、鹤壁、新乡、焦作、济源等市县，其中的传统民居建筑有着显著的地域特色，成为豫北民居的典型代表。

（一）类型特征

南太行传统民居主要根据建筑造型、建筑材料的地域特征，类型上以生土瓦房民居、囤顶民居、石板房民居、石窑民居等最为典型。生土瓦房民居主要分布在太行山脉南端，向黄土高原过渡的地理区位使当地山区的生土资源丰富，居民采用就地取材的营造方式，以生土为主要建筑材料制作土坯砖砌筑民居。囤顶民居主要分布在焦作至新乡一带的山区，这一区域由西向东北土层渐薄，民居建筑以囤顶和石墙或土墙的形式为主。石板房民居主要分布在林州地区，建筑以石头砌筑墙体，并用片状页岩搭筑屋顶，是南太行地区最具代表性的民居建筑。石窑民居在焦作至安阳一带的山区均有分布，多以砖石发券依靠山势地形砌筑而成，营造方式较为原始，除了居住功能外，常作为处理地形时上部建筑的基础部分，被赋予储藏、厕所、禽畜养殖等使用功能（图6-1-1）。

（二）院落空间形态

豫北南太行地区各类型传统民居的建筑组合方式以合院为主，属北方合院民居体系。受地形因素影响，院落组织形式灵活多样，有"一"字形、"L"形、三合院、四合院等形式。院落布局上，主要建筑占据重要位置，厢房、耳房、门楼等建筑依据地形自由布置围合院落，各功能建筑分布不以方向方位为唯一考虑因素，更多结合地形、院落外部空间关系、对景关系等因素综合考虑，院落空间自由灵活、层次丰富（图6-1-2）。

（三）建筑单体造型

1. 平面形态

南太行传统民居建筑的开间通常为奇数，包括一间、三间、五间、七间。奇数的平面开间使民居建筑可以得到明间居中、对称布局的平面形态。民居建筑中以三开间最为常见，典型的"一堂二内"的三开间形式是民居建筑的基本形式，在此基础上发展出带檐廊的平面形式。为充分利用山地用地条件，在三开间基本形式上扩大平面规模形成五开间的形式，这些五开间的平面形式又有使用功能突出的二、三分割，满足中心对称的三明两暗等多种形式。除了奇数的开间形式，南太行地区还有二、四、六间的偶数间民居。多样的平面形式既反映出传统建筑居中对称思想对南太行地区民居的影响，又突出了本地充分利用地形的实用功能追求（图6-1-3）。

（a）生土瓦房民居

（b）囤顶民居

（c）石板房民居（来源：王晓丰 摄）

（d）石窑民居（来源：王晓丰 摄）

图6-1-1 豫北南太行传统民居类型特征

（a）"一"字形院落

（b）"L"形院落

图6-1-2 豫北南太行传统民居院落空间形态

（c）三合院

（d）四合院

图6-1-2　豫北南太行传统民居院落空间形态（续）

（a）一开间

（b）三开间

（c）五开间

（d）偶数开间——四开间

图6-1-3　豫北南太行传统民居建筑平面形态

图6-1-4 豫北南太行山地民居多种材料构筑的屋身（来源：王晓丰、刘亚伟 摄）

2. 屋身构造

南太行传统民居屋身构造多样、造型丰富、富于变化。屋身多使用生土、石、砖相结合来砌筑墙体，用砖包裹门、窗洞口，使局部加固。屋身使用的材料突出就近取材的特点，按照基层、底部、上部、墙角等不同位置进行材料搭配，符合建筑材料的特性，既降低建房成本，又形成有层次的立面构图效果。除了墙体材料的差异，部分民居建筑还通过檐廊的设置形成空间虚实的对比，增加屋身部分空间造型的丰富性（图6-1-4）。

3. 屋顶形式

屋顶形式主要有坡屋顶、囤顶、平屋顶等屋顶形式。其中，双坡硬山顶是北方民居建筑最基本的屋顶形式，是南太行地区传统民居最主要的屋顶形式。在双坡硬山顶的形式上，林州因其山区多片麻岩，而发展出极具典型地域特征的石板坡屋面屋顶形式（图6-1-5）。居民开采得到片状石板，以结构防水的方式按鱼鳞状交错咬合覆盖在民居屋面上，形成石板坡屋面。囤顶屋顶主要分布在焦作地区，该地土质大多为具有黏性的胶质黏土，居民利用土质特点，通过屋顶梁架结构调整屋架高度，形成屋顶拱起的形状，结合檩条、荆芭层、粘合泥土层，营建出中间高、前后低的拱形囤顶屋顶。平屋顶多以木梁板结合顶部覆盖黏土砌筑而成，常见于普遍少雨的鹤壁地区。

图6-1-5 豫北南太行林州石柱村典型地域特征的石板坡屋面（来源：王晓丰 摄）

图6-1-6 豫北南太行山地民居的建筑装饰（来源：王晓丰、刘亚伟 摄）

（四）建筑装饰

南太行地区传统民居的建筑装饰主要运用在屋脊、封山、梁架、墀头、门窗、墙身、柱等部位，并运用木雕、砖雕、石雕、油漆彩绘等工艺。南太行传统民居的建筑装饰突出了装饰与结构功能、装饰与传统文化、装饰与民俗文化的结合关系，大量石雕、木雕的建筑装饰突出了本地建筑材料的特征，反映了劳动人民的聪明才智和传统民居深厚的文化积淀（图6-1-6）。

二、豫南大别山民居

大别山脉位于河南最南端，是河南、湖北的界山，豫南大别山地区传统民居因特殊的地理区位条件，历史上成为中原文化、荆楚文化、徽州文化多元交融渗透的地区，在山地环境与自然气候的共同影响下，呈现出了北方民居院落空间组织特征，又更多地展现出了南方民居的空间形态、结构造型、建筑装饰特征，成为具有典型地域特征的豫南风格传统民居。

（一）空间形态

豫南山地聚落依山就势，多背山朝冲，围绕池塘布局，民居根据山势池塘的方位调整院落朝向（图6-1-7）。综合宅院与周围环境的关系，豫南山地民居讲求环境的整体性和对应性，在门楼布局中通过"歪门斜道"的处理方式，将宅院门朝向与对面山峦相互呼应（图6-1-8）。

地处豫南大别山地，民居空间布局分散且规模较小，民居组团多以单栋式民居或院落式民居为主。

单栋式民居以单栋建筑为户，没有院落，是豫南大别山地区空间布局最简单的民居形式，多见于山地坡度整体较大、用地条件极其有限的村落中，为适应有限地形而出现。平面形态上，单栋式民居多平行村落街巷方向，呈"一"字形横向布置。部分用地条件稍有宽松的地方，村民还会充分利用地形，营建单栋"L"形民居。单体建筑一般二到五开间，以三开间或五开间的奇数开间为主，中间一间作为堂屋，两侧间做卧室或厨房、储存间等，并以内凹或设置前檐廊的形式突出主要入口（图6-1-9）。

院落式民居是豫南大别山地区最常见的空间形式，

图6-1-7　豫南大别山民居布局——新县周塆村（来源：王晓丰 摄）

院落组织密集、空间灵活多变。受山势地形影响，其院落尺度相较北方院落偏小，院落根据周边环境与功能需求组织。豫南地区居民多以四世同堂、五世同堂的大家族为荣，家庭以三代同堂居多。在这种突出的宗族文化影响下，豫南大别山民居中有以家族为单位、多院落以宗族习俗组织形成的中、大型院落群。这些院落群多采用纵向多进与横向多路的组合方式，不拘泥于严整的中轴对称布局。民居建筑形制限制较少，多以堂屋、过厅为重点建筑，以堂屋前厢房、门楼、过廊或其他附属建筑灵活围合形成合院单元。家族院落群在外部共用门楼作为主要出入口，内部以公共走道连接，各院落再设户门，既保持了院落空间与家族组成的完整性，又利于家族内几家人相互照应，兄弟家庭之间既能相互融合又能彼此分户，同时也能使家族院落群拥有更好的整体防御性（图6-1-10）。此外，豫南大别山地区雨季长、雨量大，在视水为财的传统观念影响下，民居院落多表现出南方"四水归堂"的天井式院落空间特征，庭院内部多设置檐廊或直接由过廊、向庭院完全开敞的倒座围合庭院，形成独特的豫南民居空间特色。院落屋顶错落有致，下雨时，雨水通过屋檐流入天井中，经由排水沟及地下排水道流至院外道路。中、大型家族式院落群整体庞大规整，天井大小有致、排水系统更为有序（图6-1-11）。

图6-1-8 门楼空间处理的"歪门邪道"（来源：王晓丰 摄）

(a) "一"字形单栋民居

(b) "L"形单栋民居

图6-1-9 豫南大别山单栋式民居（来源：张文豪 摄）

（a）院落外部空间　　　　　　　　　　　　　　　　　　　　　（b）公共走道空间

图6-1-10　豫南大别山家族聚居的大型院落（来源：郑东军、王晓丰　摄）

图6-1-11　豫南大别山表现出南方"四水归堂"天井式院落的空间特征（来源：郑东军　摄）

（二）建筑单体造型

1. 结构体系

豫南大别山地区传统民居的承重结构以梁架承重和墙体承重为主。民居建筑营建技艺的传承依靠民间工匠的师徒相传，因此民居建筑往往并不严格遵循某一固定的结构形式，梁架结构灵活多变、形式多样。豫南大别山民居的梁架结构多以抬梁和穿斗结合的形式出现，结构造型的地方特色突出（图6-1-12）。

图6-1-12 抬梁穿斗结合的结构形式（来源：张文豪 摄）

豫南大别山民居根据建筑空间需求，柱、梁、枋的长短、多寡、位置等变化灵活组合，形成空间变化丰富的结构形式。相比北方民居建筑多为三架梁、五架梁的梁架形式，豫南大别山民居的梁架数明显更多，多以七架梁的形式出现，形成进深较大且多设置檐廊的建筑空间。此外，豫南大别山地区为改善大进深房间室内温湿度环境，增加室内光照与通风，多建造正立面（朝阳面）坡小、背阴面坡大的不等坡建筑，这与北方民居为突出家庭富足而建造成为正立面坡大、背立面坡小的不等坡建筑相比特征突出（图6-1-13）。

图6-1-13 前坡小后坡大的民居实例（来源：张文豪 摄）

2. 屋顶形式

豫南大别山地区传统民居多为硬山屋顶和简易的悬山屋顶。不同于河南其他地区传统民居，豫南大别山地区传统民居屋面群体密集、连接紧密。单体建筑屋面没有明显的曲面形态，多为坡度统一的平直坡面造型，厅堂或门楼等建筑丰富造型，多以山墙顶部处理形成屋顶的曲线造型元素。屋面做法多采用合瓦形式，这种屋面做法在传统坡屋顶建筑中具有较好的防漏雨效果（图6-1-14）。

3. 门楼造型

门楼是联系住宅内外的过渡空间，是民居院落的重要标志性元素，是象征户主的地位象征。门楼多与倒座为一体，常为直接内凹的开口形式。部分民居为突出家族地位而采用"八"字开口的形式，建筑造型与装饰也比普通门楼更为讲究。门楼正立面屋面多突出两侧倒座，形成正立面檐口高、背立面檐口低的不等坡屋面造型，门楼两侧山墙突出倒座屋面，并在前檐口位置形成高挑的封火山墙造型，极具豫南地区特色。为达到更好的通风效果，门洞上部正中多做八边形、六边形、圆形气窗（图6-1-15）。

（三）建筑装饰

豫南大别山地区传统民居具有北方民居建筑较为硬朗的特征，同时明显受到南方民居建筑的影响，在建筑

（a）平直坡面造型的屋顶　　　　　　　　　　　　　　　　（b）山墙构筑的屋顶曲线

图6-1-14　豫南大别山传统民居的屋顶形式（来源：王晓丰、张文豪 摄）

图6-1-15　豫南大别山传统民居的门楼造型（来源：郑东军、王晓丰 摄）

图6-1-15 豫南大别山传统民居的门楼造型（来源：郑东军、王晓丰 摄）（续）

装饰上表现出灵巧的特征，注重砖雕、石雕、木雕等建筑装饰，擅于在山墙和屋脊处用砖砌筑装饰图案。相较于北方民居，豫南民居的建筑装饰更加灵巧生动，尤其在民居建筑中木雕装饰的数量明显多于河南较北部地区的民居建筑（图6-1-16）。

三、豫西伏牛山民居

豫西南伏牛山地区紧邻陕西、湖北，受到河南中原地区、陕西东南地区、湖北西北地区的影响，民居建筑兼具北方、西部、南方的民居特征。

（一）院落空间形态

豫西南伏牛山民居以合院为主要院落组织方式。由于山地地形条件有限，本地合院民居多为面阔窄、进深大的窄型院落，有三合院与两进四合院两种主要院落类型。三合院院落深长，每侧多由两个三开间厢房并列组成；二进院落为传统两进四合院，随山势地形影响，部分二进院落简化为第一进院落以楼门代替正房，以中间一道墙为界限，形成前后两个大小等同的院落。

院落布局因山就势，表现出较大差异。低山丘陵地区，院落多采用"中轴对称，前堂后室，左右两厢"的布局，整体空间严谨规整。地形起伏较大的山区，院落受地形条件限制较大，在遵循传统等级秩序的同时，充分利用环境灵活布局，平台高差较小时，往往在一个院落内设置两到三个高差较小的不同层次平台，并通过局部台阶联系。地形高差较大时，多利用不同台地划分院落，使前后两个院落处于不同的平台上，第二进院落的标高一般与第一进院落的屋檐齐平（图6-1-17）。

（二）建筑单体造型

1. 平面形式

豫西南伏牛山山地传统民居单体建筑主要有三开间和五开间两种。三开间建筑平面占地较少，地形适应性强，伏牛山地区地形变化较复杂，地区多为三开间的建筑平面形式。五开间多用于浅山和丘陵地区，地形整体平缓，聚落空间相对松散，院落布局比较自由（图6-1-18）。

图6-1-16 豫南大别山传统民居的建筑装饰（来源：郑东军、王晓丰 摄）

图6-1-17　豫西南伏牛山传统民居的典型院落空间（来源：郑东军　摄）

图6-1-18　豫西南伏牛山传统民居三开间形式（来源：郑东军　摄）

2. 结构形式

豫西南山地传统民居的结构形式以木构架为主，呈现出多元化的类型特征，有穿斗式木构架、抬梁式木构架和穿斗与抬梁组合式木构架等多种类型。

抬梁式木构架以传统建筑五檩抬梁式构架为基本形式，在此基础上形成六檩前檐廊、七檩前后檐廊等构架形式。结合地理地形条件与功能使用需求，豫西南山地民居存在较多变形的抬梁结构，或通过增大五架梁和三架梁之间的高度形成阁楼，或通过内移檐墙的方式形成如檐廊的挑檐处理，或为简便施工、节省材料使用"八"字形的叉手抬梁木构架。在南北过渡的地理区位与山地环境中，豫西南山地民居也大量使用穿斗式木构架，并存在大量的穿斗与抬梁混合的木构架，在穿斗与抬梁混合的木构架中尤以仅脊柱直接落地的结构造型最具代表性（图6-1-19）。

3. 屋顶形式

豫西南伏牛山地区传统民居的屋顶主要有悬山和硬山两种形式，并以硬山应用最为广泛。豫西南伏牛山地区以小麦为主要农作物、芦苇资源丰富，民居建筑常见夯土筑墙体，且气候温润、雨水较多，悬山屋顶可以保护山墙，减少雨水冲刷，增加屋顶结构空气流通，避免木构件腐朽。硬山屋顶通过砖砌筑层级外挑的封山，具有较强的装饰性。屋面主要有草屋面、草瓦混合屋面以及瓦屋面等形式，其中瓦屋面以仰瓦的干搓瓦屋面为主（图6-1-20）。

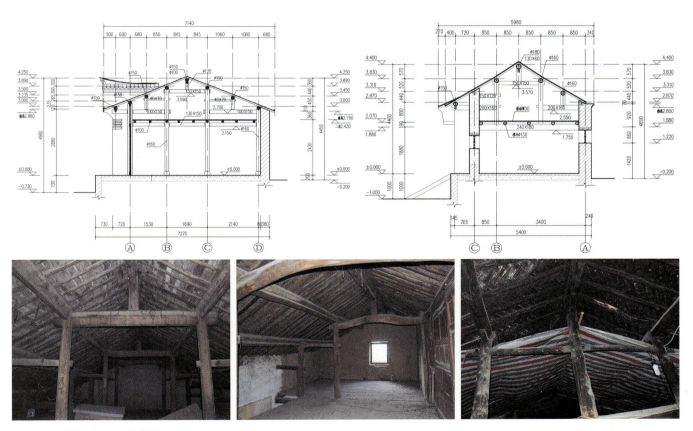

图6-1-19　豫西南伏牛山传统民居的结构形式

（a）草屋面

（b）瓦屋面

图6-1-20　豫西南伏牛山传统民居常见屋面形式

图6-1-21　豫西南伏牛山传统民居的木雕装饰
（来源：张文豪 摄）

（三）建筑装饰

豫西南山地民居注重砖雕、木雕和石雕在民居上进行细部装饰。"三雕"多用在大门、门窗、檐下、挥头、山墙、屋顶脊饰等部位，精致得当，使建筑整体显得富有生机。

1. 木雕

木雕用于豫西南民居木构架装饰，见于显露的檐廊木构架的抱头梁和穿插枋、檐枋下的雀替、门楼檐下等部位。木雕的表现主题比较多，有些以动植物为题材，有些以山水景观为题材，还有些则为人物故事等。木雕用于门窗装饰。从材料结构上看，门窗有隔扇门窗和木板门窗。因造价不同，普通居民一般使用木板门窗，有一定地位的人一般使用隔扇门窗，堂屋的正面有时用隔扇门窗通体满做，相当于现代的落地窗。

木雕还用于室内装饰。常见的有室内隔扇门窗、屏风、木板壁等。屏风属于临时性隔断，用于阻隔视线或线路，可分为座屏、折屏、挂屏、炕屏、桌屏等。木板壁或隔扇则属于永久性隔断，用于五开间厅堂的次间与梢间，或厢房（图6-1-21）。

图6-1-22 豫西南伏牛山民居的石雕（来源：郑东军 摄）

图6-1-23 豫西南伏牛山民居的砖雕和陶雕（来源：郑东军 摄）

2. 石雕

石雕工艺主要用于入口处的门枕石和柱础等部位。门枕石承载木门的石质构件，在门外部分还有抱鼓石，通常做鸟兽造型。柱础主要是支撑传力，增加耐久性。柱础的艺术装饰比较多样化，有多边形、鼓形等（图6-1-22）。

3. 砖雕和陶塑

豫西南民居砖雕和陶塑装饰的重点部位在山墙前廊檐部分的墀头和戗檐，以及屋顶的正脊、戗脊、角脊等处。正脊吻兽多做成头鱼身或龙头的样式，戗脊、角脊则选用不同形状的脊兽作装饰（图6-1-23）。

第二节　平原楼院民居

一、分布情况

河南传统楼院民居主要分布在境内的华北平原上，包含豫北、豫中、豫东等平原或丘山丘陵地区。地处华北平原的地理地形与区位条件，使河南平原地区的自然地理环境和历史文化环境相似度较大，也使这些区域的传统民居形式相似性较强。从民居类型来看，平原地区的传统民居基本均为北方合院式民居，且大多以楼房围合或以楼房为正房，组成楼院民居。

图6-2-1 单进院落（来源：王晓丰 摄）

二、院落空间形态

河南楼院民居按院落的多寡可以分为单进楼院、多进楼院和多路楼院三类。单进楼院可分为三合楼院和四合楼院，由大门（倒座）、厢房、正房围合而成，是构成复杂楼院的基本组成单元（图6-2-1）；多进楼院通常有两进到五进院落不等，中轴对称布局，纵轴线上分布大门（倒座）、过厅、正房和堂楼等重要建筑单体，厢房对称布置在两侧（图6-2-2）；多路楼院通常由两到三路院落组成，大多有明确的主次关系（图6-2-3）。

河南楼院民居按院落宽深比例可以分为宽楼院和窄楼院两类。宽楼院是河南平原地区常见的院落布局形式，庭院宽敞，正房露脸三间。两侧厢房出前檐廊时，正房露脸甚至会大于三间，两次间窗户均未被遮挡，有利于正房采光。窄楼院多见于山地向平原过渡的丘陵地区，地区用地紧张，院落空间狭窄，正房仅明间露脸，两侧窗户均被厢房遮挡（图6-2-4、图6-2-5）。

图6-2-2 多进楼院（来源：张文豪 摄）

(a)鹤壁市李家大院鸟瞰图

(b)李家大院平面布局图

图6-2-3 多路楼院(来源:张文豪 拍摄、绘制)

图6-2-4 窄型院落（来源：张文豪 摄）

图6-2-5 宽型院落（来源：王晓丰 摄）

三、建筑单体造型

（一）平面形式

河南楼院民居房屋最常见的是三开间平面形式，也是中国传统民居房屋的基本形式。中国古代封建等级制度规定平民建屋不得超过"三间五架"，三开间便成为普通民居建筑的法定形制。三开间的平面形式使用面积适宜、结构合理，利于院落空间组合、普遍适用。此外，在三开间的平面形式基础上，通过在五架梁的前后增加一步梁，形成檐廊的处理，即前檐廊式和前后檐廊式的平面形式（图6-2-6）。

除了常见的三开间平面外，河南传统楼院民居中还有一些特殊的平面形式，例如五开间、七开间或偶数开间的平面（图6-2-7）。五开间平面形式建筑的总宽度较大，通长的室内空间不方便使用，多分隔成"一堂一内""一堂二内"或"五间两所"的分割方式。在浅山向平原过渡地带，建造用地极为有限时，院落面宽较窄，厢房会根据需要做成狭长的单坡厦子房。单坡厦子房进深很小时常以两间为单元进行分隔。因此，厢房也常见两间、四间或六间等平面形式。还有因院落宽度过窄而出现两开间倒座的情况。这些非常规的平面形式也显示出传统民居建筑单体平面灵活多变的特点。

（二）结构形式

河南楼院民居楼屋建筑常见的屋架结构主要为传统抬梁木构架，常见的抬梁式梁架结构主要有三架式、五架式、六架前檐廊式、三架单坡式等。在抬梁式的基础上形成简易化的叉手式梁架结构，这种结构在前后檐墙

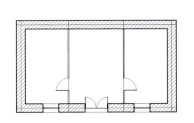 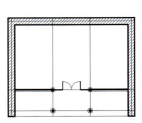 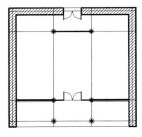 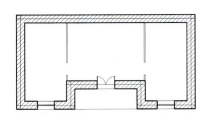

图6-2-6 河南楼院民居常见三开间平面形式（来源：刘攀 绘制）

图6-2-7 河南楼院民居的五开间与两开间平面形式（来源：王晓丰 摄）

或主梁上直接架设"人"字形叉手架，叉手架直接支撑上部檩。此时主梁除了承受直接架设在主梁上的叉手架的弯力以外还承受叉手架水平方向的外推力。叉手式梁架结构形式简洁，受力方式简单、合理，但造型美观度较差。在河南民居中多出现在建筑材料有限、建造难度较大的地区（图6-2-8）。

受西方建筑文化与技术的影响，在河南近代民居中还出现了砖拱券木梁混合的结构形式。这种形式常以砖拱券砌成类似欧洲古典的连续拱券外廊将院落连在一起，以西方古典建筑中连续券的形式代替了中国传统民居中的柱廊和抄手廊。同时又与中式坡屋顶相结合。通过外伸柱廊较宽的处理，使得对外依然具有中式传统民居的整体形象，同时在庭院内基本看不见中式坡屋顶，从而相对于任何一个视角保持风格一致的直观感受。这种结构形式充分表现了中国文化的包容性与传统工匠的创新与吸纳。

（三）屋顶形式

河南传统楼院民居中的屋顶形式主要有双坡尖山式硬山顶、双破尖山悬山顶、卷棚硬山顶、单坡硬山顶以及平屋顶等形式。在某些庄园建筑中也有卷棚歇山、卷棚悬山等普通民居中不常用的形式（图6-2-9）。屋面

(a) 常见抬梁结构与前檐廊梁架（来源：张文豪 摄）

图6-2-8 河南楼院民居常见梁架结构

（b）叉手式梁架结构（来源：刘攀 摄）

图6-2-8 河南楼院民居常见梁架结构（续）

（a）双坡尖山硬山顶　　　　　　（b）双坡尖山悬山顶　　　　　　（c）卷棚硬山顶

（d）单坡硬山顶　　（e）平屋顶　　（f）卷棚歇山顶　　（g）卷棚悬山顶

图6-2-9 河南楼院民居屋顶形式（来源：王晓丰、张文豪 摄）

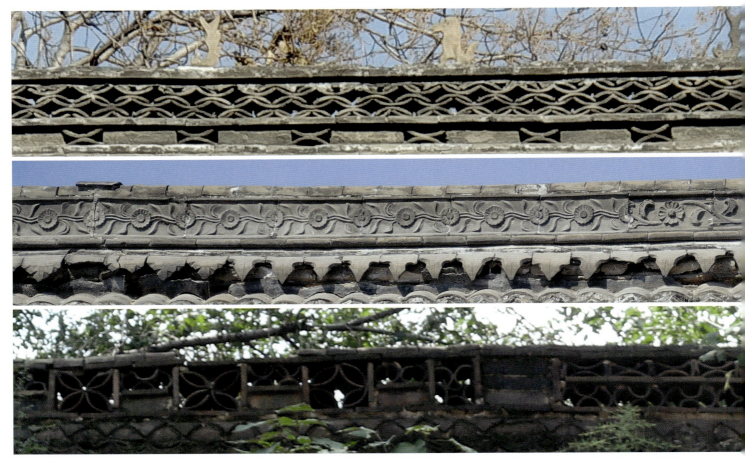

图6-2-10 河南楼院民居屋顶屋脊形式与垂脊拐头（来源：王晓丰 摄）

主要有干搓瓦屋面、合瓦屋面、筒瓦屋面等形式，以干搓瓦屋面最为常见。屋脊造型多为花瓦脊或实脊。部分建造精美的屋脊通过组合多种屋脊造型，并用装饰分隔形成分段式或分层式的效果。垂脊下部收头处多施以拐头的处理，增加屋顶造型美感（图6-2-10）。

（四）屋身造型

1. 墙身构造

屋身部分包括建筑的前檐墙、后檐墙以及两侧的山墙四个部分。经济条件较好的家庭营建房屋时多全部使用青砖或砖石混合砌筑屋身。经济条件较差的家庭多采用青砖与土坯或块石与土坯相结合的方式砌筑屋身，墙基一下采用砖或石砌筑，而墙基以上改用土坯砌筑（图6-2-11）。部分民居利用砖、石以一定层次混合砌筑墙体，形成富有层次的立面效果（图6-2-12）。部分地区在砖墙内规律间隔嵌入跋石的墙体，既起到稳定墙体的结构作用，又能够增加建筑的装饰效果，尤其是郏县地区以本地红石为跋石，丰富了建筑立面色彩搭配（图6-2-13）。

2. 门窗形式

屋身部分的门窗大多设在前檐墙部位，常见半圆形拱顶门窗、弧形砖过梁门窗、矩形门窗等洞口造

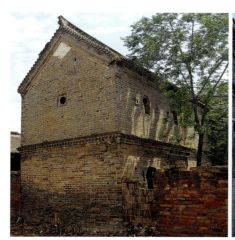

(a) 青砖屋身

(b) 砖石混合屋身

(c) 土石砖混合屋身

图6-2-11 河南楼院民居屋身形式（来源：王晓丰 摄）

图6-2-12 富有层次的砖石混合屋身（来源：刘攀 摄）

图6-2-13 郏县设置红石跋石的屋身（来源：王晓丰 摄）

型（图6-2-14）。山墙部位的"山花眼"与倒座部位大门顶部的气窗通常窗洞尺寸较小，常见圆形窗、半圆拱顶窗、八边形窗、木过梁矩形窗等窗洞造型（图6-2-15）。

3. 檐口处理与封山

檐口位置结合墙身材料与气候环境因素有封檐与出檐的处理，以青砖为主砌筑的民居建筑檐下常见菱角檐、抽屉檐、冰盘檐等封檐的檐部造型，而以土坯砌筑的房屋多将檐椽、飞椽直接出挑，形成出檐的檐部造型。屋檐两端常采用砖雕或砖直接砌筑的方式设置极具装饰效果墀头。硬山屋顶与山墙连接处通过砖砌层叠外凸的封山，封山多为三、五、七等奇数层（图6-2-16）。

四、建筑装饰

河南传统楼院民居中的建筑装饰整体较为节制，并不会过多地堆砌装饰元素，整体简繁有度、对比强烈，朴素而又不单调，在注重合理性的同时保持了一定的观赏性，主要的建筑装饰有雕塑、油漆彩绘、山花。

（一）雕塑

雕刻是河南传统楼院民居最为普遍的装饰手法，通过砖瓦雕、木雕及石雕将一些美好象征意义的形象，如梅花、牡丹、蝙蝠、鹿、寿等装饰图案雕刻在建筑构件上，形成了独特的民居建筑装饰效果，主要有砖瓦雕、木雕以及石雕。

1. 砖瓦雕

砖瓦雕主要有三种形式，一种是通过直接在青砖或瓦上进行雕刻加工并配合一定的砌筑而得到需要的花纹、图案等；一种是完全通过灵活的砌筑方式得到具有装饰效果的砖瓦塑装饰；还有一种是稍微复杂的是先进行陶土捏塑、雕刻，再进行烧制的方式，多用来制作屋脊花砖、吻兽、墀头等构件。由于砖瓦相较木材更耐侵蚀，相较石材更易处理的特点，因而在楼院民居中得到广泛使用，主要出现在门窗、墀头、照壁、屋脊、封檐、博缝头等部位（图6-2-17）。

2. 木雕

河南传统楼院民居中的木雕装饰相对较少，主要出现在斗栱、雀替、檐枋中间的驼峰、门楼或正房的檐下

图6-2-14 河南楼院民居常见门窗形式（来源：王晓丰 摄）

图6-2-15 河南楼院民居常见山花眼与倒座气窗（来源：王晓丰 摄）

图6-2-16　河南楼院民居的檐口处理与封山（来源：王晓丰 摄）

构件、门窗隔扇及室内的家具隔断。部分富庶人家的大型院落中，会出现工艺精湛的木雕，如豫北的马氏庄园、豫东的叶氏庄园等（图6-2-18）。

3. 石雕

石材质地坚硬，抗压性强，耐磨性与耐腐蚀性较好，因而石雕常见于具有承重作用或贴近地面易被磨损的柱础、台阶踏步、门枕石等的表面装饰（图6-2-19）。

（二）油漆彩绘

油漆彩绘是传统建筑中的重要装饰形式，但由于封建制度的严格约束，彩画在普通民居中几乎难以看见。除了部分家庙宗祠、官员府宅、豪门大院等建筑外，河南地区传统楼院民居中的油漆彩绘多为封建社会结束后才出现，多出现在门楼木雕、梁架装饰构件、门窗等部位（图6-2-20）。

（三）山花

山花是在山尖用灰塑图案进行装饰的做法，装饰做法简单却经久耐用，图案一般居中对称。传统楼院民居的山花图案一般较为简单，常见三角形或菱形的简单几何图案。做工考究的民居建筑中还会采用相对复杂的"瓶升三戟"、铜钱、寿字、蜻蜓、卷草等纹饰，图案舒展大气。豫中地区郏县的传统民居极为重视山花装饰，最精美复杂的一个山花中同时包含了卷草纹、麒麟、凤凰、寿字等众多符号（图6-2-21）。

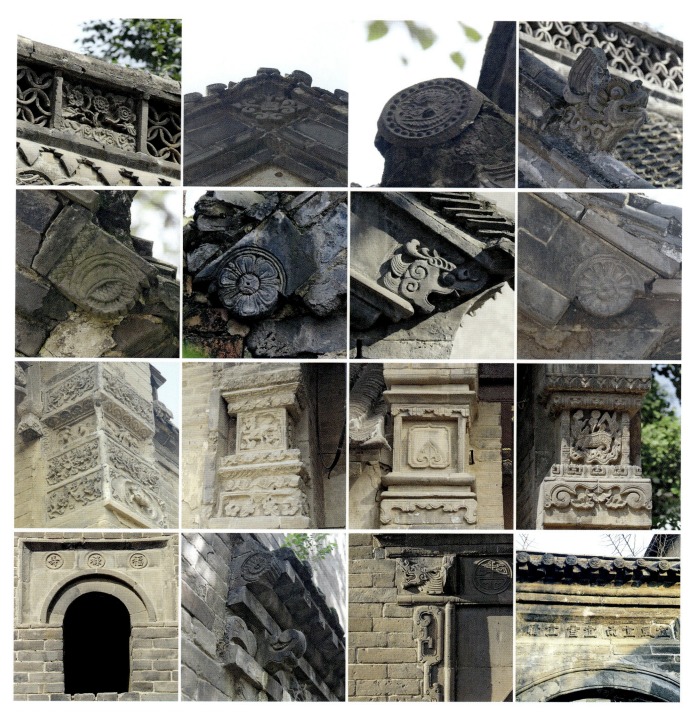

图6-2-17 河南楼院民居的砖瓦雕（来源：王晓丰 摄）

图6-2-18 河南楼院民居的木雕(来源:王晓丰 摄)

图6-2-19 河南楼院民居的石雕（来源：王晓丰 摄）

图6-2-20 河南楼院民居的油漆彩绘（来源：王晓丰 摄）

图6-2-21 河南楼院民居的山花（来源：王晓丰 摄）

第三节 窑洞民居

一、类型特征

河南地区窑洞民居主要分布在豫西黄土台塬地区以及部分山区的浅山丘陵内，由靠崖窑、地坑窑、锢窑等单体窑洞建筑及其他民居建筑，通过一定的方式组合形成窑院民居、窑房院民居、地坑院民居三种形式。窑院式主要为几孔靠崖窑独立成院或靠崖窑与锢窑组合成院，在南部山区也有少部分的窑院是完全由锢窑靠山搭建围合成院的形式。地坑院则是由地坑窑通过类似四合院的围合方式形成的（图6-3-1）。

（a）窑院民居

（b）窑房院民居

（c）地坑院民居

图6-3-1 河南窑洞民居主要类型（来源：王晓丰 摄）

二、院落空间组织

（一）窑院组织形式

黄土层立壁平整处仅在一面山体靠山挖窑洞，窑洞前平整台地形成院落，以院墙、篱笆围合，通常一组窑院在正面均由三孔窑洞组成。

山体稍复杂处，首先对山体进行修整，使形成两面土体或三面土体的围合空间，在两面山体或三面山体均开挖窑洞。除了在正面开挖三孔窑洞外，还可以利用两边能够开挖的山体再开挖4~6孔窑洞。在增加使用面积的同时，还有利于形成更围合的庭院空间。

黄土层较厚地区根据山势将山体修整成上下两个台地，开挖两层窑洞，既可以扩大使用面积，又可以加固窑脸，还能减少窑顶荷载，避免因为山体过高而坍塌。一层院落通向二层院的楼梯顶部常设置独立院门，使二层窑院更加封闭和隐秘，具有一定防御属性，部分民居为增强防御能力，使二层窑洞窑门开口远小于正常窑门，并不设置砖石砌筑的楼梯。

石发券锢窑围合而成的窑院，院落组合形式多与河南本地窑房院民居形式接近，主窑与黄土地区的窑院主窑形式相同，同样是开并列的三孔窑洞。窑脸、窑门、外墙壁龛等形式，数量均与黄土窑院相仿（图6-3-2）。

（a）单面山体窑院

（b）多面山体围合窑院

（c）双层窑院

（d）锢窑与靠崖窑围合窑院

图6-3-2　河南窑院院落组织形式（来源：王晓丰　摄）

（二）窑房院组织形式

窑房院根据窑洞与瓦房组合方式的不同，可以分为三种主要形式。河南窑房院最常见的形式为靠崖窑作正房，瓦房作厢房，这种形式广泛分布于豫西黄土沟壑村落。浅山平原地区还能见到以瓦房作正房，锢窑作厢房的院落组织形式，这种组合即保证了正房庄重的形式，又可以降低建造成本。部分浅山区还有锢窑作正房，瓦房作厢房的形式，这种组合解决了山区难以运送建筑材料的问题（图6-3-3）。

总体来看，窑房院民居是在有限的建造环境中，通过窑洞与瓦房的组合，满足人们对两种空间的需求，降低建造成本的同时获得类似本地合院民居的院落布局。由于营建窑房院的地区多为用地相对紧张的丘陵地区，所以营建窑房院时不会过分拘泥于中轴对称与坐北朝南等营建习惯，而是更为灵活地利用地势布置舒适宜居的院落空间（图6-3-4）。

（三）地坑院组织形式

地坑院民居院落组合形式多变，但大体院落组合方式相同。地坑院民居利用黄土台地立壁性较好的特性，在平地上向下挖成方形或者长方形院落，然后四壁挖窑洞。院落一般尺寸为9米×9米或9米×6米，也有院落达到12米×12米或8米×12米的大尺寸。一般一个地坑院能开挖7～11孔窑洞，且单孔窑洞的平面尺寸构造形式与靠崖窑类似。由于其布局形式大体与北方合院式民居基本相同，院落多为长方形，主窑坐北朝南且主窑与偏窑有类似正房与厢房之间的主次关系，因此又有"地下四合院"之称（图6-3-5）。

三、窑洞单体造型

（一）平面形式

河南传统民居中靠崖窑和地坑窑的单体平面形式类

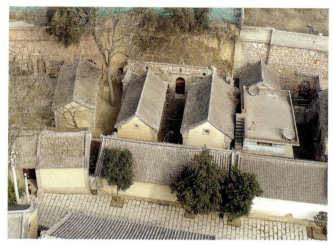

（a）靠崖窑作正房，瓦房作厢房

（b）瓦房作正房，锢窑作厢房

（c）锢窑作正房，瓦房作厢房

图6-3-3　河南窑房院院落组织形式（来源：王晓丰、张文豪 摄）

图6-3-4 利用地形灵活布置的院落空间（来源：张文豪 摄）

似，一般呈外窄内宽的倒梯形，其寓意为"聚财"。单孔窑洞的高、宽约八尺至一丈（2.56~3.2米），深约两至四丈（6.6~13.3米）。挖窑技术简单，多为居民自行开挖，受到土质、环境等约束较多，因而尺寸开间、进深、通高等尺寸没有一定的规制要求。在实际使用过程中又根据住户实际需求，逐渐在单孔窑洞基础上通过侧向开挖壁龛、纵向向内开挖新的窑洞、横向联通几孔窑洞的方式逐步发展出目前窑洞建筑单体平面的几种形式：单孔单进式、单孔串联式、单孔拐窑、多孔并联式（图6-3-6）。

锢窑是在平地上利用砖石、土坯发券建造而成的窑洞。平面形式上通常为并列连续发券的形式，并通过增加拱券的壁龛来增加使用空间。当锢窑作正房时，通常为三孔并列的窑洞组成，建筑平面讲求对称关系；当锢窑作厢房时，并列窑洞数量灵活，建筑平面通常不讲求对称构图（图6-3-7）。

（二）立面造型

河南窑洞的立面造型主要包括窑脸、门窗等，不同地区窑洞窑脸存在较大差异。洛阳、巩义、新密等

（a）陕州区曲村　　　　　　　　　　　　　　　　（b）地坑院院落空间

（c）地坑院内部空间　　　　　　　　　　　　　　（d）地坑院入口空间

图6-3-5　利用地形灵活布置的院落空间（来源：王晓丰、程子栋 摄）

图6-3-6　河南窑洞民居单体平面形式（来源：王晓丰 绘制）

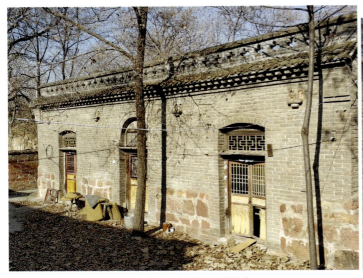

（a）锢窑为正房时讲求对称关系　　　　　　　　　　　　（b）锢窑作厢房时平面布局灵活

图6-3-7　锢窑的单体建筑形态（来源：王晓丰　摄）

地区窑洞通常完整砌筑窑脸立面，而不外露窑洞拱券结构，窑脸整体封闭性较强，仅在窑洞正中留较小的门窗洞口，使窑洞门与豫中房屋房门尺寸、形式相近。这些地区窑洞一般窑脸仅在窑门上方开设与门连为一体的、类似于"亮子"的半圆形窗，仅少数内部拱券高度较高的窑洞单独在窑门上方开设窗户（图6-3-8）。三门峡、洛阳西部等地区窑洞窑脸形式与陕北窑洞类似，窑脸仅在拱券口砌筑围护，拱券结构直接外露，且窑脸整体开放性较强，门窗开设占比较大，大多在窑门旁与门上方均设置窗户。这种窑洞通常仅院落正中作为正房的窑洞将门开在拱券正中，院落其他窑洞为内部空间实用性而将门开在拱券一侧位置（图6-3-9）。

窑脸通常在黄土立壁面顶部砌筑砖石挑檐与女儿墙，以防止坡顶雨水对窑脸的直接冲刷，并结合地形形成有组织排水，部分锢窑顶部还做有专门排水的排水口。此外，地坑院顶部的女儿墙还起到防止人畜坠落的安全作用，因此也被当地人称作拦马墙（图6-3-10）。

（三）内部围护

窑洞建筑的内部围护结构除了用来分割窑洞空间的砖石砌墙体或木格栅，还有在黄土窑体内部所砌筑的一层砖石发券。这层砖石发券维护室内环境，避免窑洞内部黄土散落。豫中地区窑洞内采用砖发券做内维护结构时通常砖缝密且均匀，展现了传统工匠高超的建窑技艺（图6-3-11）。

四、建筑装饰

河南窑洞民居的装饰通常在窑脸区域，主要在拦马墙、披水挑檐、勒脚、门窗等部位，多以砖雕或砖砌图案作为建筑装饰。河南窑洞民居中最具艺术性的建筑装饰应数豫中地区，豫中地区窑洞窑脸装饰通常较为讲究，多在窑洞窑门上方设置砖雕垂花帐帘图案的门罩，靠近黄土立壁面顶部的披水挑檐常采用砖砌

图6-3-8 洛阳、巩义、新密砖、石墙加拱券或窑脸与窑门（来源：郑东军、王晓丰 摄）

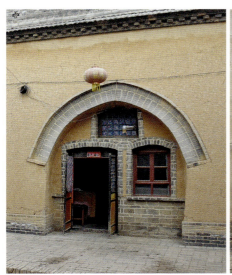 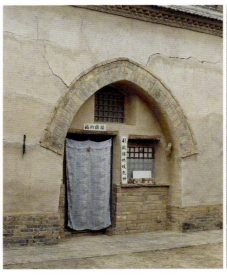 

图6-3-9 三门峡、洛阳西部生土外墙加砖券窑脸与窑门（来源：王晓丰、程子栋 摄）

筑出形如传统民居封檐处理的披水挑檐，顶部的女儿墙也多采用镂空砌筑花砖墙的方式，满足功能的同时增加立面装饰效果，形成较好的顶部效果。此外，两孔窑洞之间常开凿作为供奉之用的小壁龛，满足民间信仰的心理需求外，也增加了立面的装饰美感（图6-3-12）。豫西窑洞的装饰整体较为简单，通常仅在拱券外立面通过砖砌筑的方式进行包裹，形成具有层次的装饰效果，并在门窗处采用少量的木雕装饰，女儿墙与披水挑檐与豫中地区类似，但是整体装饰均较为简单（图6-3-13）。

(a) 靠崖窑披水挑檐与女儿墙　　　　　　　　　　　　(b) 地坑院披水挑檐与拦马墙

图6-3-10　河南窑洞民居窑顶处理（来源：王晓丰　摄）

图6-3-11　窑洞建筑内部砖石发券的围护结构（来源：王晓丰　摄）

图6-3-12 豫中窑洞民居砖雕垂花帐帘图案的门罩
（来源：郑东军、王晓丰 摄）

图6-3-13 三门峡地坑院民居拱券顶部砖砌层次与门窗木雕
（来源：郑东军、程子栋 摄）

第四节 城市民居

一、大型院落

城市中的大型院落多为历史上的名宦、富商的故居，这些大型院落来源于传统合院民居，建筑形制保持着本地传统民居样式，但实际上较普通民居有许多的扩大与变形，空间布局的复杂多变及单体建筑的丰富多彩，都大大超出了一般传统民居应有的规格。房主曾经的从官经历使部分城市大型院落民居带有普通民居不能使用的官式建筑特征，代表着河南传统民居在建筑技术及艺术方面所能达到的最高水平。河南本地保存的城市大型院落有开封冯汝骙故居、刘青霞故居、张登云故宅，沈丘李鸣钟故居，登封耿介故居，光山邓颖超祖居，南阳杨廷宝故居，商丘穆氏四合院等（图6-4-1）。

(a)开封刘青霞故居

(b)沈丘李鸣钟故居

(c)光山邓颖超祖居

(d)商丘穆氏四合院

图6-4-1 河南城市民居大型院落的典型实例（来源：郑东军、王晓丰 摄）

二、普通合院

河南传统城市聚落中普通民居合院基本形制与本地传统民居相同，多为四合院或多进四合院。城市普通合院多与城市道路直接相关，城市主要街道两侧的民居多为多进院等规模较大、较为富庶人家的宅院，并以朝向城市道路作为主朝向；背街小巷内平民宅院整体规模较小，多为一进院或两进院，用地紧张使这些平民宅院多为窄型院落。河南大部分县城还或多或少地保存着城市传统民居，在新密古城、浚县古城、商丘归德府古城、开封老城、洛阳老城中还保存有一定规模的城市传统民居（图6-4-2）。

（a）新密古城普通民居合院（来源：王晓丰 摄）

（b）浚县古城普通民居合院（来源：王晓丰 摄）

图6-4-2 河南城市民居普通合院的典型实例

（c）商丘归德府古城普通民居合院

（d）开封老城普通民居合院

（e）郑州老城内普通民居合院（来源：王晓丰 摄）

（f）郏县老城内普通民居合院（来源：王晓丰 摄）

图6-4-2 河南城市民居普通合院的典型实例（续）

三、前店后宅院落

城市民居建筑中，前店后宅院落是一种极具代表性的类型。前店后宅的民居建筑虽包含商业和居住两种功能，但仍属于北方四合院系统。建筑规模一般受到经济的制约，多砖柱土坯墙结构。受到地块大小的制约，以及夏季防热大于冬季采暖保温的需求，院落空间较为狭长，且建筑密度较大。临街商铺布局非常紧凑时，甚至出现两个店铺共用山墙的情况。古代城市通常以市集形成完整的商贸活动空间，因此前店后宅的民居形式在传统城市聚落中逐渐集聚，分布在来往商贸密集的街道，例如洛阳老城东西大街、新密古城东西大街、郏县西关街等区域，都分布有传统前店后宅的城市民居形式（图6-4-3）。

根据所处城市规模大小和经济实力的差异，前店后宅建筑可按建筑层数划分类别。中小型城市多为一层，临街部分为店铺，内院住人，两层者则下层为店铺，上层住人，临街出挑。为方便商贸活动，临街商铺多设通间木隔扇门窗或排门；城市中或可见三层店铺，但数量较少。

（a）洛阳老城前店后宅的城市民居

（b）郏县西关街前店后宅的城市民居

图6-4-3　河南城市民居前店后宅的典型实例（来源：郑东军、王晓丰　摄）

四、近代公馆

近代城市民居受西方建筑风格的影响，旧的建筑体系被打破，新的建筑风格逐渐凸显。民国时期的公馆建筑成为一种特定的建筑类型，集中反映了这一时期"西风东渐"的状况，是中国近代建筑演变中居住建筑的重要代表。河南境内的公馆，不仅承载着特定的历史时期，集中体现了传统建筑体系与西方建筑体系二者既相互关联又各不相同的特征，同时也反映了近代河南的历史面貌。这些公馆结构体系大多为砖木结构，少用钢筋混凝土结构，其中所用建筑材料很多都是本地所产的青砖、石材、石灰、青瓦，公馆外墙大多使用青砖清水墙，古朴典雅，有的甚至使用水刷石、进口马赛克等建筑材料，别具特色。河南现存的近代公馆建筑大部分分布在乡镇村庄或风景名胜中，例如巩义刘镇华庄园、开封张钫故居、鸡公山近代别墅群（图6-4-4），城市中典型的近代公馆有安阳明义士故居（图6-4-5）。

(a)巩义刘镇华庄园(来源:王晓丰 摄)

(b)开封张钫故居

(c)鸡公山代表性近代别墅——颐庐(来源:黄华 摄)

图6-4-4 河南分布在乡镇、风景名胜中近代公馆的典型实例

图6-4-5 安阳明义士故居（来源：郑东军 摄）

第七章 河南传统聚落的保护与再利用研究

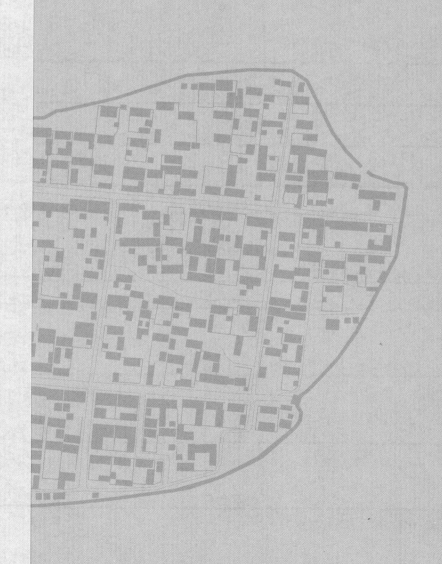

第一节　河南传统聚落的保护与再利用现状

绿水青山就是金山银山。国家对生态保护和文化建设的重视，使各地对传统聚落保护的观念日益提高，传统聚落再利用的方式方法也因地制宜，河南在此方面也产生了不少有影响力的建设实践，形成了不同的保护和再利用经验和模式，主要体现在城镇聚落和乡村聚落的保护及再利用方面。

一、城镇聚落

本节所指的城镇聚落包含历史文化名城、历史文化街区以及历史文化名镇。

目前，河南省共有国家级历史文化名城8个，分别是洛阳、开封、安阳、郑州、南阳、商丘、浚县、濮阳；省级历史文化名城15个：淇县、沁阳、济源、新郑、许昌、禹州、汝南、淮阳、新县、卫辉、睢县、汤阴、邓州、巩义、登封。历史文化街区15个，国家级历史文化名镇10个，省级历史文化名镇40个（图7-1-1）。

（一）历史文化名城

中国八大古都河南占四个。其中古都洛阳是华夏文明的发祥地之一、有着5000多年文明史、4000多年城市史、1500多年建都史，是丝绸之路的东方起点，

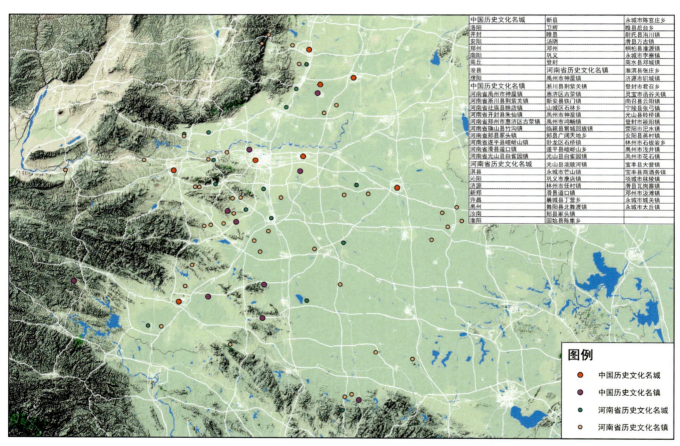

中国历史文化名城	新县	永城市陈官庄乡
洛阳	卫辉	睢县后台乡
开封	睢县	尉氏县洧川镇
安阳	汤阴	滑县万古镇
郑州	邓州	桐柏县淮源镇
南阳	巩义	永城市李寨镇
商丘	登封	南水县邓城镇
浚县	河南省历史文化名镇	淮滨县张庄乡
禹州	禹州市神垕镇	济源市轵城镇
濮阳	淅川县荆紫关镇	登封市君召乡
中国历史文化名镇	惠济区古荥镇	灵宝市涵谷关镇
河南省禹州市神垕镇	新安县铁门镇	南乐县云阳镇
河南省淅川县荆紫关镇	山城区石林乡	宁陵县张弓镇
河南省社旗县赊店镇	禹州市神垕镇	光山县砖桥镇
河南省开封县朱仙镇	禹州市鸿畅镇	登封市颍阳镇
河南省郑州市惠济区古荥镇	临颍县繁城回族镇	荥阳市汜水镇
河南省确山县竹沟镇	郏县广阔天地乡	安阳县蒋村镇
河南省郏县冢头镇	卧龙区石桥镇	林州市石板岩乡
河南省遂平县嵖岈山镇	遂平县嵖岈山乡	禹州市浅井镇
河南省滑县道口镇	光山县白雀园乡	禹州市花石镇
河南省光山县白雀园镇	光山县白雀园镇	宝丰县大营镇
河南省历史文化名城	光山县泼陂河镇	宝丰县商酒务镇
淇县	永城市芒山镇	项城市秣陵镇
沁阳	巩义市康店镇	滑县互岗塞镇
济源	林州市任村镇	邓州市汲滩镇
新郑	滑县道口镇	永城市城关镇
许昌	襄城县丁营乡	永城市太丘镇
禹州	舞阳县北舞渡镇	
汝南	郏县冢头镇	
淮阳	固始县陈集乡	

图例
- 中国历史文化名城
- 中国历史文化名镇
- 河南省历史文化名城
- 河南省历史文化名镇

图7-1-1　历史文化名镇底图

隋唐大运河的中心，历史上先后有十多个王朝在洛阳建都。洛阳市有二里头遗址、偃师商城遗址、东周王城遗址、汉魏洛阳城遗址、隋唐洛阳城遗址等五大都城遗址。洛阳又是一个现代的工业城市，中华人民共和国成立初期开始实施第一个五年计划，洛阳成为全国重点建设的八个工业城市之一，奠定中国工业基础的156个项目有7项放在了洛阳涧西工业区。当代洛阳的历史文化名城保护在文物遗址保护和展示方面有许多实践，展示了城市的历史文化并形成城市新的地标，如定鼎门和应天门的保护和展示工程。

定鼎门始建于隋大业元年（公元605年），是隋唐洛阳城外郭城正南门，隋初名建国门，唐时更名定鼎门。定鼎门遗址含阙楼东西总长约150米，南北宽21.04米。定鼎门遗址博物馆（图7-1-2）在保护地下遗址的前提下，采用钢架结构，在遗址上面复原建设一个定鼎门的新城门楼。通过这种方式，既有效地保护了文物，又能展示定鼎门的历史风貌。

应天门是隋唐洛阳城·宫城——紫微城的正南门，俗称五凤楼。始建于隋大业元年（公元605年），原名则天门，神龙元年（公元705年）避武则天讳改称应天门，是朝廷举行登基、改元、大赦、宴会等外朝大典的场所，功能类似北京午门。应天门遗址保护展示工程（图7-1-3）采用原状模拟的形式展示，包括应天门遗址的门楼、朵楼、阙楼、廊庑等，建筑造型与隋唐洛阳城天堂遗址、明堂遗址、定鼎门遗址相协调，最大限度保持历史建筑的造型比例、尺度与色彩。

八朝古都开封是首批国家历史文化名城，有4100余年的建城史和建都史，孕育了上承汉唐、下启明清、

图7-1-2 定鼎门遗址博物馆（来源：郑东军 摄）

图7-1-3 应天门遗址博物馆(来源:宁宁 摄)

影响深远的"宋文化",是世界上唯一一座城市中轴线从未变动的都城,城摞城遗址在世界考古史和都城史上少有。宋朝都城东京城是当时世界第一大城市,著名的《清明上河图》就是对北宋城市生活的描绘。当代开封历史文化名城的保护不仅对文物保护单位进行保护,从御街到清明上河园、博物馆新馆和城市出入口阙楼的建设(图7-1-4),城市风貌在体现大宋文化或新宋风建筑方面进行了营造。

(二)历史文化街区

历史文化名城保护规划应当建立历史文化名城、历史文化街区与文物保护单位三个层次的保护体系。其中,历史文化街区作为古城整体格局和传统风貌的基本构成要素,其物质空间形态承载着厚重的历史文化内涵。一旦历史街区遭到严重破坏乃至完全消失,名城也就失去了本来的历史文化特征,失去了存在的价值。然而,随着城市化的进程,大多数不同程度出现历史文化名城整体格局尚在,传统风貌无存,面目全非等问题,于是保护工作不得不退而守之,把保护2个以上历史文化街区作为保护名城的底线。如南阳、新密、郏县等城市的历史文化街区(图7-1-5),街区传统格局尚在,风貌亟待保护和提升。

(a)宋都御街(来源:郑东军 摄)

(b)清明上河图

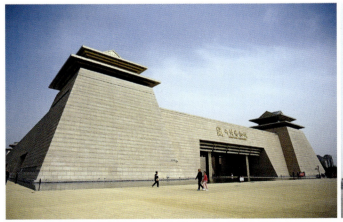
(c)开封博物馆(来源:王晓丰 摄)

(d)郑开大道迎宾阙门

图7-1-4 开封体现宋文化或新宋风建筑

（a）南阳历史文化街区

（b）郏县历史文化街区

（c）新密历史文化街区

（d）沁阳历史文化街区

图7-1-5　河南历史文化街区实例（宁宁　摄）

鹤壁市淇县位于南太行东麓，古称朝歌，是中国商朝的首都、周朝最大诸侯国卫国首都，是《封神榜》故事演绎地，是中华民族姓氏的重要发源地，也是荆轲的故乡，历史文化厚重。淇县依据历史文化名城保护规划，近年对中山路历史文化街区进行保护、修缮和环境整治，复建文昌阁，恢复老城活力和老街风貌，并加入现代景观元素，提升了老城居民的生活品质，成为历史文化街区保护和再利用的成功案例（图7-1-6）。

（三）历史文化名镇

因商成镇，历史文化名镇尤其如此，大部分拥有一条知名的老街，如神垕镇、赊店镇、朱仙镇、冢头镇、荆紫关镇和白雀园镇等，但随着镇区的扩大和人口的增加，老街因其狭窄和交通不便、店铺面积小、基础设施差而逐渐丧失了传统的商业价值，被镇区新建的商业街道所取代。所以，现实面对的就是如何保护历史文化名镇，要从保护老街做起，保护老街风貌、修缮老街传统建筑和恢复老街活力。如道口古镇是明清时期因卫河航运而兴起的古镇，

（a）文昌阁

（b）中山路老街

（c）中山路老街

（d）淇县历史文化街区

图7-1-6　淇县老城保护与更新（来源：郑东军 摄）

位于今滑县县城西北的卫河南岸，面积约84公顷，是运河城镇的典型代表。因卫河上至百泉下抵天津，水运通达商业繁盛，最终使得道口这个沿河要埠于明清时期成为豫北重镇，是清代河南四大名镇之一。清末民国时期，道口更成为航运、铁路、公路交通枢纽，商贾云集，贸易繁盛，素有"小天津"之称（图7-1-7）。

道口历史街区历史格局和传统风貌保存较好。街区内一面街、顺河街、水街等街巷格局清晰，义兴张烧鸡老铺、德锦诚绸缎庄、同和裕钱庄等老字号至今犹存。街道两旁的建筑多为传统的二层砖木结构，住宅多为一进院或二进院，布局严谨，是较为典型的豫北民居。道口老街的保护和再利用就是在对传统建筑、老字号修缮和沿河环境整治基础上，传承和赋予老街新的生命力（图7-1-8）。

（a）道口老街航拍鸟瞰（来源：张文豪 摄）　　　　　　　　（b）浚县志中道口镇方位

图7-1-7　道口古镇

图7-1-8　道口镇传统商业建筑（来源：黄华 摄）

二、乡村聚落

河南是传统的农业大省,农业人口和农业发展水平全国领先。乡村聚落数量众多,截至2020年5月,河南省共有中国传统村落205个,省级传统村落811个(含已升为国家级传统村落)。

如前所述,河南地区现存传统村落大多集中在西部、北部、南部的山区和浅山区,一般所处位置偏远,远离交通干道,因此才能在大拆大建的城镇化的浪潮下保留这些文化遗产。尽管近年来传统村落得到了前所未有的重视,但仍有相当一部分传统村落由于各种原因损毁严重。传统村落中的风貌建筑大多建于清代到民国时期,由于村庄空心化严重,缺乏管理,墙倒屋塌;有些是瓦面破损,房屋漏雨严重;有些是房屋结构松动,倾斜明显;有些装饰壁板脱落,一些精美的门板、窗花木雕掉落。还有一些村庄则由于保护措施滞后而导致民居破损严重(图7-1-9)。

另外,大多数传统村落因为现代化建设活动而破坏了整体的风貌,传统建筑与现代建筑毗邻而建,犬牙交错,现代建筑的风貌、体量、建筑材料、色彩等均与传统风貌有较大冲突。由此造成的整体风貌、空间尺度、街巷肌理的破坏很难恢复(图7-1-10)。

从2015年开始,国家开始对传统村落拨付传统村落财政补助资金。2016年开始,河南省也开始对传统村落拨付传统村落财政补助资金,用于传统村落内重要街巷、传统建筑和院落修缮与风貌整治,尤其是对亟须抢救保护的具有历史价值建筑的修缮。截至2019年年底,河南省获得中央财政支持的传统村落共62个,获得河南省财政支持的传统村落共195个。获得财政资金的村落基本都按照传统村落保护发展规划进行了传统建筑的修缮和村落环境整治,整体上来说传统格局和建筑风貌得到了一定的保护。通过传统建筑修缮和村落环境整治,给村民带来了切身利益,村民的保护意识也得到提高,对传统村落起到了促进和保护作用。如:郏县姚庄乡小张庄村,经过国家和省级财政资金的支持,通过修缮和风貌整治,改善了村落居住生活环境,使传统民居、古商道和古树、非物质文化遗址得到保护,促进了乡村旅游的发展,提高了村民的保护意识和收入(图7-1-11)。

图7-1-9 叶县某村的带字影壁墙(来源:郑东军 摄)

图7-1-10 郏县丁李庄主街现状(来源:郑东军 摄)

(a) 村庄入口

(b) 街巷

(c) 老竹园

图7-1-11 小张庄环境整治效果（来源：郑东军 摄）

(d) 老竹园入口

(e) 练武场

图7-1-11 小张庄环境整治效果（来源：郑东军 摄）（续）

三、面临问题

（一）农村"空壳化"问题

在过去相当长一段时间里，人们普遍认为农业是一种较为落后的生产力难以推动社会的进步，而工业就比农业先进的多，城市又比农村先进的多，于是人们大力发展工业，不断扩张城市规模、推进城镇化发展，导致农村空心化现象日益严峻，三农问题日益凸显。在工业化、现代化、城镇化快速发展的推动下，越来越多的农民感觉到生活的艰难，为了生计他们不得不背井离乡涌向城市或条件更好的、人口相对密集的地方生活，导致农村"空壳化"现象日益严峻，而留在农村的大多为劳动能力较差的青年、年迈的老人及幼小的儿童，这些人群的保护意识、乡村观念及能力均十分有限，使传统村落保护面临着一定的困境。

（二）建设性破坏问题

社会主义新农村建设以新房舍、新设施、新环境、新农民、新风尚为主要内容，旨在为人们建设一个基础设施更健全、生态环境更良好、生活环境更优美，信息共享、村容整洁、乡风文明的新家园，其是推进我国现代化的关键环节，一直备受党中央、国务院及社会的重视。近些年，随着新农村建设的全面推进，绝大多数地区农村面貌发生了较大变化，新农村建设取得了相当不错的成绩，但部分地区在大力建设新农村的过程中也使传统村落遭到建设性的破坏，这主要与规划人员文化保护意识淡薄，对新农村建设产生曲解有关。有些地区将新农村建设曲解成大拆大建，于是盲目"拆古"，而传统村落遗产资源具有不可再生性，一旦被破坏其几千年的历史文脉便难以传承，再怎么自行"造古"，其原始风貌也难以保留，失去了传统村落的原始"味道"。

（三）现代生活需求问题

随着社会的不断进步，人们的生活水平有了较大幅度的提升，各方面意识也在逐渐增强，许多传统村落中的居民对改善居住条件的愿望越来越强烈，这一社会背景下传统村落落后的基础设施及简陋的居住环境显然难以满足传统村落中的居民日益增长的现代生活需求。通常来说，修缮旧居的成本均高于拆旧建新，所以只要旧居不是文物保护对象，绝大部分古居民会选择拆旧，然后重新建砖瓦房或混凝土房屋来提高自身的生活质量。另外，即使传统村落中的居民有着较高的建筑保护意识，但由于经济能力有限也难以将保护放在首位。长此以往，若不重视传统村落统一修缮管理，村民改善生活条件意愿与村落原真性保护之间的矛盾会更为突出，保护传统村落工作的实施将更为困难。

第二节　河南传统村落保护与再利用

一、保护与再利用原则

无论是传统城镇聚落还是传统乡村聚落，其核心价值在于传统聚落所处的山水环境、空间格局、文化遗产以及原住民。要保护其核心价值，需要遵循以下几个原则：

（一）保护优先，合理利用

传统聚落是一种不可再生的文化资源，因此要做到应保尽保。应切实保护传统村落中空间格局、村落肌理、历史建筑、街巷尺度、古树名木等物质形态所携带真实性的历史信息。对于传统村落中的文化景观或其他遗产中体现村落显著特征的历史元素也应予保存。在传统村落保护的过程中，对于传统建筑的维修应使用原材料、原工艺，达到"修旧如旧"的效果，最大限度地保留原真性信息。

深入开展传统聚落资源调查，将更多具有保护价值的聚落纳入保护范围。在做好保护的前提下，重视保护与利用的关系，要寻找一种活态的保护办法。合理利用传统聚落资源，培育发展特色产业。保护传统聚落既要保护其中的地理风貌、乡土建筑等物质文化，更要保护其中的非物质文化。要把传统聚落的物质形态和非物质形态文化遗产及时记录并利用起来。有针对性地提出利用模式与方法，充分展示传统聚落的魅力。

（二）规划先行，有序修复

要更好地保护传统聚落，必须有科学编制的保护规划进行预先引导、规制。立足传统聚落长远发展，综合考虑现状、历史文化价值等因素，根据建筑特色、文化特色和生态资源禀赋，科学编制保护规划。并根据保护规划进行保护修缮设计方案和实施方案，有序开展保护修缮工作。传统村落是由传统历史文化遗存和其所处环境共同构成的有机整体，包含格局、环境、肌理、建筑以及非物质文化活动等，保护中不应将各元素彼此割裂，要从整体上考虑它们之间的关系，从历史演进和整体风貌的角度制定系统、有效的保护措施。

（三）环境提升，协调统一

在保护传承历史文化、传统风貌、自然生态环境和地域风土特征的同时，应积极采取多项政策措施，改善居住环境条件，增加基础设施建设的资金投入，满足居民现代生活的需求，提高传统村落的整体品质，实现村落的可持续发展。无论传统城镇聚落还是传统乡村聚落，基础设施和公共服务设施都相对落后于其他地区。许多保存较好的传统村落多数位于相对偏僻封闭的地区，远离交通主干道。正是由于交通不便，传统村落得以保存，免于被城镇化的浪潮席卷。应着重加强对传统村落公共服务设施、基础设施、居住环境等方面的建设，实现传统聚落的有效保护与居民生活条件的改善。各项设施的建设要注意与传统聚落整体风貌的协调统一，不得破坏聚落传统格局与历史风貌。

二、保护策略与方法

（一）提升保护意识

村民是传统村落及其文化的拥有者，也是传统村落保护与建设的主体，传统村落的保护管理一定要尊重和维护村民的权利。各级政府、文物管理部门要发挥主导作用，切实转变观念，把保护传统村落当作责无旁贷的责任，制定相关政策法规和保障措施，建立稳固、有效的保护管理机制。同时，通过广播、电视、网络、报纸等新闻媒体多途径、多种式进行宣传教育，使广大村民充分认识到传统村落的历史文化价值和传统村落保护的重要性与紧迫性，激发和提高村民自发保护传统村落的意识，充分调动社会团体和个人，特别是文化、文物、民俗、古建和民间文艺专家等专业技术人才的积极性，集结各方力量，形成多渠道、高效率的保护管理体系。

（二）加强规划引领

由于传统村落大多散落于偏远地区，一般基础条件较差，交通不便，其价值不易被人了解，加之我国传统村落保护起步相对较晚，保护难度大。在旧村改造、新农村建设过程中，我们必须增强古村落保护工作的危机感和责任感，认真贯彻"保护为主，抢救第一，合理利用，加强管理"的方针，正确处理传统村落保护与建设新农村的关系。各级政府要深入开展传统村落特色文化调查，将传统村落的保护纳入新农村建设的总体规划，严格制定保护制度，通过人口、用地规模控制、基础设施完善、物质文化遗产保护管理指引、非物质文化传承策略等方面进行规划引导。此外，对传统村落的规划保护，必须重视文化、文物、民俗、古建筑和民间文艺等方面专家的意见和建议，形成政府主导、专家论证、民间参与的局面，形成保护传统村落科学化和人性化的缜密规划。

（三）注重活态传承

文化不能脱离其背景而存在。"文化是一个整合的系统；在一个特定的共同体的生活中，文化的每一个因素都扮演着特定的角色，具有一定的功能"。作为村民现实生活的社区，传统村落可以说是由古代留传至今的一个活的文化整合系统，在这个系统中的每一个文化要素都是这个系统中不可缺少的部分，都有其特殊的功能；同时也只有在这个系统中，每一个文化因素才能发挥其特有的功能，也才能被"活态"的传承。因此，传统村落不应再停留在原始资料的记录、梳理或"静态"保护的层面，只保护一个"文化空壳"。保护传统村落不仅需要对传统村落里的建筑物进行保护，还需要对传统村落文化及其载体所构成的文化整体进行保护，维系古村落命脉的人文和宗族关系。只有保留原生态的生活方式，使地方的文化传统渗透在村民日常的生活中，传统村落才能活态地传承下去。

在活态传承的基础上，如何创新？必须因地制宜，通过对历史遗留下的建筑或原有的景观空间格局，按照先人营建的方式和方法进行保留和恢复，并且将新的要素适当地融入其中，形成既能够体现现代生产生活场景，又能够传承历史文脉的景观环境。并以此作为基础，让传统聚落的历史文化内涵得到继续的传承和延续。

第三节 河南传统聚落再利用案例

河南传统聚落保护与再利用的案例众多，结合聚落类型和特色，以历史文化名城、名镇、名村三个方面为例。

一、名城保护与传统风貌——浚县古城

浚县古城作为河南省唯一一座县级国家历史文化名城，拥有非常丰富的文化遗产。近年来，浚县政府非常重视对浚县古城的保护，对浚县古城的保护投入了大量的资源，也取得了良好的效果。

（一）空间格局的保护

"两架青山一溪水，十里城池半入山"的空间格局是浚县古城独特的山水环境所造就的，因此在浚县古城的修复过程中，始终对卫河、大伾山、浮丘山以及城墙轮廓格外重视。在浚县古城修复的过程中，对山—水—城的整体空间格局的保护贯穿始终。卫河水系的疏浚和沿河景观的打造，左右伾浮与浚县古城之间的空间视廊，都很好地延续了襟山带河的古城格局（图7-3-1、图7-3-2）。

古城外大伾山与浮丘山之间的视觉联系通过复建的

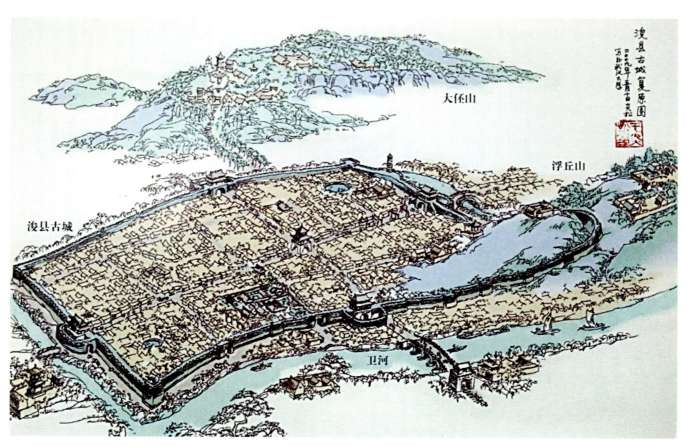

图7-3-1 浚县古城复原图（来源：浚县文物局 提供）

"九坊连珠"得以恢复并加强。古城的景观联系,除了浮丘山与大伾山之间的景观联系外,还有古城西侧的卫河,作为中国大运河的重要组成部分,也是浚县古城传统风貌的重要组成部分,对卫河河道以及河岸两侧的整体景观打造能够恢复古城原有风貌,更能够凸显浚县古城原有"两架青山一溪水"的城市特点。

(二)传统肌理的梳理

原本浚县古城存在一定的城市空间肌理,但随着一个阶段城市的无序发展,其中的某些联系已经逐渐减弱直至消无。视觉联系上,浚县古城最凸显的视觉联系当属县城中心文治阁与四个城门之间的视觉联系,在浚县古城的保护与更新中,通过复建四个方向的主要城门,

图7-3-2　浚县古城鸟瞰图(来源:王晓丰 摄)

得以重新建立起它们之间的视觉联系,并通过这样的视觉联系加强古城空间结构中的方向性与序列性。从交通的联系上,结合浚县古城原有依靠西侧大运河进行商贸活动的习惯以及古时城外居民多由西城门入城的交通习惯,通过对西大街的重点处理增强交通联系的内涵,凸显古城原有城市空间系统的感受。

(三)空间节点的提升

1. 城门城墙修复

城门和城墙是界定城市最重要的因素,因此城门城墙的修复对整个古城的空间形态至关重要。浚县古城对城门城墙的修复采用打造城墙遗址公园的形式,将占压城门和城墙的建筑拆除,修缮保留的旧城墙,并复建四座城门和部分城墙,再结合城墙周边的景观设计,再现浚县古城的雄壮(图7-3-3)。

2. 公共建筑修复

古城的公共建筑往往与传统文化有着密切的关联。例如,县衙原有的古代政治文化、文庙原有的古代教育文化与儒家文化、端木翰林府原有的儒家文化与儒商文化、李家大院与吴家大院原有的氏族文化等。提取这些空间所具有的文化内涵,并在古城的保护与更新中进一步加强它们的文化属性,能够更好地营造古城的场所精神,同时更能够增强这些空间以及周边空间的活力。

由于古时西城门为入城的交通要道,因此西大街是重点修复的片区。在这一片区内,对西城门内的关帝庙、世袭翰林府等重要建筑进行了复建。从北部的允淑门进入城内是古时浚县县衙和文庙所在地,通过对县衙、文庙一系列的修复工程,浚县古城西大街两侧基本恢复了明清时期的格局(图7-3-4)。

(四)沿街风貌的恢复

修复浚县古城,沿街建筑的风貌恢复是一个很重要的方面。浚县古城的街巷空间格局清晰,尤其是由东西南北四条大街,是浚县古城的道路骨架,因此这四条街的风貌尤为重要。本节以西大街风貌修复作为说明。

浚县古城西大街风貌修复在设计思路上,从历史文化名城保护的基本要求出发,摒弃以往的大拆大建,采用城市修补与合理更新改造相结合的模式,着重对商铺临街立面和具备条件的内部空间进行有序的更新提升。努力让浚县老城区内的名人名典、遗迹遗存、风俗风貌在这次立面改造过程中能够完美展现,这对浚县古城保护建设意义重大(图7-3-5~图7-3-7)。

浚县古城的保护是"点—线—面"并举的保护,从县衙、文庙和四个城门楼的修复,到西大街、东大街风

(a)修复前

(b)修复后

图7-3-3 浚县西城门复建前后对比(来源:郑东军 摄)

（a）翰林院

（b）李公馆

（c）县衙

（d）文庙

图7-3-4 公共建筑修复效果（来源：王晓丰 摄）

图7-3-5 改造前总平面图（来源：毛原春 绘）

图7-3-6 改造后总平面图（来源：牛小溪 绘）

图7-3-7 沿街建筑改造前后对比（来源：郑东军、王晓丰 摄）

貌整治和历史街区院落、肌理的修缮，使古城焕发新的生机，与大伾山旅游景区相得益彰。

二、古镇文化与产业融合——禹州神垕镇老街

河南神垕古镇是一个闻名天下的资源型历史文化名镇，"家有万贯不如钧瓷一片""入窑一色，出窑万彩"的钧瓷文化更是家喻户晓。由于经济发达，以往古镇的保护并未受到重视。随着机械化瓷器生产的扩大，传统手工烧窑日渐式微，老街亦不见昔日繁华，人去屋空，建筑风貌被现代建筑取代。如何在古镇现代化发展的同时保护好传统风貌，是神垕镇面对的现实问题。

（一）神垕老街空间布局

神垕古镇的聚落格局颇具特色，北侧为乾明山，南侧为大刘山，东侧为凤翅山，古镇处于"三山一凹"的地势当中，居民自发的生活基本围绕着古镇内部各级路网街巷进行（图7-3-8）。神垕镇街巷空间充分体现了与当地自然山水相结合的特点，外围路网沿着山体环绕，内部道路向心性自然生长起来，形成了外围主干路放射，内部次干路串联，各级巷路衔接的结构形态。

镇区建筑布局呈现中心汇聚，外围分散的形式。古镇所呈现的肌理形态，一方面由于城镇最初选址考虑到人们生活以及钧瓷生产的用水需求，城镇居民多选择临水而居；另一方面是古镇核心片区肖河两侧地势平坦，适宜建筑建设的原因导致。也正是由于地形所限，适合建设用地紧张，神垕古街一直在使用，没有因经济发展而拆除。

到晚清时期，钧瓷开始衰退，由于战乱灾荒，镇区开始修筑寨墙碉楼，以防战乱匪患，从而形成了"一河连五寨、组团式拥河发展"的防御为主的城镇格局（图7-3-9）。

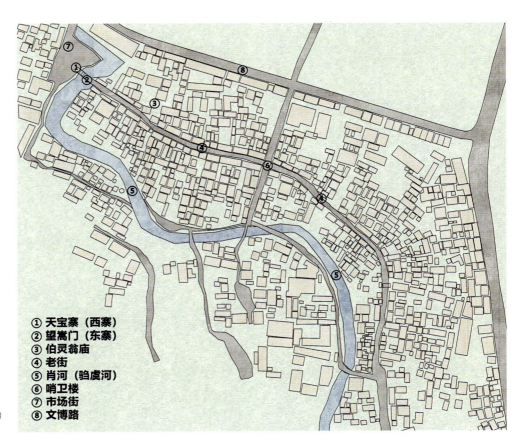

① 天宝寨（西寨）
② 望嵩门（东寨）
③ 伯灵翁庙
④ 老街
⑤ 肖河（驺虞河）
⑥ 哨卫楼
⑦ 市场街
⑧ 文博路

图7-3-8 神垕老街的空间结构
（来源：申辰 绘制）

图7-3-9 神垕古镇

（二）神垕老街的保护策略

历史文化名镇的保护，并不局限于对现存文物古迹的保存和修缮，也包含着对其进行再开发利用的内涵。历史文化名镇的再利用，主要是对其历史文化资源的旅游开发的提升，这对于名镇整合自身资源，调整发展策略，适应旅游市场的需求，赢得竞争优势，有着重要的意义。

神垕古镇有钧瓷这张世界性的名片，其旅游产品开发的核心应该围绕钧瓷产业和钧瓷文化来进行。一个成功的古镇旅游开发不但能增加当地居民的收入，提高生活水平，更能让人们重新意识到历史文化遗产的作用，增强了居民的自豪感，加强对历丈文化遗产的保护；也能凸显古镇的风貌的地域特点，使有人对其历史文化有更深入的理解，对传播传统文化有着重要而积极的意义。归纳起来，主要有三大效应：

历史文化效应：促进了古镇文化的交流、传播、了解，提高了知名度；有利于传统工艺再度繁荣，有利于历史文化名镇的保护和整治。

社会经济效应：社会经济产生广泛的变化；政府财政收入增加；文保资金投入增加。基础设施和服务设施得到改善。

人文发展效应：有利于增加就业；开阔本地居民的视野，提高素质。

（三）神垕老街的再利用

依据神垕镇的历史文化的资源、空间区位和保护规划后的整体优势，在保护与再利用方面，主要突出古镇古街游、钧瓷文化体验游、民俗文化游等方式。

1. 古镇古街游

古镇游主要以神垕千年古镇为依托，坚持保护第一、合理利用的原则，以古镇保护性开发利用为中心，科学划分保护区级别和范围，分类保护和改造古镇建筑，保护性开发老大街、东西大街、长河街等传统街区，修复伯灵翁庙、明清民居、邓禹楼等古迹景点，新建陶瓷市场，完善古玩一条街、钧瓷文化街，构筑镇区钧瓷、古玩、陶瓷三大市场共同发展格局。打通由东大街、老大街向西经验虞桥、西大街至关帝庙的老街游览主要线路，营造沿街两侧和谐统一的传统风貌环境氛围，展现钧都瓷乡、千年古镇风韵。开创四个主题游览区：老街民俗文化博览区、钧瓷文化商业步行街游览区、古玩文物商业步行街游览区、民俗文化公园游览区（图7-3-10）。

2. 钧瓷文化游

体验式旅游，已经成为当前旅游的新时尚。钧瓷文化体验游以牛头山南麓的温堂村一带的钧瓷文化园为依托，以展示和体验钧瓷文化艺术为主线，力求使游人在参观游览之余，通过在仿古作坊内参与制作等途径，体验神奇的钧瓷艺术。园内项目主要有钧瓷艺术展示中心、模拟展示区、休闲山庄、农家乐接待区、大师园区、传统手工作坊村、观光湖区等设施。在镇区内，也要重点选择一些钧瓷厂家进行钧瓷生产过程现场展示，并开设一些体验式的陶吧，保存重要的与钧瓷有关的建筑景观（图7-3-11），构筑钧瓷文化景观体系。在发扬钧瓷文化的同时，增添神垕镇新的旅游内容。

3. 民俗文化游

神垕具有丰富的民俗文化资源。利用神垕镇的众多庙会，可以开展丰富多彩的宣传活动，构建诸多民俗文化节庆，吸引更多的游客。

神垕古镇的保护和再利用是文化产业与旅游发展相结合，通过品牌注入，营造了一种新的休闲方式和生活方式。

(a) 寨门　　　　　　　　　　　　　　　　(b) 瓷圣庙

(c) 老电影院　　　　　　　　　　　　　　(d) 老街商铺

图7-3-10　开发古镇古街游的神垕老街（来源：郑东军 摄）

图7-3-11　烧制钧瓷所用匣钵砌筑的墙体（来源：黄华 摄）

三、村落保护与文艺部落——郏县李渡口村

李渡口村是豫中地区郏县的一个平原村落，因地处偏远，村落风貌完整、保留了许多传统民居建筑，但也面对空心化、建筑年久失修、农业经济欠发达、因水运形成的村落河中断流等困扰。面对这样一个自然资源欠缺的传统村落，如何保护和再利用，其发展过程有一定的参考意义。

从村落优势而言，李渡口村历史悠久，村落风貌保存完整，具有很强的豫中民间文化特色，2013年被评为第二批国家级传统村落，村内建于明清时期的传统民居于2016年被公布为河南省文物保护单位。

李渡口村就位于冢头北部，蓝河的上游，汉代就形成村落。而李渡口最早是由一姓李人家从山西省洪洞县移居到郏县东北25里（12.5公里），蓝河东岸，即今天的李渡口村（图7-3-12、图7-3-13）。

历史上由于蓝河漕运的繁盛，逐步带动了沿河一带的经济发展，李渡口也因依偎蓝河的区位优势成为区域内东西交通的一个纽带，从古至今一直发挥着"渡口"的重要作用。

一直到明末清初，李渡口村逐渐发展成为远近闻名的商贸集聚之地。李渡口村鼎盛时期，寨内人口逾千，商号几十家，四方陆路，车如流水，骡马相连，生意兴隆，人流不断。当时有屠行、酒馆、药铺、花行、染布行和弹花机工等加工业，又有以李冠儒为首的卷烟机厂、冀中毛和李才娃两家的羊肉馆、秦喜才家的炸油条、李发全和李庙德的三个杂货铺、李老陈和王清现的两家银货以及李凤朝经营的煤行。据《郏县志》记载，清同治三年（1864年）全县共有25处集贸市场，李渡口为其中之一，可见李渡口当时重要的商业地位。

李渡口村三面沃野，一面依水，寨内南北两侧相对高起，在村子的西面观看整个村寨似龟形，龟是吉祥和长寿的象征，而南北两侧犹如鼓起的龟背，现存大多历史建筑分布于此，在历经水患等自然灾害的情况下依然犹存，说明了建筑当时建造择址的考究性。三条东西走向的街道与南北走向的胡同又构成分明的龟纹，龟纹的大小块是由四合院组成，古村的龟形是天然形成的。而

图7-3-13　李渡口导览图（来源：王晓丰 绘）

古村更有"五龙缠龟"的选址一说。所谓"五龙缠龟"乃是村寨选址挖基时，在以中心街中点为圆心向四周发散的五条射线状的龙砂层，而这五条带状地质层犹如五条巨龙般将村寨缠绕。

李渡口村在传统村落保护发展项目的实施过程中，结合当地建筑风格特征和自身文化特色，不仅在硬件方面进行了传统建筑的修缮和村落环境的改造提升，还在软件方面积极探索非物质文化遗产的传承和文化产业的植入，取得了良好的效果。

（一）村落文化的构成

李渡口因其地域和发展积淀，在其形成和发展过程中形成了四方面主要村落文化。

1. 渡口文化

李渡口村早在西汉初年便因渡口成村。后凭借蓝河漕运兴盛，在明清时期已发展成为远近闻名的商贸聚集地，现今周边村落逢年过节也会聚集于李渡口村赶集赶庙会。如今渡口已不复存在，但村内仍存有卷烟厂、局子屋、染坊、济世堂、酒坊、屠行、花行等商业建筑旧址。

2. 名人文化

商业的繁荣同时也带动文化的发展，古时李渡口村人才辈出。明朝末年有武举人李和三，清朝有武秀才李泽道、李记、李启龙等，文秀才有李泽芝、李已儒、李文秀、李义仁等。清朝时期的李荣光，民国时期的李永宽、王久成等曾在这里办学讲学，以"百善孝为先"为祖训，孔孟之道代代相传，人才辈出。

李义仁是李渡口村人，清朝乾隆年间出生。乾隆年间，黄河决堤四十五里，老百姓生命财产受到很大损失，朝廷下旨修堤治黄，郏县段李义仁则担负起水利工程重任。因治理黄河有功，李义仁被朝廷封为天下"第一监生"，并兼任工部侍郎，主管全国的水利治理工程。

李文秀是清朝光绪年间的文秀才，经常为群众排忧解难。李文秀在村上经营一处酒馆和一个药铺，买卖公平，童叟无欺，生意兴隆，特别是药铺经营有方，药的品质最好。

3. 书法文化

李渡口村历史文化底蕴丰富，古有文武秀才举人，现今郏县又有"书法之乡"之称，李渡口借助这一平台开展了书法、国画方面的建设。以李渡口村为中心，打造"中原书法部落"，深度挖掘郏县的民间艺术文化。

过年期间村里还举行书法名家写春联的活动，现已聘请河南省书法家入驻李渡口村，已设立了工作室和创作室，与此同时，村内已规划书法培训基地和民宿，努力把书法文化打造成村落产业。

4. 民俗文化

李渡口村因历史、民俗的影响至今仍保留着独特的古代民族风俗，每年的三月十三村内都会举行古刹庙会。唐代修建古寺"关帝庙"，千百年来香火鼎盛。早期庙会仅是一种隆重的祈雨活动。后期时代继续发展，庙会的内容又进一步丰富，逐渐融入了人集会交易活动。庙会时沿街设摊物资交流的商贩极多，商品齐全，花色繁多。附近乡、村的人纷纷来赶会，规模宏大，参与商户众多。现在村内村部对面新建有下沉广场和戏台，逢年过节还有戏曲舞蹈的节目，十分热闹。

5. 纺织文化

李渡口的纺织在当地很有名气，据老人口述，自明清以至民国，李渡口村是当地出了名的纺织大村寨，村寨里共安装有织布机40余张，织出的丝织品大量外销，经贸往来达于海内，享有盛名，也为古村寨带来了丰厚的财富。直到今天，纺织技艺在李渡口依然传承。

图7-3-12 李渡口鸟瞰图（来源：王晓丰 摄）

（二）聚落空间的重构

如何使传统村落恢复生机，从聚落构成上看，首要的是对现有历史建筑进行保护和修缮，完善聚落的硬件，以达到聚落空间重构的效果。

1. 寨墙寨门修复

李渡口村古时寨墙高三丈左右，上宽八尺，可供巡逻和打更护寨，寨墙外面三四丈宽的寨壕，寨壕内有水，周转流动，称为护寨河。古时寨墙有东西寨门，寨门的上边建有东西阁楼。东阁面向太阳升起的地方，上刻有"朝阳"两字，称为朝阳门。西阁面朝蓝河，迎来送往，寨门的上方刻着"迎龙"两字，称为迎龙门。

李渡口村是平原地区的传统村落，为抵御匪患，村民在古时修建了寨墙寨门，所以在恢复古村落的传统风貌中，修复寨墙寨河对整体风貌十分重要。

李渡口村现已修复西寨门、西阁楼和西边的寨墙，修复时复原墙体主要以夯土为主，风貌应与村内传统建筑一致，砌筑方式也选用传统方式，寨墙上的道路用红石铺设（图7-3-14）。

图7-3-14 寨墙寨门修复效果（来源：郑东军 摄）

图7-3-14 寨墙寨门修复效果（来源：郑东军 摄）（续）

2. 主街整治

近两年李渡口村一直在进行建筑维修和风貌整治的改造，李渡口村目前已修缮古建筑10余座，村内主街立面改造已基本完成。在整治中给临街建筑屋顶改为筒板瓦坡屋顶，增加挑檐，改造以前的门窗砖石为仿古门窗、贴仿古砖，防盗网改为仿古样式金属防盗网，涂仿古漆，墙基处保留红石墙基，院墙上檐加女儿墙。建筑的台阶、门窗的过梁石都采用郏县当地盛产的红石，最大限度地恢复主街风貌。现主街立面上各户还加有门板，门板上有简笔画，讲的都是古时孝义的小故事。古时村落遗留下来的老酒坊、老染坊、卷烟厂旧址现都已都保留下来。逢年过节或有集会主街热闹非凡，还有从外村来的赶集的村民，络绎不绝（图7-3-15）。

3. 建筑及历史环境要素修缮

李渡口村传统民居历史悠久，但大部分建筑残损严重，部分建筑需要进行挑顶维修。建筑的残损主要体现为散水供失、墙体裂缝、风化、屋顶瓦陶件残损、室内

图7-3-15 主街整治效果（来源：郑东军 摄）

地砖供失、室内后人新加墙体几个方面。许多院落由于洪涝灾害、保护不当等原因，房屋已经坍塌，有些仅存屋顶梁架。还有许多无人居住的宅院，后人改建情况严重。越是年代久远的房屋残损越为严重，亟待修缮。

在李渡口村传统建筑修缮过程中，始终遵循在不改变外观特征的基础上，进行适当的结构加固、完善内部布局和设施的原则，以保证其整体风貌、格局、尺度、风格与村落整体风貌相融（图7-3-16）。

传统村落并非只有传统民居，村落的其他历史资源、历史风貌也是村落构成的重要部分。李渡口村的历史环境要素有古树、古井、石具、农耕工具、古寨墙寨门等，在对它们的规划和保护中也以保护为主，恢复寨墙、寨门的原始形态，为古树、古井划出保护范围，把石具、农具集中收集在一起进行展示等（图7-3-17）。

（三）文化聚落的再生

李渡口以文化振兴为突破口，围绕打造中原文艺部落、中原书画第一村的发展定位，将古村传统建筑与

（a）山墙修缮

（b）屋顶修缮

（c）修复后的"中原第一山花"

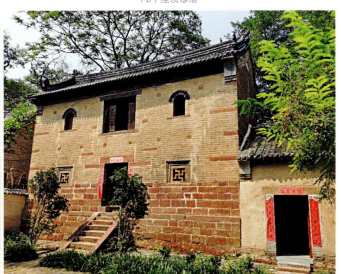

（d）修缮后二层民居

图7-3-16 传统建筑修缮效果（来源：郑东军 摄）（续）

图7-3-17　历史环境要素及公共空间修缮效果（来源：郑东军 摄）

书法、绘画、摄影、雕刻等文化艺术相结合，一院一品，引导艺术名家入驻，做强做大文化产业，实现文化兴村。

随着郏县"书法之乡"的提出，李渡口借助这一平台开展了书法国画方面的建设。以李渡口村为中心，打造"中原书法部落"，深度挖掘郏县的民间艺术文化。村落利用主街北部一荒废院落改造成一处"神笔坊"，为把此处设计成毛笔、书法体验馆，将院落围墙作为一处涂鸦墙。屋内摆有各种毛笔和宣纸，供游客体验。寨首李冠儒宅院展示书法作品，二层设计有书法教室，宣扬国学和书法文化（图7-3-18）。

李渡口村民俗文化丰富，国家级非物质文化遗产——大铜器远近闻名。民国时村寨里安装有织布机40余张，织出的丝织品大量外销，经贸往来达于海内，享有盛名。三月十三古刹庙会历史悠久，参与人数众多。

李渡口利用丰富的民俗活动积极开展民俗文化节，定期在村内进行文艺表演，吸引游客参与。将特色农产品打造品牌，开设特色工作室，制作旅游纪念品。利用修缮后的民居打造特色民宿和农家乐，让慕名而来的游客充分体验到传统村落的文化氛围（图7-3-19）。

李渡口村通过传统建筑修缮、复建，环境整治、民宿开发和村民合作社的建立，逐步把传统村落保护与产业发展相结合，使村民在保护和发展中受益，使村落发展走向良性循环。

(a)书法展示

(b)国学讲堂

图7-3-18 书法展示和国学讲堂(来源:郑东军 摄)

(a)民俗表演

(b)特色美食

(c)千人饺子宴

图7-3-19 民俗表演及特色美食(来源:郑东军 摄)

附录

附录一　河南省国家级历史文化名城、名镇、名村一览表

级别	序号	名称	级别	批准日期	审批机关
国家历史文化名城	1	洛阳市	国家级	1982.02.18	国发〔1982〕26号
	2	开封市	国家级	1982.02.18	国发〔1982〕26号
	3	安阳市	国家级	1986.12.08	国发〔1986〕104号
	4	南阳市	国家级	1986.12.08	国发〔1986〕104号
	5	商丘市	国家级	1986.12.08	国发〔1986〕104号
	6	郑州市	国家级	1994.01.04	国发〔1994〕3号
	7	浚县（鹤壁市辖县）	国家级	1994.01.04	国发〔1994〕3号
	8	濮阳市	国家级	2004.10.01	国函〔2004〕84号
国家历史文化名镇	1	许昌市禹州市神垕镇	国家级	2005.09	建规〔2005〕159号
	2	南阳市淅川县荆紫关镇	国家级	2005.09	建规〔2005〕159号
	3	南阳市社旗县赊店镇	国家级	2007.05	建规〔2007〕137号
	4	开封市祥符区朱仙镇	国家级	2008.10.14	建规〔2008〕192号
	5	郑州市惠济区古荥镇	国家级	2008.10.14	建规〔2008〕192号
	6	驻马店市确山县竹沟镇	国家级	2008.10.14	建规〔2008〕192号
	7	平顶山市郏县冢头镇	国家级	2010.07.22	建规〔2010〕150号
	8	驻马店市遂平县嵖岈山镇	国家级	2014.02.19	建规〔2014〕27号
	9	滑县道口镇	国家级	2014.02.19	建规〔2014〕27号
	10	信阳市光山县白雀元镇	国家级	2014.02.19	建规〔2014〕27号
国家历史文化名村	1	平顶山市郏县堂街镇临沣寨（村）	国家级	2005.09	建规〔2005〕159号
	2	平顶山市郏县李口乡张店村	国家级	2008.10.14	建规〔2008〕192号
	3	平顶山市宝丰县李庄乡翟集村	国家级	2019.01.21	建科〔2019〕12号
	4	平顶山市郏县薛店镇冢王村	国家级	2019.01.21	建科〔2019〕12号
	5	平顶山市郏县薛店镇下宫村	国家级	2019.01.21	建科〔2019〕12号
	6	平顶山市郏县茨芭镇山头赵村	国家级	2019.01.21	建科〔2019〕12号
	7	焦作市修武县云台山镇一斗水村	国家级	2019.01.21	建科〔2019〕12号
	8	焦作市修武县西村乡双庙村	国家级	2019.01.21	建科〔2019〕12号
	9	三门峡市陕州区西张村镇庙上村	国家级	2019.01.21	建科〔2019〕12号

附录二 河南省国家级传统村落一览表

所在地区		传统村落名称				
州市	县市区	第一批16个	第二批46个	第三批36个	第四批25个	第五批81个
安阳市	安阳县		安丰乡渔洋村			磊口乡清凉山村
	林州市		任村镇任村村 石板岩乡朝阳村 石板岩乡漏子头村	石板岩乡草庙村 石板岩乡梨园坪村 石板岩乡南湾村		东姚镇齐家村 东姚镇石大沟村 合涧镇肖街村北庵沟村 临淇镇白泉村 临淇镇黄落池村郜家庄村 临淇镇占元村 任村镇白家庄村 任村镇后峪村 任村镇皇后村 任村镇牛岭山村马刨泉村 任村镇盘龙山村 石板岩镇高家台村 石板岩镇石板岩村东湾村 石板岩镇西乡坪村 石板岩镇贤麻沟村 五龙镇七峪村 五龙镇石阵村中石阵村
鹤壁市	鹤山区		姬家山乡王家站村			鹤壁集镇西杨邑村 姬家山乡蒋家顶村 姬家山乡沙锅窑村 姬家山乡施家沟村 姬家山乡石门村 姬家山乡西顶村
	浚县		卫溪街道办事处西街村		白寺乡白寺村	
	淇滨区					上峪乡白龙庙村 上峪乡柏尖山村 上峪乡老望岩村 上峪乡桑园村
	淇县		黄洞乡纣王殿村	黄洞乡石老公村 黄洞乡温坡村	灵山办事处赵庄村	灵山街道大石岩村
	山城区		鹿楼乡大胡村 鹿楼乡肥泉村			鹿楼乡寺湾村 石林镇中石林村
济源市						邵原镇双房村 思礼镇水洪池村

续表

所在地区		传统村落名称				
州市	县市区	第一批16个	第二批46个	第三批36个	第四批25个	第五批81个
焦作市	孟州市					西虢镇莫沟村
	沁阳市		常平乡九渡村			
	山阳区					苏家作乡寨卜昌村
	温县			赵堡镇陈家沟		
	修武县		西村乡平顶爻村 西村乡双庙村 云台上镇东岭后村 云台上镇一斗水村	西村乡长岭村		西村乡东交口村
	中站区		府城街道办事处北朱村			
开封市	祥符区				朱仙镇西街村	
洛阳市	栾川县			三川镇火神庙村抱犊寨 潭头镇大王庙村		
	洛宁县		底张乡草庙岭村 东宋镇丈庄村 河底镇城村村 上戈镇上戈村		下峪镇后上庄村	
	孟津县	小浪底镇乔庄村	常袋镇石碑凹村 朝阳镇卫坡村			城关镇寺河南村大阳河村 横水镇横水村
	汝阳县	蔡店乡杜康村				
	嵩县			九店乡石场村		白河镇白河街村 白河镇大青村 白河镇火神庙村 白河镇下寺村 九店乡王楼村洼口村
	新安县		石井镇寺坡山村	石井镇东山底村	北冶镇甘泉村 仓头镇孙都村	铁门镇土古洞村
	宜阳县			张坞镇苏羊村		
漯河市	郾城区	裴城镇裴城村				
南阳市	邓州市	杏山旅游管理区杏山村				
	方城县				独树镇砚山铺村	柳河乡段庄村王老庄村
	南召县		云阳镇老城村			云阳镇铁佛寺村石窝坑村
	内乡县	乍曲乡吴垭村				
	唐河县			马振抚乡前庄村		
	淅川县			盛湾镇土地岭村		

续表

所在地区		传统村落名称				
州市	县市区	第一批16个	第二批46个	第三批36个	第四批25个	第五批81个
平顶山市	宝丰县	杨庄镇马街村	大营镇白石坡村 大营镇大营村 李庄乡程庄村 商酒务镇北张庄村 石桥镇高皇庙村			李庄乡翟集村
	郏县	李口镇张店村 堂街镇临沣寨（村） 渣园乡渣园村 冢头镇西寨村	茨芭镇苏坟村 姚庄回族乡小张庄村 冢头镇北街村 冢头镇东街村 冢头镇李渡口村	茨芭镇齐村 茨芭镇山头赵村 薛店镇冢王南村	黄道镇前谢湾村 薛店镇后冢王西村 渣园乡马鸿庄	冢王村 黄道镇王英沟村 黄道镇纸坊村 薛店镇下官村
	鲁山县		瓦屋乡李老庄村		梁洼镇鹁鸽吴村	瓦屋镇红石崖村
	汝州市			蟒川镇半扎村 夏店乡山顶村	焦村乡张村	大峪镇青山后村
濮阳市	清丰县	双庙乡单拐村				
	华龙区					岳村镇东北庄村
三门峡市	灵宝市		朱阳镇朱阳村			朱阳镇两岔河村
	卢氏县		朱阳关镇杜店村			文峪乡大桑沟村
	渑池县		段村乡赵沟村 段村乡赵坡头村		张村镇苏秦村	
	陕县	西张村镇庙上村	西张村镇南沟村	西张村镇丁管营村 张汴乡刘寺村		
	陕州区				张湾乡大坪村 寨头村	张汴乡曲村
	义马市		东区办事处石佛村			
商丘市	梁园区					谢集镇西街村老谢集村
	睢阳区					李口镇清河口村刘旬庄村
新乡市	辉县市			拍石头乡张泗沟村 沙窑乡郭亮村	沙窑乡水磨村	黄水乡韩口村 南村镇丁庄村 南村镇西王村 南寨镇齐王寨村 沙窑乡新庄村 张村乡赵窑村
	卫辉市	狮豹头乡小店河村				狮豹头乡定沟村 狮豹头乡里峪村 狮豹头乡土池村

续表

所在地区		传统村落名称				
州市	县市区	第一批16个	第二批46个	第三批36个	第四批25个	第五批81个
信阳市	光山县	文殊乡东岳村		净居寺名胜管理区杨帆村 南向店乡董湾村向楼村 泼陂河镇何尔冲村徐楼村 泼陂河镇黄涂村龚冲村	马畈镇代洼村杨柳湾组 晏河乡管围孜村徐畈组	槐店乡陈洼村陈洼组 凉亭乡梁冲村晏洼组 泼陂河镇雀村宋桥组 文殊乡花山村周洼组 弦山街道同心村黄底下组
	罗山县		铁铺乡何家冲村			
	商城县		冯店乡郭店村四楼湾村 长竹园乡汪冲村四方洼村 长竹园乡张花店村何家冲村	吴河乡万安村何老湾 余集镇迎水村余老湾		
	新县	八里畈镇神留桥村丁李湾村	周河乡毛铺村楼上楼下村	陡山河乡白沙关村白沙关 卡房乡胡湾村刘咀村 苏河镇新光村钱大湾 田铺乡田铺居委会大湾村 田铺乡香山湖管理区水塝村韩山村 周河乡西河村大湾	郭家河乡土门村徐冲组	沙窝镇朴树店村宋冲组
许昌市	禹州市				花石镇白北村 浅井镇扒村 浅井镇浅井村 张得镇张西村	鸠山镇天垌村 鸠山镇魏井村
郑州市	登封市			大金店镇大金店老街 徐庄镇柏石崖村		少林街道玄天庙村 杨家门村 徐庄镇安沟村 徐庄镇杨林村
	巩义市					大峪沟镇海上桥村
	新密市				刘寨镇吕楼村	
	荥阳市				高山镇石洞沟村	
周口市						邓城镇邓城东村
驻马店市	确山县		竹沟镇竹沟村			
	西平县				杨庄乡仪封村	

注：本表根据住建部2012—2018年先后公布的五个批次入选"中国传统村落"的名录统计。

索引

聚落名称	地点	现存主体聚落形成年代	规模（面积等）	传统民居	历史建筑和文物建筑	级别（历史文化名村名镇、第几批传统村落、文保等级等）	页码
范村	新密市米村镇	清末民初	—	14处清末、民初古建筑	7座大小不同庙宇	第三批河南省传统村落	004
漏子头村	林州市石板岩镇	清末	700亩	板状石板房和鱼鳞状石板房	1座龙王庙	第二批中国传统村落	006
郑州大河村遗址	郑州市金水区	仰韶文化、龙山文化和夏、商时期文化的大型古代聚落遗址	发掘面积达6000多平方米	出土各类房基50余座、窖穴近500座、墓葬400余座，壕沟2条	—	第五批全国重点文物保护单位	008
新密古城寨遗址	新密市曲梁镇	龙山文化	城址面积17.65万平方米	夯筑建筑群，已清理处大型房基两座	—	第五批全国重点文物保护单位	009
康百万庄园	巩义市康店镇	明末清初	总建筑面积64300平方米，占地240余亩	豫西地区典型的两进式四合院	33个院落，53座楼房，1300多间房舍和73孔窑洞	第五批全国重点文物保护单位	011
张诰庄园	巩义市新中村	明、清、民国	占地面积约25亩	城堡式民居建筑群	现存窑洞86孔，瓦房217间，13个院落	第七批全国重点文物保护单位	011
马氏庄园	安阳市西蒋村	清末民初	占地面积20000多平方米，其中建筑面积5000多平方米	中原第一官宅，九门相照	—	第七批全国重点文物保护单位	011
刘家大院	林州市五龙镇中石阵村	清末	占地面积1.44万平方米，建筑面积4198平方米	四合院九门相照建筑	大院内有土木结构三层绣楼1栋、四合院20多个，其中主院10个，房屋294间，现存较完整的大院4座	河南省重点文物保护单位	011

续表

聚落名称	地点	现存主体聚落形成年代	规模（面积等）	传统民居	历史建筑和文物建筑	级别（历史文化名村名镇、第几批传统村落、文保等级等）	页码
叶氏庄园	商水县邓城镇	清末	占地20000平方米	宅西100间群楼，又名转厢楼，系叶氏当铺院；宅南100间群楼，系叶氏粮库。共有楼房400多间，均系灰色砖瓦硬山式建筑	三个大院，楼房400多间	—	099
大金店镇	登封市大金店	始建于宋	总面积114平方公里	—	南岳庙	南岳庙为第七批全国重点文物保护单位	011
泼河镇	信阳市光山县	始建于元代	142平方公里	南北长2000余米，一条保存较好的明清商业街	—	县级文物保护单位	011
纸坊村	郏县黄道镇	元代以前	3.3平方公里，1530人	—	—	第五批中国传统村落	015
下官村	平顶山郏县	元代以前	4.8平方公里，2436人	历史建筑32处	卧龙官、祖师庙等	第五批中国传统村落	015
姑嫂寺村	郏县茨芭镇						015
渔洋村	安阳市安阳县安丰乡	明清	—	九门照明清民俗建筑	渔阳文化博物馆、龙氏庄园等	第二批中国传统村落省级重点文物保护单位	019
大胡村李家大院	鹤壁山城区	明末清初	50余亩	共有房屋1500余间	—	首批河南省传统村落 第三批历史文化名村 第二批中国传统村落 第五批河南省文物保护单位	019
顾荆乐堂	信阳市商城县	民国	占地3220平方米	城堡式住宅，官殿式行宫。正宅一进三重，房屋64间。正宅两旁各有楼房二层12间	—	—	020

续表

聚落名称	地点	现存主体聚落形成年代	规模（面积等）	传统民居	历史建筑和文物建筑	级别（历史文化名村名镇、第几批传统村落、文保等级等）	页码
灵宝西坡遗址	灵宝市阳平镇	仰韶时代	40万平方米	庙底沟类型的大型文化遗址		第五批全国重点文物保护单位	023
陕县庙底沟遗址	三门峡市陕州	仰韶文化和早期龙山文化	总面积24万平方米	—	—	第五批全国重点文物保护单位	023
洛阳王湾遗址	洛阳市涧西区	仰韶文化、仰韶文化向龙山文化过渡时期和龙山文化三期	占地面积约8000平方米	—		第六批全国重点文物保护单位	023
偃师汤泉沟遗址	偃师市山化乡	仰韶文化晚期	面积3500平方米	—		—	023
濮阳西水坡遗址	濮阳县	仰韶文化	—				023
西山仰韶时代城址	郑州市惠济区	仰韶文化	面积约34500平方米	—	西山城堡	第七批全国重点文物保护单位	024
平粮台遗址	周口市淮阳区	新石器时代晚期龙山文化城址	面积约5万平方米	城址内已发掘出10多座房基，多为长方形排房，有3间一组和4间一组	—	第三批全国重点文物保护单位	026
后冈遗址	安阳市	新石器时代至商代遗址	面积约10万平方米	—	在遗址内发现了著名的仰韶文化、龙山文化、商文化的"三叠层"地层关系	—	028
偃师二里头遗址	偃师市	夏代中晚期	约3平方公里	有宫殿、居民区、制陶作坊、铸铜作坊、窖穴、墓葬等遗迹	—	第三批全国重点文物保护单位	028
荥阳大师姑二里头文化城址	郑州市荥阳市	夏至商	—	—	是我国迄今为止发现的唯一一座单纯的二里头文化城址，有可能是夏王朝的东方军事重镇或者是方国的都邑	第六批全国重点文物保护单位	029

续表

聚落名称	地点	现存主体聚落形成年代	规模（面积等）	传统民居	历史建筑和文物建筑	级别（历史文化名村名镇、第几批传统村落、文保等级等）	页码
偃师商城遗址	偃师市	商代早期	约2平方公里	大城、小城、宫城三重城垣	—	第三批全国重点文物保护单位	032
郑州商城遗址	郑州市	商代早中期	25平方公里	有居民区、墓地、铸铜遗址及制陶制骨作坊址	—	第一批全国重点文物保护单位	033
安阳洹北商城	安阳市	商代中期	4.7平方公里	有密集的居民点。房址、墓葬、灰坑、水井	—	—	033
安阳殷墟	安阳市	商朝后期	36平方公里	主要包括殷墟宫殿宗庙遗址、殷墟王陵遗址、洹北商城、后冈遗址以及聚落遗址（族邑）、家族墓地群、甲骨窖穴、铸铜遗址、手工作坊等	—	第一批全国重点文物保护单位	033
西周洛邑城址	洛阳市	周朝	11.7万人（公元前650年）	—	—	—	034
虢都上阳城	三门峡	周朝	东西长1000~1050米，南北宽560~600米	有宫城、地下排水管道、城内道路遗迹、贮藏米粮的粮库和制骨、制陶、冶铜等作坊	—	—	035
洛阳东周王城	洛阳市	东周	约9平方公里	—	—	第七批全国重点文物保护单位	037
新郑郑韩故城	新郑市	东周	16平方公里	分布着手工业作坊区、平民居住区、宗教礼仪性祭祀区和郑国贵族墓葬区等	—	第一批全国重点文物保护单位	037
上蔡蔡国故城	上蔡县	西周，春秋时期	8.86平方公里	有城门，南面三座、东西北各两座，共九座城门，有瓮城、门卫房，内有宫殿区、作坊区和居住区，外有护城河、蔡侯墓及贵族墓葬区等	—	第四批全国重点文物保护单位	038
三杨庄遗址	安阳内黄县	汉代	—	14处汉代的庭院	—	第六批全国重点文物保护单位	040

续表

聚落名称	地点	现存主体聚落形成年代	规模（面积等）	传统民居	历史建筑和文物建筑	级别（历史文化名村名镇、第几批传统村落、文保等级等）	页码
隋唐东都洛阳城遗址	河南省洛阳市	隋唐时期	51.9平方公里	宫城、皇城、圆壁城、曜仪城、东城、含嘉仓城和外郭城	—	第三批全国重点文物保护单位	041
北宋东京城	开封市	北宋	—	外城、内城和皇城三重城垣	—	第三批全国重点文物保护单位	041
北宋西京城	洛阳市	北宋	—	由宫城、皇城与京城组成	—	—	043
清凉寺村	平顶山宝丰县	—	—	—	汝官窑遗址所在地	省级重点文物保护单位	054
渔洋村	安阳市安阳县安丰乡	明清	—	九门照明清民俗建筑	渔阳文化博物馆、龙氏庄园等	第二批中国传统村落 省级重点文物保护单位	055
庞湾村	信阳市息县	民国	面积约21.5平方公里	—	—	第三批河南省传统村落	056
铁门镇	洛阳市新安县	—	113.78平方公里	—	千唐志斋博物馆、北魏黄河石窟、洞真观乔王洞、高平寨遗址等文物保护单位	河南省历史文化名镇	058
张店村	平顶山市郏县	明清	—	现存明清官宅民居建筑群，以明代提督府、西官宅及东西挎院的五进院、南义和、北义和、花门楼为代表，296间古建筑保存基本完好	—	第一批中国传统村落	060
伦掌村	安阳市安阳县	—	—	—	—	—	060
纣王殿村	鹤壁市淇县	明清时期	面积约8.7平方公里	石头民居	—	第二批中国传统村落	060
盘阳村	安阳市林州市	明清时期	—	—	法济寺	第二批河南省传统村落	065
南湾村	林州市石板岩镇	清	—	谷文昌故居	—	第三批中国传统村落	066
漏子头村	林州市石板岩镇	清末	700亩	板状石板房和鱼鳞状石板房	1座龙王庙	第二批中国传统村落	066

续表

聚落名称	地点	现存主体聚落形成年代	规模（面积等）	传统民居	历史建筑和文物建筑	级别（历史文化名村名镇、第几批传统村落、文保等级等）	页码
梨园坪村	林州市石板岩镇	清末民初	—	民居依据地形层叠建设	陈氏宅院	第三批中国传统村落	067
帅洼村	信阳市光山县	—	16平方公里	—	—	第五届全国文明村镇	071
龚冲村	信阳市光山县	清末民初	—	"远山-近山-梯田-水塘-村落-后山-水塘-菜田-远山"	—	第三批中国传统村落	072
毛铺村	信阳市新县	—	13.5平方公里	古道、古寨、古民居	彭氏宗祠	第二批中国传统村落	076
西河村	信阳市新县	—	面积约47平方公里	—	张氏宗祠	第三批中国传统村落	077
周埼村	信阳市光山县	—	面积6.94平方公里	—	—	—	078
白雀园镇	信阳市光山县	清末民初	全镇总面积128.2平方公里	—	石仙山古庙，白雀园东岳庙禅寺，明清古街	中国历史文化名镇	079
八里畈镇神桥村丁李湾村	信阳市新县	—	—	—	知府宅院	第一批中国传统村落	080
黄涂湾村	信阳市光山县	—	9600亩	—	—	第二批河南省传统村落	080
赵沟村	三门峡市渑池	明清	—	中原石头城，深山小迷宫	赵家宅院	第二批中国传统村落	089
青山后村	汝州市大峪镇	—	—	—	刘国正老宅	第五批中国传统村落	090
火石岭村	汝州市大峪镇	—	—	—	—	第三批河南省传统村落	090
袁氏故居	项城市王明口镇袁寨	清末	总占地18万平方米	住宅占地3万余平方米，楼房266间，砖砌方形寨墙，四角炮楼守卫，三道寨河环卫，门外吊桥高悬，防卫森严，是一座中国典型的"防御寨堡"	—	—	093

续表

聚落名称	地点	现存主体聚落形成年代	规模（面积等）	传统民居	历史建筑和文物建筑	级别（历史文化名村名镇、第几批传统村落、文保等级等）	页码
庙上村	三门峡陕州张村镇	—	—	地坑四合院	—	第一批中国传统村落 第七批中国历史文化名村	112
周家口	周口市川汇区	—	—	—	河南四大商业重镇之一	—	121
归德府	河南省商丘市	后唐	南墙长950.6米，北墙长993.4米，东墙长1210米，西墙长1201米，周长4355米	—	汉	第二批国家历史文化名城	151
南阳府	河南省南阳市	元朝	约30000平方公里	共计20个县区市	汉	第二批国家历史文化名城	154
河南府	河南省洛阳市	唐朝	—	—	汉	第一批国家历史文化名城	157
怀庆府	河南省沁阳市	明清	东至卫辉府二百里，南至河南府一百八十里，北至山西泽州府一百二十里，西北至山西平阳府五百二十里。东北距彰德府四百里，东南距省治开封府三百里	明辖六县，清辖八县	—	河南省历史文化名城	161
彰德府	河南省安阳市	明清	2.19万平方公里	—	汉	第二批国家历史文化名城	166
淮阳县	周口市淮阳区	隋唐	1467.86平方公里	130.35万	汉、回	河南省历史文化名城	170
密县	河南省新密市	—	1001平方公里	80.97万人	汉	—	173
郏县	平顶山市郏县	隋唐	737平方公里	64.86万人	汉、回	—	177
浚县	鹤壁市浚县	—	966平方公里	71万	汉	第三批国家历史文化名城	179

续表

聚落名称	地点	现存主体聚落形成年代	规模（面积等）	传统民居	历史建筑和文物建筑	级别（历史文化名村名镇、第几批传统村落、文保等级等）	页码
禹县	河南省禹州市	—	1461平方公里	130.38万	汉、回	河南省历史文化名城	183
朱仙镇	开封市祥符区	宋、金时期	70.26平方公里	38627人	汉	第四批中国历史文化名镇	185
神垕镇	河南省禹州市	宋代	49.1平方公里	4.5万人	汉	第二批中国历史文化名镇	187
告成镇	河南省告成镇	唐代	72.82平方公里	51519人	汉	—	188
赊店镇	南阳市社旗县	清朝	23.12平方公里	69712人	汉	第三批中国历史文化名镇	190
道口镇	安阳市滑县	明清	17.5平方公里	77119人	汉	第六批中国历史文化名镇	194
北舞渡镇	漯河市舞阳县	元	41.38平方公里	27017人	汉	第三批河南省历史文化名镇	197
函谷关镇	河南省灵宝市	—	60.55平方公里	24909人	汉	省级历史文化名镇	198
荆紫关镇	南阳市淅川县	明清	168.8平方公里	57292人	汉	第二批中国历史文化名镇	200
任村镇	河南省林州市	—	185平方公里	30697人	汉	第三批河南省历史文化名镇	202
张店村	平顶山市郏县	明清	—	现存明清官宅民居建筑群，以明代提督府、西官宅及东西挎院的五进院、南义和、北义和、花门楼为代表，296间古建筑保存基本完好	—	第一批中国传统村落	209
张泗沟村	辉县市拍石头乡	清	619亩	这里没有气派的大宅院，只有一间间古朴的乡间小院。一屋、一院、一树，雅致天然	张琳故居，关帝庙	第三批中国传统村落	210
南沟村	三门峡市陕州区张村镇	—	—	地坑院	—	第二批中国传统村落	211
西寨村	平顶山郏县冢头镇	—	—	—	牛子龙故居	第一批中国传统村落	215

续表

聚落名称	地点	现存主体聚落形成年代	规模（面积等）	传统民居	历史建筑和文物建筑	级别（历史文化名村名镇、第几批传统村落、文保等级等）	页码
半扎村	汝州市蟒川镇	—	—	—	万泉寨寨门，民权小学遗址	第三批中国传统村落	217
小店河村	卫辉市狮豹头乡	—	—	—	联合抗日办公室	第一批中国传统村落	220
临沣寨	郏县堂街镇	—	—	红石古寨	朱镇府，朱家大院	第一批中国传统村落 中国历史文化名村	223
袁寨	项城市王明口镇	—	—	—	袁氏庄园	—	223
明港镇	信阳市平桥区	—	167平方公里	—	城阳城，清真寺	河南省十大名镇	236
油坊村	荥阳市高村乡	明末清初	1910亩	是目前荥阳市保存古代民居砖木建筑最多的村庄	秦家大院	第一批河南省传统村落	238
卢寨村	林州市东岗镇	—	—	—	—	—	238
马家岩村	林州市任村镇	—	—	—	—	—	239
杨树岭村	济源市	—	—	—	—	—	239
康南村	巩义市康店镇	—	—	—	—	第二批河南省传统村落	240
石柱村	林州市任村镇	—	—	—	—	—	272
丁李湾村	信阳市新县八里畈镇神桥村	—	—	—	知府宅院	第一批中国传统村落	080
曲村	三门峡市陕州区张汴乡	—	—	—	—	第五批中国传统村落	303
洛阳	洛阳市	唐朝	15230平方公里		龙门石窟、白马寺等	第一批国家历史文化名城	121
开封	开封市	宋、清、民国	6366平方公里	—	全国重点文物保护单位19处，河南省重点文物保护单位44处，开封市重点文物保护单位26处，县级重点文物保护单位136处	第一批国家历史文化名城	122

续表

聚落名称	地点	现存主体聚落形成年代	规模（面积等）	传统民居	历史建筑和文物建筑	级别（历史文化名村名镇、第几批传统村落、文保等级等）	页码
淇县	鹤壁市	—	567.43平方公里	—	朝歌古城	河南省历史文化名城	320
道口	安阳市滑县	—	17.5平方公里	—	顺河古街，北大王庙，门面楼等。	第六批中国历史文化名镇	320
小张庄	郏县姚庄回族乡	—	—	—	张布郎宅院	第二批中国传统村落	323
浚县	鹤壁市	—	966平方公里	—	城隍庙，文治阁	第三批国家历史文化名城	328
神垕镇	禹州市	—	49.1平方公里	—	钧瓷古镇，神垕老街，伯灵翁庙，花戏楼等	第二批中国历史文化名镇	333
李渡口村	平顶山市郏县冢头镇	—	0.9平方公里	李渡口村现存传统建筑830间，其中明清建筑630间，总建筑面积2万多平方米	李和风老宅，李一仁故居，李冠儒老宅等	第二批中国传统村落	338

参考文献

[1] 田文棠. 中国文化源流视野[M]. 西安：陕西人民出版社，2003，9.

[2] 叶舒宪，章米力，刘倩月. 文化符号学：大小传统新视野[M]. 西安：陕西师范大学出版社，2013，12.

[3] 张杰. 中国古代空间文化溯源[M]. 北京：清华大学出版社，2012，1.

[4] 唐晓峰. 人文地理随笔[M]. 北京：生活·读书·新知三联书店，2005，1.

[5] 唐晓峰. 从混沌到秩序：中国上古地理思想史述论[M]. 北京：中华书局，2010，1.

[6] 程有为. 河南史纲[M]. 郑州：河南人民出版社，2019，11.

[7] 陈隆文. 郑州历史地理研究[M]. 北京：中国社会科学出版社，2011，6.

[8] 王国强等编著. 河南自然条件与资源[M]. 北京：商务印书馆，2016.

[9] 王鲁民. 营国——东汉以前华夏聚落景观规划与秩序[M]. 上海：同济大学出版社. 2017，10.

[10]（美）段义孚（Yi-Fu Tuan）. 神州——历史眼光下的中国地理[M]. 赵世玲，译；周尚意，校. 北京：北京大学出版社，2019，2.

[11] 刘景纯. 清代黄土高原地区城镇地理研究[M]. 北京：中华书局，2005，12.

[12] 张涵. 明清商丘古城营建史研究[M]. 北京：中国建筑工业出版社，2018，4.

[13] 金东来. 传统聚落外部空间美学[M]. 南京：凤凰出版传媒股份有限公司，2017，7.

[14] 罗德胤. 传统村落：从观念到实践[M]. 北京：清华大学出版社，2017，5.

[15] 江建中. 豫南民居[M]. 南京：东南大学出版社，2011，2.

[16] 周政旭. 形成与演变：从文本与空间中探索聚落营建史[M]. 北京：中国建筑工业出版社，2016，12.

[17] 罗瑜斌. 珠三角历史文化村镇保护的现实困境与对策[M]. 北京：中国建筑工业出版社，2018，1.

[18]（美）阿摩斯·拉普卜特. 国外建筑理论译丛：文化特性与建筑设计[M]. 长青，张昕，张鹏，译. 北京：中国建筑工业出版社，2001，5.

[19] 李天岑，曹新洲. 南阳历史地位研究[M]. 郑州：中州古籍出版社，2016，1.

[20] 程民生. 河南经济简史[M]. 北京：中国社会科学出版社，2005，6.

[21] 孙保瑞. 探寻伏牛山先秦文明[M]. 郑州：中州出版社，2012，9.

[22] 河南省地方史志编纂委员. 河南省志·水利志[M]. 郑州：河南人民出版社出版，1994，5.

[23] 河南省地方史志编纂委员会整理重印.（民国十八年）河南新志（上册）[M] 河南省地方史志编纂委员会书刊发行部发行，1988，7.

[24] 河南省林州市水利史编纂委员会. 林州水利史[M]. 郑州：河南人民出版社，2005，6.

[25] 中国地理学会历史地理专业委员会（历史地理）编辑委员会编. 历史地理（第二十八辑）[M]. 上海：上海人民出版社. 2013，12.

[26] 中国考古学研究论集编委会. 中国考古学研究文集——纪念夏鼐先生考古五十周年[M]. 西安：三秦出版社，1987，12.

[27] 吴效群. 中原文化大典·民俗典·民间信仰［M］. 郑州：中州古籍出版社，2008，4.

[28] 高有鹏. 中原文化大典·民俗典·民间生产［M］. 郑州：中州古籍出版社，2008，4.

[29] 尉迟从泰. 中原文化大典·民俗典·民间生活［M］. 郑州：中州古籍出版社，2008.

[30] 尉迟从泰. 中原文化大典·民俗典·民间社会［M］. 郑州：中州古籍出版社，2008，4.

[31] 张玉石. 中原文化大典·文物典·城址［M］. 郑州：中州古籍出版社，2008，4.

[32]（民国）刘景向. 河南旧志整理丛书：（民国十八年）河南新志（中册）［M］. 郑州：中州古籍出版社，1990，1.

[33]（民国）刘景向. 河南旧志整理丛书：（民国十八年）河南新志（下册）［M］. 郑州：中州古籍出版社，1990，11.

[34] 程钢. 洛阳老君山文化志［M］. 北京：清华大学出版社，2018.

[35] 王星光，贾兵强. 中原历史文化遗产可持续发展研究［M］. 北京：科学出版社，2009，5.

[36] 高江涛. 中原地区文明化进程的考古学研究［M］. 北京：社会科学文献出版社，2009，1.

[37] 李建华. 西南聚落形态的文化学诠释［M］. 北京：中国建筑工业出版社，2014，12.

[38] 钱定平. 蚩尤猜想——中华文明创世纪［M］. 上海：上海古籍出版社，2011，8.

[39] 王妙发. 黄河流域聚落论稿：从史前聚落到早期都市［M］. 北京：知识出版社，1999，12.

[40] 张经纬. 四夷居中国：东亚大陆人类简史［M］. 北京：中华书局，2018，3.

[41] 王恩涌. 王恩涌文化地理随笔［M］. 北京：商务印书馆出版，2010，9.

[42] 王鲁民，吕诗佳. 建构丽江：秩序·形态·方法［M］. 北京：生活·读书·新知三联书店，2013，3.

[43] 方鹏. 中国人的起源：基因解读三皇五帝［M］. 南昌：江西人民出版社，2010，4.

[44] 韩建业. 早期中国：中国文化圈的形成和发展［M］. 上海：上海古籍出版社，2015，4.

[45] 郑发展. 民国时期河南省人口研究［M］. 北京：人民出版社，2013，5.

[46] 刘有富，刘道兴. 河南生态文化史纲［M］. 郑州：黄河水利出版社，2013，1.

[47] 张光明. 夏商周文明研究［M］. 北京：中国文联出版社，1999，9.

[48] 薛凤旋. 中国城市及其文明的演变［M］. 北京：世界图书出版公司北京公司，2010，12.

[49] 中国地理学会历史地理专业委员会《历史地理》编辑委员会. 历史地理（第二辑）［M］. 上海人民出版社，1982.

[50] 贾文丰. 中原文化概论（修订本）［M］. 郑州：中州古籍出版社，2017，3.

[51] 宁志中. 中国乡村地理［M］. 北京：中国建筑工业出版社，2019，9.

[52] 瞿同祖. 中国封建社会［M］. 2版. 上海：上海人民出版社，2012.

[53] 光山县政协学习文史委员会. 光山古建筑（光山文史资料第八辑）［M］. 郑州：中州古籍出版社. 2014.

［54］张新斌. 黄河流域史前聚落与城址研究［M］. 北京：科学出版社，2010.

［55］徐良高. 中国民族文化源新探［M］. 北京：社会科学文献出版社，2002，2.

［56］河南省文物建筑保护研究院. 万里茶道河南段文化遗产调查与研究［M］. 北京：文物出版社，2016，11.

［57］张思. 近代华北村落共同体的变迁［M］. 北京：商务印书馆，2005.

［58］（日）宫崎市定.（宫崎市定亚洲史论考）中国聚落形态的变迁［M］张雪峰，马云超，石洋，译. 上海：上海古籍出版社，2018，5.

［59］李文涛. 中古黄河中下游环境、经济与社会变动［M］. 郑州：河南大学出版社，2012，3.

［60］钱杭. 中国历史地理论丛（第一辑）［M］. 上海：学林出版社，2013，7.

［61］杜仙洲. 中国古建筑修缮技术［M］. 北京：中国建筑工业出版社，1983.

［62］陆元鼎. 中国民居建筑［M］. 广州：华南理工大学出版社，2003.

［63］刘敦桢. 中国住宅概说［M］. 天津：百花文艺出版社，2004.

［64］孙大章. 中国民居研究［M］. 北京：中国建筑工业出版社，2004.

［65］邹学德，刘炎. 河南古代建筑史［M］. 郑州：中州古籍出版社，2001.

［66］李浈. 中国传统建筑形制与工艺［M］. 上海：同济大学出版社，2006.

［67］薛瑞泽，许智银. 河洛文化研究［M］. 北京：民族出版社，2007.

［68］克里斯托弗·亚历山大. 形式综合论［M］. 王蔚，曾引，译；张玉坤，校. 武汉：华中科技大学出版社，2010.

［69］许顺湛. 豫晋陕史前聚落研究［M］. 郑州：中州古籍出版社，2012，12.

［70］陈志华，李秋香. 中国乡土建筑初探［M］. 北京：清华大学出版社，2012.

［71］李秋香，罗德胤，贾珺. 北方民居［M］. 北京：清华大学出版社，2010.

［72］吴庆洲. 文化景观营建与保护［M］. 北京：中国建筑工业出版社，2017.

［73］侯继尧，王军. 中国窑洞［M］. 郑州：河南科学技术出版社，1999.

［74］左满常，渠滔，王放. 河南民居［M］. 北京：中国建筑工业出版社，2012.

［75］郑东军. 中华古村落·河南卷［M］. 南京：江苏凤凰教育出版社，2019.

［76］阿摩斯·拉普卜特. 宅形与文化［M］. 常青，徐菁，李颖春，等，译．［M］. 北京：中国建筑工业出版社，2012.

［77］毛葛. 巩义三庄园［M］. 北京：清华大学出版社，2013.

［78］刘大可. 中国古建筑瓦石营法［M］. 北京：中国建筑工业出版社，2013.

［79］贾珺，王曦晨，黄晓，等. 河南古建筑地图［M］. 北京：清华大学出版社，2016.

［80］徐春燕. 明清河南城市规模及相关性研究［J］. 黄河科技大学学报，2016，18（06）：81-86.

［81］张岩岩. 明清河南城市平面形态及其演变研究［J］. 工程建设与设计，2016（08）：13-15.

［82］赵方方. 明清时期洛阳城市空间结构研究［J］. 中国名城，2013（01）：57-63.

［83］包明军，罗栋. 清末南阳梅花寨的形成及功能分析［J］. 文物建筑，2012：172-178.

［84］田朋朋，黄玉上，杨芳绒. 周口淮阳古城空间形态和保护探析［J］. 中国名城，2017（11）：90-96.

［85］黄玉上，韩家焜，田朋朋，王鹏飞. 淮阳古城城市空间形态研究——以坑塘水系为例［J］. 家具与室内装饰，2017（09）：122-125.

[86] 刘斐. 朱仙镇商业兴衰探源[J]. 河南社会科学, 2010, 18（03）：114-116.

[87] 郑东军, 赵凯, 张峰. 红旗渠畔古村落——林州任村[J]. 寻根, 2006（03）：136-139.

[88] 李长傅. 朱仙镇历史地理[J]. 史学月刊, 1964（12）：38-42+46.

[89] 张家泰. "天地之中"与登封观星台[J]. 黄河科技大学学报, 2013, 15（03）：28-34.

[90] 曹峥. 河南南阳赊店古镇空间形态分析[J]. 大众文艺, 2013（08）：53-54.

[91] 水田月. 车战时代的天险——函谷关[J]. 西安教育学院学报, 2001（04）：30-34.

[92] 关治中. 函谷关考证——关中要塞研究之二[J]. 渭南师专学报, 1998（06）：3-5.

[93] 唐新, 王洪连, 徐国兴. 河南淅川荆紫关镇[J]. 文物, 2015（01）：72-76, 96.

[94] 郑东军, 张玉坤. 河南地区传统聚落与堡寨建筑[J]. 建筑师, 2005.

[95] 张东. 中原地区传统村落空间形态研究[D]. 广州：华南理工大学, 2015.

[96] 冯源. 河洛文化与西晋诗风新变[D]. 杭州：浙江大学, 2013.

[97] 郑东军. 中原文化与河南地域建筑研究[D]. 天津：天津大学, 2008.

[98] 李炎. 清代南阳"梅花城"研究[D]. 广东：华南理工大学, 2010.

[99] 王晓丰. 河南巩义传统民居建筑文化研究[D]. 郑州：郑州大学, 2017.

[100] 牛小溪. 基于城市设计的浚县古城空间形态保护与更新探研[D]. 郑州：郑州大学, 2017.

[101] 薛姣. 河南省传统村落类型与形态研究[D]. 郑州：郑州大学, 2016.

[102] 谷春. 河南冢头古镇明清建筑群保护与维修技术探研[D]. 郑州：郑州大学, 2016.

[103] 刘攀. 郑州传统民居营造技术研究[D]. 郑州：郑州大学, 2015.

[104] 刘晓萌. 安阳地区传统聚落与民居建筑研究[D]. 郑州：郑州大学, 2014.

[105] 张书惠. 中原地区早期城市起源与形成研究[D]. 郑州：郑州大学, 2014.

[106] 李松松. 河南道口古镇街巷空间与传统建筑研究[D]. 郑州：郑州大学, 2014.

[107] 陈豪. 河南省郏县传统民居建筑文化研究[D]. 郑州：郑州大学, 2014.

[108] 高娜. 豫中传统民居现状调查研究[D]. 郑州：郑州大学, 2014.

[109] 瞿平山. 基于自然地理学下的豫西地区窑洞民居研究[D]. 郑州：郑州大学, 2014.

[110] 尹亮. 河南乡土建筑类型及区划研究[D]. 郑州：郑州大学, 2011.

[111] 李炎. 河南传统堡寨式聚落初探[D]. 郑州：郑州大学, 2005.

[112] 李松涛. 河南历史文化名镇神垕的保护与发展模式研究[D]. 郑州：郑州大学, 2005.

[113] 王麟. 郑州地区传统民居的装饰艺术研究[D]. 开封：河南大学, 2011.

[114] 刘炳阳. 明清时期河南政区研究[D]. 开封：河南大学, 2008.

[115] 李银忠. 新密市老城实态及再利用研究[D]. 开封：河南大学, 2009.

[116] 武明军. 明清开封城市研究[D]. 开封：河南大学, 2015.

[117] 张涵. 明清商丘古城营建史研究[D]. 广东：华南理工大学, 2014.

[118] 刘洋. 河南郏县传统村落群保护与再利用探研[D]. 郑州：郑州大学，2018.

[119] 高力. 商丘古城空间形态研究[D]. 湖南：湖南大学，2016.

[120] 李楠. 洛阳老城区历史街区保护与利用研究[D]. 湖南：湖南大学，2013.

[121] 石佳. 河南舞阳北舞渡镇形态演变初探[D]. 西安：西安建筑科技大学，2018.

[122] 董杰. 河南省禹州市历史文化名城保护现状与策略研究[D]. 西安：西安建筑科技大学，2010.

[123] 莫全章. 河南赊店历史文化名镇整体保护研究[D]. 北京：北京建筑工程学院，2012.

后记

　　写作的过程，亦是思考深入的过程。

　　对河南传统聚落的关注基于对河南地域建筑文化和传统民居的思考和调研。本书的编写是按照丛书编写大纲要求和体例，根据河南传统聚落的特点在河南传统聚落分类的基础上，结合对现存较完整的传统聚落遗存和实例调研，对考古、历史、地方文献的整理，论述"聚落"本身如何在中原大地上的生成与演进。由此，梳理中原文明的发展脉络，如：聚落的生成问题，成为本书中的一个理论总结；以及乡村聚落中人的生产、生活方式和社会结构的关联；聚落与天、地、人、神的共生体系等问题。

　　感谢研究团队的老师和研究生们的共同努力和分工协作。作为"双一流"建设地方高校，郑州大学建筑学院以中原地区建筑科学为学科研究方向，在河南传统聚落和民居建筑研究方面有着长期的积累，成果显著，但承担《中国传统聚落保护研究丛书　河南聚落》的编写任务后，两年来，团队成员还是不辞辛苦，上山下乡，不畏寒暑，进一步调研和航拍，充实第一手的基础资料。感谢郑州大学建筑学院相关老师的支持和帮助，感谢郑州大学综合设计研究院有限公司和城市规划设计研究院有限公司的张月光、张彦刚、于雷等设计人员参与调研和驻村工作。学院多届、多位硕士研究生参加了传统村落调研、测绘、资料收集和相关研究工作，主要有李炎、李松松、刘晓萌、吕阳、张永超、牛小溪、刘洋、刘庚、刘攀、程子栋、刘亚伟、李岚洋、韩韦吾、粟小晴、杨璐、申芮宁等，对他们的努力在此一并感谢。

　　感谢华南理工大学建筑学院陆琦教授的支持和帮助！感谢中国建筑工业出版社领导和编辑们的辛苦工作与帮助！感谢河南省城乡规划建筑设计总院有限公司黄向球总规划师、河南省村镇规划协会高磊秘书长的建议和帮助！感谢参考文献的作者，相关成果和图片成为本书的借鉴或支撑材料。

　　感谢多年来河南省住房与建设厅村镇处、河南省文物管理局和各地各级政府的支持和帮助！以及郑州市、洛阳市、开封市、信阳市、鹤壁市、新乡市、平顶山市、安阳市和登封、新密、巩义、郏县、叶县、禹州、光山县、新县、渑池、陕州、偃师、林州、淮阳、商水市县等住建、文化、文物等部门的支持和帮助！调研期间村镇的父老乡亲的关爱和关心家乡建设的朋友们提供的帮助令人难忘。

　　作为阶段性的研究成果，河南传统聚落的研究仍将继续并在研究方法上与时俱进，这里也恳请专家和读者的批评指正。

图书在版编目（CIP）数据

中国传统聚落保护研究丛书. 河南聚落 / 郑东军主编. —北京：中国建筑工业出版社，2021.12
ISBN 978-7-112-25814-7

Ⅰ.①中… Ⅱ.①郑… Ⅲ.①乡村地理—聚落地理—研究—河南 Ⅳ.①K928.5

中国版本图书馆CIP数据核字（2021）第000887号

本书从自然环境、人文环境、人工环境等方面，揭示影响河南传统聚落变迁的因素和机制；从历史地理学、聚落考古学、聚落地理学、文化人类学、城乡规划学、建筑学等多学科角度，分析河南传统聚落产生、发展及其演变的轨迹，论述其在中华文明形成过程中的历史价值和中原文化特色；研究河南城镇聚落和乡村聚落的遗存现状、地理分布、空间类型、组织结构、构成要素、形态特征、肌理风貌、聚落景观等；结合国家实施乡村振兴战略，通过典型案例分析，建立河南传统聚落保护与发展的理论框架和实施策略，为传统村落保护与发展，建设美丽乡村，提供可资借鉴的思路和途径。本书可供建筑、城乡规划、风景园林、人文地理、文物保护等相关专业的读者及文化旅游爱好者参考阅读。

责任编辑：张　华　胡永旭　唐　旭　吴　绫　贺　伟
文字编辑：李东禧　孙　硕
书籍设计：付金红　李永晶
责任校对：王　烨

扫一扫
观看本卷聚落视频资源

中国传统聚落保护研究丛书
河南聚落
郑东军　主编

*

中国建筑工业出版社出版、发行（北京海淀三里河路9号）
各地新华书店、建筑书店经销
北京锋尚制版有限公司制版
天津图文方嘉印刷有限公司印刷

*

开本：889毫米×1194毫米　1/16　印张：25　插页：8　字数：653千字
2022年12月第一版　　2022年12月第一次印刷
定价：**288.00**元（含视频资源）
ISBN 978-7-112-25814-7
　　　（36661）

版权所有　翻印必究
如有印装质量问题，可寄本社图书出版中心退换
（邮政编码100037）